人生逗號，一個女生的環球361天

出發！到世界討生活

曹馥年——著

推薦序

當一個眼睛發亮的大人

公益旅行家／褚士瑩

夢想是什麼？我相信夢想實現既不是頭銜，也不是令眾人稱羨的工作，而是能夠成為想要變成的那個人；而追逐夢想，應該就是「變成那個自己喜歡的人」的過程。來自台灣的記者曹馥年，在年復一年的採訪工作中，發現自己逐漸對生活鈍感，害怕在汲汲營營中變成一個空洞的人，於是為了成為一個有故事的人，她選擇了旅行。

為了成為一個自己喜歡的人，她到世界的盡頭，去向世界討索最有趣的生活體驗。

我想到一次達賴喇嘛在與著名的巴西自由派神學家 Leonardo Boff 的對話中說的：

「關照你的思想因為它會變成語言。
關照你的語言因為它會變成行為。
關照你的行為因為它會變成習慣。
關照你的習慣因為它會形成你的個性。
關照你的個性因為它會成為你的命運，
而你的命運就是你的人生。」

每次有人用羨慕的口氣說「你真好運」的時候，我都會想到這段話。

我也抱著同樣的心情，每天在努力著。

現在的我，擔任美國華盛頓特區一個國際金融組織專門監察機構的緬甸代表，對於這樣的生命狀態，可以說是相當滿意。但是派駐緬甸十幾年的我，並不是一開始就對緬甸有著感情，甚至不是一出社會就踏入 NGO 的，這中間經歷的轉折，就是所謂的逐夢。

二十多歲踏入 NGO 之前，我在美國一間上市的科技公司擔任產業顧問，公司指派給我的任務是以每半年為一期，到世界各地開創分公司，工作有趣也有挑戰性，因為可以一邊旅行一邊學做生意，不喜歡束縛的我也不需要每天在辦公室朝九晚五。從各種條件上來看，都是一份像夢幻般的工作，雖然工作人人稱羨，但是我給自己一個非常清楚的期限：我想要四十歲退休。

但是隨著時間過去，我開始問自己「這件事為何非做不可？為何非我不可？」

我想的是，個人價值的不可取代性。

不斷自省的過程中，我不得不面對探討自己存在的價值，檢視自己對這份工作是否還有熱情，因為我開始問自己一個很基本的問題，

「如果我這份工作真的這麼符合夢想，又可以旅行、又可以賺錢、又可以學習國際商務經驗，為什麼我還想著要四十歲退休？」

然後我才確知，原來我走錯路了。

直到踏入 NGO 的世界，前往緬甸協助當地農民建置有機農場，我才發現，這份工作是不管到了幾歲，不管有沒有所謂的退休、雇主願不願意付我薪水，我都會繼續堅持的工作，從那一刻起，我才相信自己正走在想要的夢想道路上，雖然從各種客觀條件上看來，我都過得不如以前。

時時詢問自己，就像在《誰搬走了我的乳酪？》（Who Moved My Cheese?）」裡面說的，「經常聞一聞你的乳酪，你就會知道，它什麼時候開始變質。」（"Smell the cheese often so you know when it is getting old."）

因為夢想就像乳酪一樣，如果在製作的過程當中不夠仔細觀察、時時注意的話，也是會變質的，世界上絕對沒有將牛奶放著，久了自然而然就會變成好吃的乳酪的道理。

是否會喜歡十年後這樣的自己，也是要靠同樣的工夫。

別忘了，到頭來，夢想不是只有青春限定的口味。我們真正想要的，只是當一個眼睛會發亮的大人而已。

推薦序

長途旅行是場與自己的深層對話

PTT世界自助旅行版版主／咖啡牛奶

現今的自助旅行，背包旅行風氣越來越盛行，每個人都有不同的旅行的緣由、旅行的意義。對我而言，其實每次的旅行都是因緣際會，而不是因著什麼偉大的「夢想」、「壯志」的。旅行有許許多多不同的樣貌，獨自旅行及長途旅行（我個人定義為三個月以上），往往又能比一般短途的度假有更多體會及自我對話的機會。

我曾做過和作者類似的長途旅行，一個女生上路、旅費拮据、遇到種種意外、也遇到許多熱心善良的陌生人，有時會理智斷線情緒崩潰不知道自己為什麼會跑來那麼遙遠的地方自討苦吃，但情緒過後，覺得所經歷的一切都成了滋養人生的一部分。

作者整整旅行了三百六十一天，橫越東西半球，跨足了南北極圈，第一個目的地就直搗遙遠的南美洲與南極，著實令人羨慕與佩服。在歐洲領略著歷史文化藝術之美，卻同時一直覺得很窮的經歷，令我心有同感不禁莞爾，她親身領略了許多大自然造物的偉大及各種文化的美麗與哀愁，許多意料之外的相遇與行程更是自助旅行中美好的驚喜。但長途旅行就像是生活，不盡然是美好，作者在剛旅行不久的厄瓜多便隨身背包遭竊，損失重大；在埃及時也曾碰到色狼與騙子，即使再為他們的歷史震撼，也不免滿肚子氣情緒糟糕；而在尼泊爾時高山症發作昏迷被塞到直升機內緊急就醫，讓人感到人類在追尋對大自然的嚮往時有時要付出的是性命交關的代價。

所幸那些災禍最後都有驚無險，作者依然「順利」地完成了這趟為期一年的環遊世界之行，除了旅程本身之外，更令人值得細細閱讀的，是作者對每個地方細膩的觀察與心情的描述。作者曹馥年為記者出身，對文字的處理、表達頗為擅長，跟著她的文字讀下去，真有種跟著她一地一地旅行，一同遭受那些感動與氣憤的感覺。

尤其喜歡她結束旅程後的後記，有些鼓勵「壯遊」的文章常說，年輕人該走出「舒適圈」去看看，但真正踏上了旅途，真正流離久了，就會發現其實旅行中的生活才是一種「舒適圈」，現實中的生活其實更為艱難更需要挑戰，這時就如作者般地勉勵自己，旅途中「那麼艱難的時刻都過了，事情總有辦法化解的」。

我想這並不是一本鼓吹什麼夢想、熱血、壯遊的書，而是一本記錄著一個小女生一年來與這個世界對話的誠意之作。旅行是如人飲水，冷暖自知，馥年的故事非常精采，誠摯地希望現在閱讀著的您，能在書中找到屬於自己的感動與旅行的衝動，無論時間長短，也去完成屬於自己的旅行故事吧。

作者序

在迷路中，為心找到出路

I cannot rest from travel: I will drink／我無法自旅程暫歇：我要

Life to the lees; all times I have enjoy'd／痛飲生命直至渣滓。我盡極享受

Greatly, have suffer'd greatly, both with those／也大量吃苦，

That loved me, and alone／時而有愛我之人相伴，時而獨行

——*Alfred Tennyson*〈*Ulysses*〉

丁尼生（Tennyson）的詩〈Ulysses〉，是大學兩年的英國文學課少數留在我長期記憶裡的片段。「Ulysses」是拉丁語的轉寫，指的就是古希臘神話中的奧德修斯（Odysseus）。他以木馬屠城計攻下特洛伊後，因觸怒海神波賽頓，與夥伴歷經十年，披荊斬棘擊退怪物，終於回到故鄉與妻子的身邊。丁尼生在這首詩中揣摩奧德修斯晚年的心情，在沉潛與追憶後，縱使英雄白頭，他仍帶著不變的鋼鐵意志回到海上，展開一段追尋新世界的旅程。

在教授抑揚頓挫的朗讀音調中，我將自己從教室抽離，想像自己也在那條船上，駛向未知的征途。

我從小就喜歡做夢，尤其是冒險的夢。妹妹出生前，我當了八年的獨生女，沒有玩伴的時候，我就將自己置入卡通與童書的情節內，拿著奇妙古怪的武器，在某個遼闊草原或破落要塞，與假想的同伴合力抗敵。

做夢歸做夢，回到日常生活，我依舊循著多數台灣年輕人成長的腳步，念書、升學、進入職場。我的工作是報社記者，生活就是不斷追逐他人的故事，並將其安放在數百字篇幅的方框內。

直到生活遇見瓶頸前，我不曾將一趟長途旅行列入人生規畫中。當我躺在床上，或在日常生活中偶然失神，安全地在腦海裡天馬行空時，我從來沒想過，我有一天會被自己推上一場意料之外的獨旅。縱使比起冒險，這更像是場跌跌撞撞，狼狽比榮耀時刻多的自我流放。

這是出發前完全無從想像的旅程。

在南極大陸露營，在凍寒的清晨聽著企鵝走過營帳的輕盈腳步聲；在北極圈沙發衝浪，和沙發主人捧著熱茶聊著因紐特人的文化傳承；法國的夜晚和背包客翻垃圾袋，撿起麵包店淘汰的打烊麵包；在亞馬遜雨林，躺在人力划槳的小舟上，把手伸進涼涼的河水裡，看著星星隱去，天空逐漸亮起。在冰島，飛往首都的國內班機剛好飛越噴發中的巴達本加火山，下方火紅岩漿滾動，在火山口繞出燒得金紅的圓圈，順山勢往下流淌；在美索不達米亞平原，看著廣袤大地被夕陽染成紅色；坐在印度的長途火車上，看著一張張臥鋪上流轉的日常。

這是趟看盡人性的旅程。

在厄瓜多，小偷在十秒內偷光我旅行頭三個月的所有記憶。筆電、兩台相機、簽證、信用卡與照片全數消失。滯留在首都基多的五天，我面對只會搖頭說抓不到小偷、最後甚至指著大門要我離開的警察；熱心帶我添購裝備的台商會榮譽會長與台灣商務處祕書；淋著大雨帶我到處找相機電池的當地人，在這個赤道國度遍嘗人情冷暖。

旅途中，將想對自己說的話用明信片寄給自己。

在土耳其，不跟團，自己上人頭山，接駁業者故意拖延時間，最後露出真面目，聲稱唯有搭他們昂貴的接駁車才趕得上夕陽；旅館開出比原價高一倍的住宿，還誇稱這是方圓數公里最優惠房價。幸好沿途總有貴人相助，當伸出拇指搭便車，總幸運遇見好心人停下載我一程，甚至把車上的食物飲水全塞給我，山上寒風陣陣，心頭卻一點也不冷。

這是趟幸福地吃苦的旅程。

一天預算只有一千元台幣，景點博物館的票價卻連年調漲。當柴米油鹽開始滲入旅行，煩惱該怎麼精準運用愈來愈少的存款；開始為搶超市打烊前的出清食材縮短景點參觀時間；因超出預算割捨美食；為了買博物館與表演門票，連吃十天法國麵包夾超市特價火腿生菜、總是住在便宜卻沒有隱私的男女混宿 hostel 或靠夜車移動，每天睜眼看見的是陌生的房間、聽著陌生語言，雖總有漂亮風景或有趣事物可看，但心境和以往工作累了的休閒度假截然不同。比起旅行，某些時刻更像是在世界討生活，但我享受每一刻的高低起伏、大好大壞，因為這真的是 once in a lifetime，一輩子難得的機會，在世界各地體驗人生。

這是趟學習和自己相處的旅程。

跳脫社會賦予的時刻表，生活不再被上下班切割，具象的時間是一張張前往下一座城市的長途巴士車票。旅行之初，我一早出門，匆忙趕景點、總想在有限時間內看到最多；旅行過半，我放慢腳步，好好吃頓早餐再出門；喜歡一個小鎮就多待兩天；遇到聊得來的人們可以整天窩在 hostel、不再跟一口氣跑完一大堆景點的旅行團，自己選幾個喜歡的點，和當地人一起搭大眾運輸工具緩慢移動，好好把風景看進眼裡。慢慢放過以往完美主義、事事把自己推到極限、甚至逼出病來的自己，學會放鬆、學會享受，花更多時間與自己對話，重新定義自己想要的旅行。

無論是啟程、在路上或安然返家，一直有很多人恭喜我完成夢想。事實上，環遊世界不在我的夢想之列，我也無法從冒險、壯遊或其他同義詞對應出這趟旅行給我的感覺。出發前的幾個月，我幾乎失去對未來的方向感，這三百六十一天的迷航，像是人生的一個過渡、一個讓失速生活踩下剎車的逗號、或試著為混沌生活尋找的情緒出口，在一次次迷路中，為自己的心找到出路。

擔任記者時，我最喜歡尋找「人」的故事。人生是本書，市井小民的人生，精采程度不輸叱吒風雲的大人物。一個人旅行，讓我有機會認識更多人。比起美麗的景點、巍峨的歷史古蹟，與人們的相遇，是我旅路上最深刻的時光，無論是簡短交談，或共同旅行一段，從他們身上，我得到一把把鑰匙，讓我解開對自己，或對世界的某些疑惑，也看到燦爛的、動人的、殘酷的、傷感的種種人生百態。

從啟程到回歸，我得到非常非常多人的幫助，隨著旅行時日累積，我也從拉著資深背包前輩猛問問題的人，逐漸成為分享經驗、回答他人問題的人。這趟非關夢想的出發，竟意外成為鼓勵他人實現夢想的力量。看到朋友順利解決旅路上的困難，或實現醞釀多年的旅行計劃，是我始料未及，也無比感動的事。

就像奧德修斯一樣，旅人漂泊時總想著家，回家後又想著何時再出發。而人生是比環遊世界更困難的旅程，這一年經歷的種種像是無形的燃料，讓我在自己的人生重新啟程，繼續勇敢地走下去。

I am a part of all that I have met; ／我是我所有遭遇中的一部分；
Yet all experience is an arch wherethro' ／一切經驗彷若一座拱門，
Gleams that untravell'd world, whose margin fades ／門外閃耀未曾遊歷的世界，
For ever and for ever when I move. ／我步步向前，世界邊緣也不斷、不斷地消退。

目錄

Part 4 北極光
Northern Lights 0°→69°N

Part 6 跨度
Crossing 30°N → 30°S

前言

Take off

若人生是本書，我常想著要偷翻幾頁，跳過幾天、幾月、幾年，看看未來會是什麼樣子，就像國小寫評量，遇到不會的題目時想翻答案一樣。當然，我明白這不僅不可能，還會讓人生因此困囿且索然無味，但仍會想著，未來的我能在現在的我最苦悶時現身，就像《時空旅人之妻》（*The Time Traveler's Wife*）中的亨利一樣，有機會向不同時期的自己揭露一點混沌的未來。幸福嗎？快樂嗎？健康嗎？不需太多，一點點提示就好，甚至只是打氣，或至少確保自己還活著，就好。

把時間翻回二〇一三年九月，躺在租屋處床上的我，便無法克制這樣的念頭。這是間七坪大的邊間套房，窗外兩個半手臂長的距離正對隔壁鄰居的窗口，無論外頭晴雨，室內光感永遠都是黃昏。整間房裡，我最喜歡這張柔軟到令人不想起身的雙人床，而今天，在這張散亂著地圖、書、紙張與筆電的床上睡睡醒醒，直到再也睡不著，光線逐漸黯淡，紙上的字跡開始模糊，我終於坐起身，打開手機，在 **Skype** 按下航空公司的號碼——我為這張環球機票[註1]辦了人生第一張信用卡，卻因某種不可解的理由無法在網站刷卡購票，只得回歸有點老派卻更有人情味的方法，打給地球另一端的客服人員，請對方幫忙開票。

「離開這裡，妳會比現在更好嗎？」

我趕緊推開窗戶，將世界地圖、模擬幾十遍終於成功的環球航線筆記通通堆到鐵窗上，透過這些讓自己分心的動作，好將這個問題揮出腦袋。指上的鋼戒撞在窗框上，「哐」一聲，嚇得差點滑落手機。

＊＊＊

那戒指是給自己的十八歲生日禮物，白衣黑褶裙的年代，總急切地想以什麼實質事物給自己一個承諾，關於未來。

九二一地震，在收音機與電視機前急切等著災情更新之後，決定當記者。去到某個現場，去感受去聽，去談話去傳遞，「現場」一詞，像是有某種召喚魔力。

在書桌前的牆壁寫下大大的「新聞系」，稚氣地買戒指提醒給自己的承諾，結果，落榜了。

於是戒指又繼續留在手上，陪著我跑校園電台、修新聞學程，在曬成褐色的手指根部與掌間留下明顯的白色圈痕。繞了一圈後，我投了報社實習生的履歷，看到自己名字出現在錄取名單那刻，我緊緊摀住嘴，不在三更半夜裡大叫出來。

實習一年後的記者節，我領到正式員工證。L在祝賀的信裡寫道「妳可以把戒指拿下了」，但我繼續戴著，提醒自己別忘了這段歷程。手指的肌膚在戒指所在處微微陷下定型，圈附住刮痕愈來愈密的鋼戒。

＊＊＊

1 寫著祝福話語的便條紙逐漸失去黏性，我用膠帶把它貼回電腦螢幕的邊角。**2** 布滿刮痕的鋼戒，記錄這些年來跑新聞的每段歷程。

工作第二年的冬天，在某個忘卻是什麼的採訪之後，我坐在長桌的末端寫稿。那天事情不太緊湊，我邊寫邊和C大哥閒聊，聊起對這份工作近乎執著的追尋，聊起未來，聊起還想出國唸傳播所，想參加流浪者計畫，去哪個地方，走進與島嶼截然不同的大山大水……

眉飛色舞講個沒完，C大哥突然笑出來：「妳講到雙眼發光哪。」

隔天，他借我林懷民的《高處眼亮》，上頭貼了張便條「祝福，流浪早日成行」。後來書看完了，便條紙黏在電腦螢幕上。

＊＊＊

在某個冬天到某一天之間包夾著許多許多事，不清楚自己到底不滿什麼，理想的職業、穩定的薪水、朋友與不錯的夥伴，大家都說現在工作難找，一定要好好做……我把那股情緒歸因於大環境的急遽轉變，但其實隱而未見的，還有生活、家庭，以及健檢報告等種種意外結果。挫敗堆疊成無力，無力成了無措，不曾懷疑過未來，卻在此時被自己倉皇推上人生路口。

持續採訪著許多懷抱夢想的人，他們雙眼亮光的神情令我懷念無比，卻早忘了該怎麼笑得如同他們般暢然且不顧一切。電子信箱只剩採訪通知、新聞稿與電子帳單，忘了今天有沒有吃早午晚餐，忘了親友的生日，工作外的事物都沒有印象。每天面對螢幕寫三千字關於他人，對自己，卻總是詞窮。

提著大包小包採訪資料回家的某個夜晚，我找不到手上的戒指，無頭蒼蠅般在車座椅縫隙與每個口袋翻找，最後發現它不知何時被扯落在某個資料袋內。我急切地將戒指套回指上，像是落水之人抓住某根浮木。

「祝福，流浪早日成行」便條紙的邊角開始捲翹，黑色字跡褪去，後來黏膠失靈，字條屢次掉下來，我再拿膠帶把它貼緊。害怕自己在汲汲營營中變成一個空洞的人，更怕有一天遺忘了這害怕。

＊＊＊

我決定前往遙遠的他方，離台灣愈遠愈好，離二十多年來規律正常的人生正軌愈遠愈好。我需要做件強度更大的事情掩蓋過自己的矛盾，或許暫時跳脫問題，才能以局外人的身分，看清事情的癥結所在。

對於工作，我無法瀟灑地斷捨離，畢竟這曾是我喜歡且曾投注大量心力的人生，只是有些地方不一樣了，我要在完全失去熱情、甚至開始痛恨它前，暫時離開一下。我遞出留職停薪申請，也意外地在寬容與祝福中通過。

接著就是出發，經過幾個月的遲疑、內外在拉鋸，匯率開始不利，票價漲過一輪，終於到了這一天，我趴在光線漸暗的鐵窗上，轉著手機尋找某個讓網路訊號滿格的角度。

＊＊＊

「離開這裡，妳會比現在更好嗎？」

我決定將這個問題推到一邊，再說，唯有離開，我才有辦法回答這個問題。

腦中浮現忘了在哪看過的一句話：「如果你只是等待，除了變老之外，將一無所得」。

很快地開票付款，生平第一筆這麼大的數目。掛上電話後，我脫下戒指，讓空空的十指享受久違的自由。

It's time to take off.

註1：環球機票是由航空聯盟整合旗下航空公司發行的特殊票，計價方式主要分為洲數與里程數，購買後可搭乘該航空聯盟所屬航空公司的航線，但各聯盟的限制與主力航線均有所不同。我當時購買的環球機票的主要規定，是可飛十六個航段（含轉機）、須往同個方向繞地球一圈、開票後須一年內用完。適合有旅行時間限制、移動跨度大、目的地缺乏廉價航空選擇的旅行者。反之，以陸路交通或廉價航空移動會更划算。

23.5°N → 1°N

PART 1

北回歸線

Tropic of Cancer

台灣

里長伯與巴西簽證

台灣．台北

辦簽證是一場邏輯推演、耐心毅力，加上一點運氣的多重考驗。我以為買機票已經夠難，沒想到辦簽證更煩。

這趟旅行橫跨二十七個國家，扣除免簽與落地簽，得在台灣申請七張簽證：智利、阿根廷、巴西、墨西哥、美國、印度與澳洲，為防萬一，也去警局申請一張良民證（警察刑事紀錄證明書）。由於印度簽效期只有半年，而我抵達印度時已是旅途第九個月，和印度台北協會說明我的狀況，依然無法延簽，只能出國後再想辦法了[註2]。

除了基本的護照、申請書、進出機票，有些使館會要求出示行程規劃、住宿訂房記錄、當地聯絡人、在職證明、財力證明，深怕背包客在當地跳機，一去不復返。不承認台灣護照的國家，護照會當場驗退，另給一張或一本簽證，通關時也認簽證不認護照。承認台灣護照的國家，會直接把簽證紙黏在護照上。但這樣一來，護照就要押在辦事處數日到數週不等。以二〇一三到二〇一四年的辦簽證經驗來說，巴西、阿根廷、尼泊爾都是額外一張或一本簽證。以色列因政治情勢考量，會將入境章蓋在額外的紙上，出境時收回，以免旅客未來造訪阿拉伯國家時造成困擾。

南美簽證的困難度與它的遙遠程度成正比，上世紀中期，許多華人在南美跳機，設法拿到居留後在當地落地生根，因此南美各國對華人簽證的審核格外嚴格，阿根廷簽證還曾一度需要當地親友幫忙對保。辦簽證簡直是場橫跨半個地球的磨難，更別說多數人沒有阿根廷親友。

註2：印度簽證二〇一五年已可申請單次入境電子簽，每人六十美元，須從十六個指定機場入境，效期自抵達印度當日起三十天內有效。二〇一六年一月，智利免簽。

雖然取消對保規定，但二〇一三年底，阿根廷商務辦事處從耶誕節開始放假，一路休到隔年一月二十一日，距農曆年只剩六個工作天。我大年初四出發，要是無法一舉成功拿到簽證，我的南極船票跟著報銷。

計算簽證效期、所需工作天、要不要押護照還有自己的休假時間，終於排定申請日程。第一趟北上，先辦護照能現場驗退的巴西簽，隔天把護照送到智利商辦，然後回南部。第二趟在台北待一週，先拿回智利簽與護照，把護照送去辦墨西哥簽、拿巴西簽證，等待的週末時間去新竹找朋友，週一下午在商辦指定時間拿墨西哥簽證，隔天一早去排隊，等阿根廷商辦一開門就進去辦簽。

直到現在（二〇一六年一月），澳洲電子觀光簽證 ETA 依舊無法自行申請，須由澳洲辦事處所指定的國內旅行社申辦，效期一年。在台灣的最後一趟簽證之旅，是把護照送到旅行社辦 ETA，然後上網申請美國電子簽。

我高中數學被連當五學期，光計算這些天數效期，就感覺頭快爆開。

扣除不確定性超高的阿根廷簽證，巴西簽證的要求最令人抓狂。二〇一三年十二月的巴西簽證，除了基本的申請表、照片、身分證影本、財力證明並送驗護照，還要巴西當地聯絡人的葡文邀請信函，以及「申請人在職證明並由公司往來銀行簽章」[註3]。

根據背包客前輩們與巴西商辦交手的經驗，巴西簽證要求多、門檻高，眾所皆知。在友人幫忙下，我拿到葡文邀請函，也依商辦要求的格式，向公司拿到「申請人在職證明並由公司往來銀行簽章」上半部的在職證明。萬事俱備，只欠銀行一個章。

我的薪轉帳戶是台灣銀行，正巧巴西商辦在中山北路六段（現在的商辦在德行西路）的舊址樓下有間台銀，心想那間台銀應該有看過這樣的文件格式，申請簽證當天，我在台銀開門時立刻進去詢問，從行員到經理看了半天，都說：「沒見過這樣的文件。」

註3：二〇一五年，巴西觀光簽已不需要「申請人在職證明並由公司往來銀行簽章」，真是可喜可賀、可喜可賀。

很和善的經理請行員幫我打電話問商辦，連打兩通都問不出結果，第三次經理親自出馬，對方大概也煩了，講沒幾句就說「我很忙」掛斷電話。

由於台銀沒看過這文件，也無法幫我對保，我只好硬著頭皮去巴西商辦，商辦剛開門，人還算稀疏，領事人員翻翻我的資料，看看我的薪轉存摺，「妳的銀行保信沒蓋章」。

我再附上一張公司名片、一張記者證影本，婉轉解釋銀行沒看過這樣的文件，她又翻了一次資料，要我上「全國商工行政服務入口網」列印公司的商工登記資料，證明我上班的這間公司真實存在，不是我唬出來的。

我沒帶筆電，無法直接從網站截圖，便利商店的機器也無法直接印出網頁。離開巴西商辦大樓，我左顧右盼找不到列印店，當然，這麼繁華的商業區，每間公司都有印表機，哪需要什麼列印店？

眼看時間一分一秒流逝，若第一個巴西簽證就卡關，就會拖累後面的簽證申請進度。我走到路口，前面是社區的仰德活動中心，裡面正熱鬧地辦活動。我小跑步到大門口，「請問哪裡可以列印資料？」

「這附近好像沒有……」門口的大哥皺眉深思，然後轉身拉出一名男子，「問我們里長啦！」

根據過往採訪經驗，里長伯總是非常熱心助人，我再重複一次問題，並提到面臨的時間壓力，他不假思索地問：「要印幾張？」

「一張！」

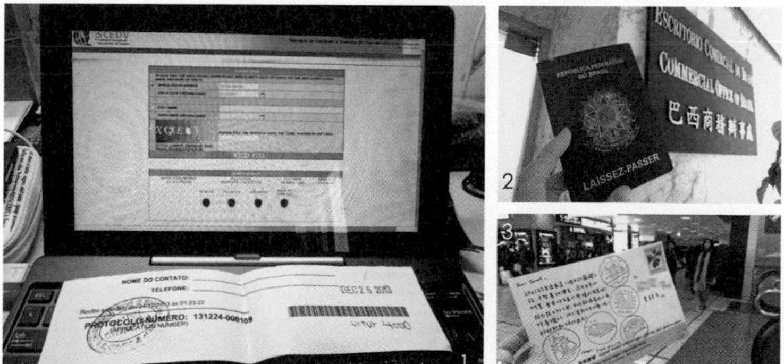

1、**2** 拿到收據後，憑申請編號到巴西商務辦事處網站查詢，四個紅燈都亮後，就可以取簽證了。**3** 每次旅行，我一路上都會寄明信片給自己，這是這趟旅程的第一張。

「好，這邊可以印。」他領我進辦公室，不忘補充：「太多張的話就沒辦法幫妳囉。」里長伯打開印表機，我趕緊坐下，印出資料，再衝回巴西商辦繳交。商辦中午休息前十分鐘，我捏緊手中小小珍貴的收據單，踏著輕快的腳步下樓。

「申請一次就過了？恭喜恭喜，妳真有貴人運。」門口警衛伯伯聽完我的遭遇後說，有人從桃園來辦簽，每次都被要求補件，在台北一時找不到人幫忙，跑了四趟才成功。

在友人協助下，阿根廷簽證也一次達陣。「很有貴人運」大概總結了我這一年的遭遇。命運總讓我在最混亂、最谷底的時刻遇到伸出援手的人，一次又一次，看到人性的溫暖面。

剪髮

台灣・彰化&台南

這是我剪過最長的髮。

出發前五個月，我坐在理髮店，脖上圍著大毛巾，彰化義剪志工協會理事長宜庭迅速將我的長髮分紮成六綹，髮絲細長繾綣，纏繞在指上腕上，彷彿捨不得離開。

我望著鏡子，面對雙頰蒼白凹陷，仍掛著笑容談天的自己。

有記憶以來，我從沒剪過短髮。髮絲總保留在肩膀以下的長度，夏天紮成馬尾，冬天貼著頸項，每當寫稿心緒遲滯，我總習慣用手爬梳著長髮，自頭頂到髮尖，像是梳理得順，思路也通了。一頭長髮說是捨不得剪，反倒更像一種習慣的安全感。

捐髮給癌症病患做假髮，這是三年前採訪捐髮故事後就起的心願，現在來看，彷彿也給自己一種象徵性的勇氣，彷彿捨去這把長髮，就更能灑脫地啟程。

出門前最後一次梳整及腰的頭髮，量了量髮根到髮尾的長度，八十七公分，歲月竟走了這麼長。

被陽光烤得焦黃的髮尾封存了迦納那個緩慢夏天的海風氣息，那時躺在白色沙灘上看著迎面而來的幾內亞灣海浪，萬萬沒想到，四年六個月後，要朝浪來的方向出發。

「要剪囉。」我閉上眼，聽著剪刀斷開頭髮的擦擦聲。第一剪，捨去安逸；第二剪，捨去日復一日的如常；第三剪，捨去對你懷抱的眷戀；第四剪，捨去不該屬於自己的一切；第五剪，捨去總不放過自己的完美主義；第六剪，捨去該告一段落的走味人生。

「好了。」宜庭俐落擺動著剪刀幫我修髮尾，細細落落的碎髮飄下，就像那些苛刻的話語、蠢動的不確定、雜亂的心緒與如影隨形的害怕。最後毛巾一抖，甩落所有殘屑，新剪的髮尾輕輕拂過後頸，很陌生的觸感。

我起身，寫下捐髮人的資料，願髮絲煩惱不再，化作下一個人的幸福……

出發前一週，我拐進菜市場裡的理髮店，跟理髮阿姨說，我想剪個小男生的髮式。

「怎麼？失戀了？」阿姨打趣。我搖搖頭，說我要去旅行，頭髮剪短些比較方便。

「去多久？」「一年。」「這麼久，不是要花很多錢？」她露出俏皮的笑，「真的不是失戀吧？」

「真的不是啦……」千萬話語湧上舌尖，但我無力開口，又把它們嚥回去。阿姨擺動剪刀，嚓嚓聲中，剛留長的髮絲落在地上。

一週後，我把自己安頓進廉價航空座位，周遭的喧鬧聲逐漸安靜下來，機長廣播，飛機要起飛了。我攤開日記，筆尖卻懸在紙面上。習慣性伸手順過髮絲，手指滑到修得短短的鬢角就停下。我放下手，轉頭望著窗外掠過的風景。

飛機速度愈來愈快，機首一抬，離開台灣的土地。帶著從未如此短的髮離開，捨去所有的捨不得。

出發。

新加坡
ONE NAME
VARIETY OF TASTE
Daisy Green

新加坡

熱帶新年

走出地鐵站，一陣熱風撲面，背著二十五公斤行李沿牛車水熱鬧街市，一間間尋找三個月前訂好的hostel，走一陣歇一陣，衣褲不久就被汗水浸透。這天是大年初五，三十三度的熱帶新年。

台灣的年味愈來愈淡了，到了新加坡，才知道什麼叫真正的張燈結綵。這年是馬年，馬路上掛著奔騰的駿馬與大顆的錢幣元寶，華人店家各個掛上大紅裝飾與紙花。今天開工，醒獅團沿著五彩繽紛的店屋舞過一家又一家。一間茶行外，舞獅與財神爺正熱鬧，這裡請的是南獅，也是通稱的醒獅，在人群裡看象徵生意興隆的採青，看獅子拋出一把碎菜葉，再拿起橘子遞給主人，忽地縮手，隨後送上整顆剝好的橘子，一來一往把主人逗得樂不可支。

農曆年期間，牛車水四處張燈結綵。

魚尾獅像的背後，是燈火通明的摩天大樓。

在新加坡的預算抓得很緊，兩天只換了七十新幣。旅館在房費外又收二十元押金。中午多喝一杯羅漢果茶，全身上下只剩整整四塊錢能吃晚餐。濕悶的夜晚，克拉碼頭陳列漂亮花燈，紅帳篷下是各類年節點心，廣場那頭的晚會舞台傳來粵語新年歌曲。

沒錢搭地鐵，我一路逛回牛車水。人來人往的老巴剎，整條路賣的都是大家推薦的沙嗲加啤酒，一份套餐十串烤肉六塊錢，但錢包裡就差這兩塊。

兩位小販上前推銷，聽到我只有四塊錢，笑笑地走了。翻翻錢包，正想厚著臉皮問有沒有攤販願意做四塊錢的套餐，一位濃眉大眼的大叔看到我猶豫的神情，上前問：「吃晚餐了嗎？」

「還沒，我明天要離開了，身上錢不夠。」

「妳來。」他塞了張兩塊錢的鈔票給我。

我很怕他又另找其他藉口加錢，在他眼前抖抖錢包，裡面真的只剩四塊。他頻說沒關係，幫我選了牛雞組合，吩咐同事開始烤肉。

Azlan 的沙嗲，是在新加坡最美好的回憶。

十串沙嗲一會就上桌，搭配醬料與鳳梨、大黃瓜、洋蔥，甜中帶酸辣。忙著招呼客人的大叔一會兒繞過來我桌前，「好吃嗎？」

「太好吃了。」

我正要謝謝他的招待，他丟下一句「好好享受」，又一溜煙忙碌去了。

他叫 Azlan，這盤沙嗲是我在新加坡最美好的回憶。

1 老巴剎的夜晚，四處都瀰漫沙嗲的香氣。**2** Azlan 端上的牛雞組合沙嗲。
3 新加坡河畔，女子與狗靜靜享受午後時光。。

1°N → 66.5°S

PART 2
世界的盡頭
Fin del Mundo

9 南極

台灣—阿根廷．烏蘇懷亞

南極票的意志競賽

前往世界盡頭的旅程，其實半年前就開始了。

規劃阿根廷行程時，看到有人在阿根廷最南端的烏蘇懷亞（Ushuaia）買到原價六折的南極 last minute 船票，心想「啊，既然阿根廷簽證這麼難辦，那就別浪費這次機會，去南極看看好了」。

南極是洲，不是國，無需簽證，可以從阿根廷、智利、紐西蘭、澳洲等地前往（但這些國家當然需要簽證）。行程五花八門，可以搭飛機、搭船，活動範圍多半在南極半島（Antarctica Peninsula），或許另加福克蘭、南喬治亞群島，甚至前往南極點——當然，只要你口袋夠深。

最符合背包客預算的路徑，是透過一張 last minute 特價船票，從烏蘇懷亞出發，以搭船方式前往南極。

為保護脆弱的南極環境，南極公約（Antarctica Treaty）規範每次登岸不宜超過一百人，加上南極沒有碼頭，船隻會停泊在淺水區，由橡皮小艇分批將遊客載到岸上。遊客過多，不僅破壞環境，在岸上的時間也愈壓縮。若想與南極大陸有更多近距離接觸的機會，最好選擇搭乘一百到一百二十人的小船。

Last minute 的操作是這樣的，南極船出發前，旅行社或船公司為將船位補滿，會將賣不完或繳不出訂金尾款的船位打折拋售，或把三、四人艙的旅客升等到尚有空位的雙人艙，再將空下的床位賣出去，折扣最低可到六折甚至半價。畢竟一趟旅程極耗人力物力，補滿船位，才能達到最大商業價值。

搶購 last minute 船票的過程，開啟南極旅行的第一個特點——不確定性。船位不多，特價船票的機會當然也不多。南極多變的氣候影響船班能否開航，若無法出海，船公司會將旅客往後挪到後面的船班，也壓縮 last minute 票釋出的機會。

當然，拿到船票也不代表拿到南極的保證入場券，要是真因不可抗力因素無法出海，又無法將假期後挪，只能帶著遺憾回家。

南半球季節與北半球顛倒，十月到三月是南極的夏天，也是適宜的旅行季節。烏蘇懷亞的旅行社多半會在船班出發前一個月貼出 last minute 票消息，很多背包客會到現場等機會。但當地吃住昂貴，萬一沒等到票，不僅耽誤時間，還得多一筆額外支出。出發前半年，我開始透過 e-mail、臉書向阿根廷所有代售南極票的旅行社詢價。當時得到的都是原價，最便宜的十一天經典行程，三、四人報價從五千美金到六千六百元美金都有。旅行社告訴我，最

HITO XXIV
Limite Internacional
Argentina - Chile
No pasar
International Border
Argentina - Chile
No trespassing
烏蘇懷亞的火地島國家公園內，智利與阿根廷的邊界。

火地島國家公園，一隻鳥受食物吸引，停在遊客身旁。

便宜的 last minute deal 集中在十到十一月與三月，但那時的企鵝不是在築巢孵蛋，就是已回海裡過冬。

出發前兩個月，我和幾間積極回信、價格也不錯的旅行社業代密切聯絡，阿根廷與台灣時差十一小時，有一陣子，我每晚都拿著手機刷著信箱的重新整理，但和我一樣過阿根廷時間的背包客為數不少，幾次收到特價票訊息，雖然當下即回信，但總收到旅行社「票已售出」的回覆。

距離出發一個月，能不能去南極還是未知。北上辦簽證某晚，睡前一面刷牙一面發出一封詢價信，睡著前再刷一次手機確認，發現一封報價躺在信箱裡。二月的船票，企鵝育雛的季節，出發時間和我的南美行程規劃契合得絲絲入扣。票價是原價七折，十一天三人艙三千九百元美金，勉強在預算內。

我從床上跳起，回信、填資料，收到船位保留的確認信後再度倒回床上。一陣欣喜後，對未知的期待、緊張、擔憂突然一湧而上，讓我睡意全消。

阿根廷・烏蘇懷亞

世界盡頭的元宵節

起飛後第十二個日子，從亞洲、大洋洲到南美洲，一路向南，從23.5°N來到54°S。氣象預報是樂觀的好天氣，在烏蘇懷亞和旅行社當面確認船票，並在港口看到那艘紅色南極船瞬間，終於放下心中大石——一切都是真的，不是半個地球外的遙遠夢境。

雖然更南一點還有智利的威廉斯港，但阿根廷最南小鎮烏蘇懷亞，已是眾所皆知的「世界盡頭」（Fin de Mundo）。這概念不僅具象在每個商家招牌上，還體現在物價上。世界盡頭的餐廳、世界盡頭的酒，世界盡頭的禮品店，好像世界盡頭已成為一個商標，貼上昂貴的價錢。但地球是圓的，盡頭到底在哪呢？

歷經大半年跨時差的買票任務、飛越大半個地球，終於來到世界的盡頭，南極的入口。

我在港口邊的「Fin de Mundo」標誌拍照，也去了電影《春光乍洩》中那座紅白相間的美麗燈塔，回程時，看著烏蘇懷亞一點一點亮起的燈光，腦中重疊著張震的獨白。

「一九九七年一月，我終於來到世界盡頭，這裡是美洲大陸南面最後一個燈塔，再過去就是南極。突然之間我很想回家，雖然我跟他們的距離很遠，但那刻我的感覺是很近的。」

烏蘇懷亞的夏天晚上十一點才天黑，去超市買晚餐食材，走出門口，渾圓的月亮從嶙峋的山頭升起。我提著兩手的菜看了很久，又回旅舍拿相機出門拍，從天邊殘存的一抹暗紅晚霞站到天黑，月光為稜線畫上銀白色的輪廓，看到指頭都凍僵。

這是旅途第一個月圓，世界盡頭的元宵節，離台灣好遠好遠。

世界盡頭的特色，就是不管去哪個地方都很遠。

「1997 年 1 月，我終於來到世界盡頭，這裡是美洲大陸南面最後一個燈塔，再過去就是南極。突然之間我很想回家，雖然我跟他們的距離很遠，但那刻我的感覺是很近的。」──《春光乍洩》。

南極

十萬年在嘴裡融化的滋味

三千九百美金的三人艙是這樣的，不到五坪大的空間擠了一間只容轉身的小衛浴、一個衣櫥、一個矮櫃、兩張床，懸在牆上的第三張床可以收闔貼在牆面。放下背包後，正和先生一起環球的加拿大室友 Cristina 打趣：「幸好我們都不胖。」

但比起這陣子吃住從簡，成天煩惱交通、迷路、生活瑣事的日子，有餐廳、健身房、圖書室甚至酒吧的南極船簡直像海上天堂，尤其是交誼廳無限量供應的巧克力與熱茶、每天下午的手工餅乾或水果鬆糕，都帶來一種與窗外嚴苛氣候極度對比的安適氛圍。除了酒水、wifi（沒錯，在南極可以上臉書打卡）、電話與額外的露營、海上獨木舟等體驗，一切費用都包在團費裡，隨船的生物學家、鳥類學家、歷史學家和攝影師每天會輪流舉辦講座。船上有間小紀念品店，每天補貨，讓百無聊賴的客人能一路買到極地。

雖說是十一日行程，但船公司很取巧地把抵達烏蘇懷亞那天當第一天，最後一天吃完早餐就下船，也算一天。扣除往返德雷克海峽（Drake Passage）的四天，實際在南極的時間只有五天。穿越比格爾海峽（Beagle Channel），進入惡名昭彰的德雷克海峽後，透過薄薄牆面，可以清楚聽到隔壁日本男孩嘔吐的聲音。

＊＊＊

南極之旅是個精緻包裝、細心運作的套裝行程，但出海後的一切取決天氣與海流，能否登陸、在哪登陸都得看老天臉色，這是旅途最冒險的部分。

由於南極大陸不適合一下子湧入大批旅客，我們分為羅斯（Ross）組與史考特（Scott）兩組分批登岸。兩個人名都是英國探險家，前者發現磁北極後轉往南極探險，另一位是立志找到南極點，卻被挪威探險家捷足先登，最後在南極長眠。

冰山與積雪之外，南極還有峽灣、深谷、冰川、火山等地形，最高峰是海拔四八九七米的文森峰。夏天的南極，白天均溫是零度，我們在天堂灣（Paradise Bay）手腳並用，沿四十五度雪坡爬上兩百公尺高的冰川，再歡呼著從頂端溜下來。穿著厚重 Gore-Tex 外套和三層衣服，我從沒想過會在南極流汗。

1 座頭鯨從水下探頭。**2** 仰頭望著南極初雪的小企鵝。**3** 一隻剛吃飽的食蟹海豹，揉揉眼看著我們這群來客。

最喜歡的頰帶企鵝，看起來像是
永遠在微笑。

企鵝努力往雪丘上爬，不時滑倒。

南極沒有碼頭，旅客得由橡皮艇接駁上岸。

從天堂灣雪坡歡呼著溜下來的阿嬤。

大雪中，座頭鯨優雅擺尾，一個旋身，潛入深幽海底。

1 美麗的冰山風景，其實有足以殺人的危險性。**2** 冰山裂隙透出美麗的藍光，像是定格萬年歷史。**3** 巴布亞企鵝大軍搖搖擺擺走來了。

我們在一塊塊奇形怪狀的冰山間穿行，裂隙透出美麗的藍光，像是定格萬年的歷史。工作人員屢次提醒冰山的危險性，我們仍難以想像這樣美麗的風景能殺人，直到有一次，數百公尺外的冰山因底部融化失衡，以詭異的大幅度搖晃，幾秒後突然旋轉一八〇度傾入海中。掀起的浪花夾著碎冰與水霧，足以將一艘小艇拖入海底。

比藍色冰山更久遠的是「黑冰」，它經過數十萬年反覆擠壓，密度極高，因光線折射，在海裡呈黑色，撈出後晶瑩透明。小艇駕駛撈出一塊黑冰拋上船，我撿起一塊碎片放進嘴裡，沁涼圓厚的冰水瞬間包覆齒舌，這是十萬年在嘴裡融化的滋味。

＊＊＊

二月是小企鵝換毛期，滿天都是細碎的羽毛屑，讓我在南極差點過敏發作。但比毛屑可怕的，是企鵝的糞便臭味。

可愛的企鵝吃魚與磷蝦，若捏住鼻子觀察，會發現牠們的糞便是呈噴射狀、相當動感的粉紅色或白色。放開手指，強烈魚腥味與阿摩尼亞混和的臭味竄進鼻腔，久久不散。南極不是動物園，不能限制企鵝在特定區域活動，一百雙腳把積雪踩化，混著粉紅色糞便往海岸邊流淌的畫面，我一輩子也不會忘。

但大家對企鵝的喜愛不因糞臭而削減，可愛的動物連糞便也可愛，世界真是不公平。海豹總與企鵝搶戲，牠們躺在浮冰上，一面呵欠一面睜著大眼與旅人對望，無辜到讓人忽略牠們飽食鮮魚或企鵝後留下的大灘血跡。

人類是南極的外來物種，以前住在捕鯨站，現在住在科學站裡，裡頭還賣起明信片、科學家手作藝品甚至比基尼。當然也能在南極品酒，烏克蘭研究站 Vernadsky Base 的威士忌烈得很，同船英國男孩一杯下肚，在雪地脫光裸奔。

南極的博物館、紀念品店兼郵局位於洛克雷港（Port Lockroy），與世隔絕數日的旅客，往往失心瘋般掏錢把娃娃、T恤、保溫杯、書籤搬回船上。這裡可以寄明信片回家，一張郵資只要一美金，在南極，美金依舊是強勢貨幣。

＊＊＊

在台灣登山時遇過冰雹，卻不曾見過下雪。某天清晨，睡眼矇矓間，突然聽見走廊一陣雜亂腳步聲，有人大喊「下雪了」。來不及戴手套就跑上甲板，看到雪花一絲絲從天上飄落，在地上鋪了一層白毯。這是這輩子見過的第一場雪。我仰頭伸出舌頭，像孩子般嚐著雪的味道，冰冰涼涼的雪花在舌尖融化，像是做夢一樣。

那天，我們在天堂灣（Paradise Bay）近距離看見一隻座頭鯨，牠巨大的頭顱探出水面，水花順著吻側奔流。我將雙眼移出相機觀景窗，驚奇而敬畏地，看著牠碩長褶皺的身軀拔出水面，在紛紛大雪中，優雅一個迴身，潛入深幽的海底。

南極

在南極大地入眠

買到船票後，旅行社問我要不要加價一百五十多美金在南極露營一晚，我考慮了一下，回信說好。一晚台幣四千五百元的南極露營體驗，與五星級飯店雙人房價似乎沒差多少，這輩子沒想過住五星級飯店，就把錢拿來露營吧。再說，十二萬的船票都刷了，四千五百元只是可怕的信用卡帳單上另一組數字而已。Once in a lifetime，一生一次，多麼好的藉口。

當然，能不能在南極露營得看老天臉色。在南極的日子，雖然有雪有烏雲，但大都是穩定的天氣，偶爾還露出藍天。出發沒幾天，船長在交誼廳宣布我們正跑在一個強烈暴風的前面，晚我們一班出航的南極船，交誼廳的一面大落地窗在穿越德雷克海峽時被風雨颳破，無奈返航。

玻璃被颳破聽來事小，但這裡是南極，海上可找不到師傅與物料修理。嚴苛西風帶、瘋狂海浪與無法恆定的空調，都會帶來可怕的災難。我們一面說 so sorry，一面暗自慶幸自己的好運氣。

南極第五天，船長研判當天氣候穩定，廣播可以露營那刻，露營組成員從飯桌前跳起來，回房間準備保暖衣物，到衣帽間集合。和我同營帳的是一位印度裔美國女生 Susie，她是外商公司主管，這筆度假經費是她前一年領到的一部份工作獎金。工作人員發給我們抗風性能強的雙人帳蓬和兩個能耐極地低溫的厚睡袋，把我們送上橡皮艇，在夏可港（Port Charcot）附近的一處背風面登陸。這天雲層很厚，遮住大半天空，我們分工鋪防水布、釘營釘，幾隻巴布亞企鵝（Gentoo penguin）在不遠處跳水。

極地夕陽有種孤絕的美，橙紅色餘暉穿出雲隙，遠處的高聳山脈像是漂浮在霧氣中，被染成淡淡的粉紅色。氣溫驟降，天還沒全黑。我和幾個捨不得回帳蓬的旅客站在雪地上望著覆滿積雪

的岩山，強風拍打著臉頰，來不及擦的鼻水在圍脖上凍成薄冰，沒有人說話。

考量大家的生理需求，離營帳兩百公尺處放著兩個塑膠馬桶，沒有遮蔽物，反正大家都包得密不透風，無法單靠屁股辨識身分。但工作人員會鼓勵大家盡量先在船上解決，一來脫下三層褲子在南極上廁所很不方便，而且需要一點勇氣；二來人類不能在南極留下任何包括糞便的外來物，所以隔天清晨，工作人員得把兩桶結冰排泄物扛回船上，真是件苦差事。

我以為自己應該會興奮得睡不著，但窩在溫暖的睡袋裡，聽著外頭狂風擊打著營帳，和 Susie 聊沒兩句就墜入夢鄉。

朦朦朧朧間，一陣輕微的啪啪聲由遠而近，在帳蓬前停留一會，又啪啪啪地遠去。隔天早上拉開帳蓬門，營帳旁有一排企鵝的纖細足跡。

1 南極夕陽下，我們在狂風中搭起帳蓬。**2** 雲霧繚繞的巨大山脈，覆滿白雪。**3** 跳水的巴布亞企鵝。

南極

This is life

南極洲由五十個國家共同簽定南極公約保護，約定南極僅用於科學研究及和平目的，不附屬任何國家。上船第一天，船長就和我們簡介南極公約的概念，我們最關心、記得最清楚的，是「觀賞任何動物，都須保持五公尺以上距離」。

為避免傷害南極生態，負有保護南極責任的船公司做了全面的宣導及預防措施。每次登岸，遊客得換上橡膠靴、踩過消毒水，避免把自家鞋上的病菌帶給沒有抗體的南極生物。看到呆傻的

1 一隻小企鵝好奇觀察一位同船的法國背包客。**2** 透過單眼相機鏡頭望向我的賊鷗。**3** 二月是企鵝育雛時期，時常看到大企鵝餵小企鵝的溫馨景象。

企鵝，不能趨前摟抱觸摸，更不可能餵食或抓回家。但若生物主動上前接觸，就沒有五公尺的距離限制。

我沒等到主動接近的企鵝，卻遇見主動接近的賊鷗。牠老兄見我拿單眼蹲在地上拍攝，大概認為來了隻大眼睛、紅皮毛的生物，趨前探視，發現該隻生物的眼睛反射出自己的倒影。牠好奇抓抓相機保護鏡，歪頭露出困惑的表情，我屏住呼吸，享受在台灣根本不可能發生的一刻。

二月是企鵝育雛的季節，四處都能看到大企鵝餵食小企鵝的溫馨畫面。在佩雷尼奧灣（Pleneau Bay）那個下午，我們看到眾多體型豐滿，幾乎和父母一般高的巴布亞小企鵝中，有隻特別瘦弱、羽毛髒兮兮的小企鵝，在冷風中搖擺著步伐，試圖加入周遭緊緊挨在一塊的企鵝親子。

一隻大企鵝被惹惱，與孩子猛追這隻小企鵝，在牠後背啄了一口，還因用力過猛跌跤。小企鵝挨痛，趕緊與牠們保持距離，大企鵝看到干擾遠離，轉頭繼續哺育孩子，留下這隻小企鵝在雪地裡孤零零站著。

小企鵝的皮毛骯髒雜亂，身形瘦小，不知能不能撐過這個冬天。我和幾位旅客在旁邊乾著急，正好工作人員 Chris 走過，我們喊住他問：「該怎麼幫這隻小企鵝？」

Chris 聳聳肩，「沒辦法，牠只能自求多福。」我們異口同聲哀求：「放牠在這，牠可能會死啊！」

「若大企鵝太博愛，自己的孩子可能沒得吃。」Chris 眉頭深鎖，「再說，我們能幫什麼忙呢？幫牠抓魚？帶牠回船上？人類不能干擾這裡的生態體系，我們能做的，就是為牠禱告，相信牠會找到自己的出路。」

他看著默不作聲的我們，轉向像是隨時會被風颳走的小企鵝，「this is life」。

旅人啊 G&C

對G的第一印象是慢，說話慢、走路慢，很有古典美人氣質的妻子C總挽著他的手一起走。他看來年約五十，掛副眼鏡，鬢邊冒出幾綹白髮，上樓時常因某種疼痛皺眉，與妻子帶著不好意思的微笑請後頭旅客先過，然後吸口氣，慢慢往上挪。

因此，當聽到G半年前剛從蘇丹一路南下到南非共和國，完成三個多月的橫跨東非之旅，我難掩驚訝。

我搭乘那班南極船上的亞裔臉孔不多，我們很快就聊起來，夫妻老家在北京，在加拿大擔任大學教授，G教化工，C是食品科學專業，每任教幾年，他們會有一年時間專攻研究，他們總早早把研究做完，剩下的空檔旅行。

南極船上不乏經驗豐富的旅行者，南極是他們的終極目標，走過六大洲的風景，再完成這最後一大洲，人生旅行地圖終於圓滿。G也是其中一個，他從大學時代開始當背包客，利用假期走遍大江南北，後來拿了獎學金去美國攻讀碩博士，C也跟著去。兩人結婚後，C一面帶孩子一面念書，拿到食品科學的博士學位。他們後來搬到加拿大，在能飽覽湖光山色的小鎮打造新家。放假時，他們帶孩子到湖畔露營釣魚；夜裡，湖面倒映著天空壯闊的銀河，躺在小船上，像是漂浮在無垠的宇宙裡。

G還是一樣愛旅行，走的路線愈發艱困。升上教授那年他去了伊拉克，阿拉伯之春那年他在中東，去年又去東非。他跟著背包客搭便車、擠廉價旅館，有時當地通訊不便，好幾天沒有音訊，在家打理家務、帶孩子的C，每次聽到電話鈴響，心就怦怦地跳。

I'll be there for you.

「妳好厲害啊。」我聽得出C在這完美家庭後的求全。

「這沒什麼，他總是一直往前跑，總得有人照看著後頭。」她淺淺一笑，「我比較喜歡去歐洲shopping，我老公這種冒險路線不適合我啦。」

在坦尚尼亞，G的膝蓋突然毫無緣由地痛起來。起初隱隱作痛，後來時不時一陣劇痛，他形容，那種痛像是被閃電劈中膝蓋，疼得他差點跪下來。

當地醫院找不出什麼病因，回加拿大後，他直奔大醫院，醫生說可能是腦神經問題，一時間還看不出端倪，得深度檢查。

這消息像五雷轟頂。一連串大小檢查後，等待檢驗報告空檔，G硬是向醫師請假。說是南極船票早就買好了，其實，他是怕自己以後再也無法旅行。

船橫跨德雷克海峽那晚，大半艘船的乘客在風浪中暈眩嘔吐，G的膝痛又犯，止痛藥無效，也嚴重暈船的C勉強抓著走廊扶手到船醫的房間拿藥，折騰大半夜，清晨，風浪平息，G終於睡下。

他再也無法像以往豪邁地邁開長腿，只能由妻子扶著緩緩行動。快步調久了，適應慢生活很難，一回從船上的交誼廳上到餐廳，他趕著讓後面的人先過，此時船一晃，他一個踉蹌，膝蓋在階梯重重磕了一下，疼得他皺眉咧嘴。C摟著他瘦削的背，低聲嗔道：「急什麼呢？我陪你慢慢走就是了。」

慢慢下船、慢慢坐進橡皮艇、慢慢登岸，他發現快跑的企鵝都移動得比他快。膝痛時好時壞，過了幾天，他得接受現實，一晚在餐廳遇到他，他開心地說，我今天只花一小時就爬到雪丘上。

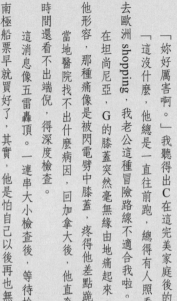

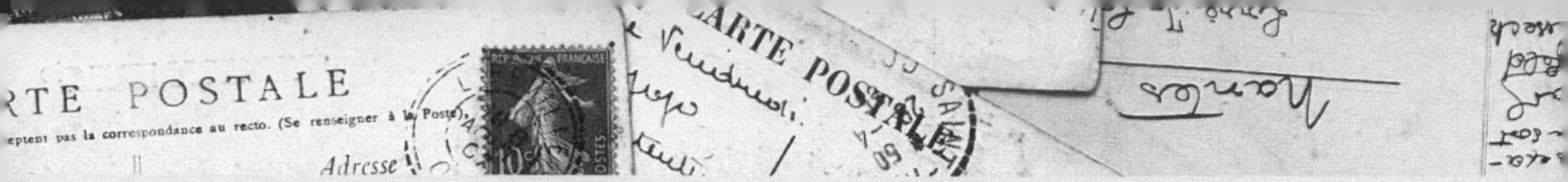

他買船票時同時預定在南極露營的行程，那天膝蓋不痛，他整個人亮起來，背也打直了。當大家七手八腳在冰上架起帳蓬，他一個人三兩下輕鬆就位，拿相機拍照去。這是他在南極旅程中唯一沒有妻子陪伴的一晚，C隔天一早就在甲板上等著，看到丈夫歸來，臉上表情如釋重負。

九天後，船回到烏蘇懷亞。下船後，我才發現把手套忘在房間，折回去拿。我是最後一個離船的乘客，G和C走在我前面，G仍慢慢走著，C扶著他的手臂，當大部分旅客散去，G悄悄牽住妻子的手。

C像是嚇了一跳，轉頭望著丈夫，G仍目不斜視看著前方，一步一步往前走。

C溫柔一笑，兩人十指交扣，慢慢慢慢地，往碼頭盡頭等待的接駁巴士走去。

我的手掌印與企鵝的腳掌印。

MAERSK
SEALAN

66.5°S → 0°

PART 3 南十字星 Southern Cross

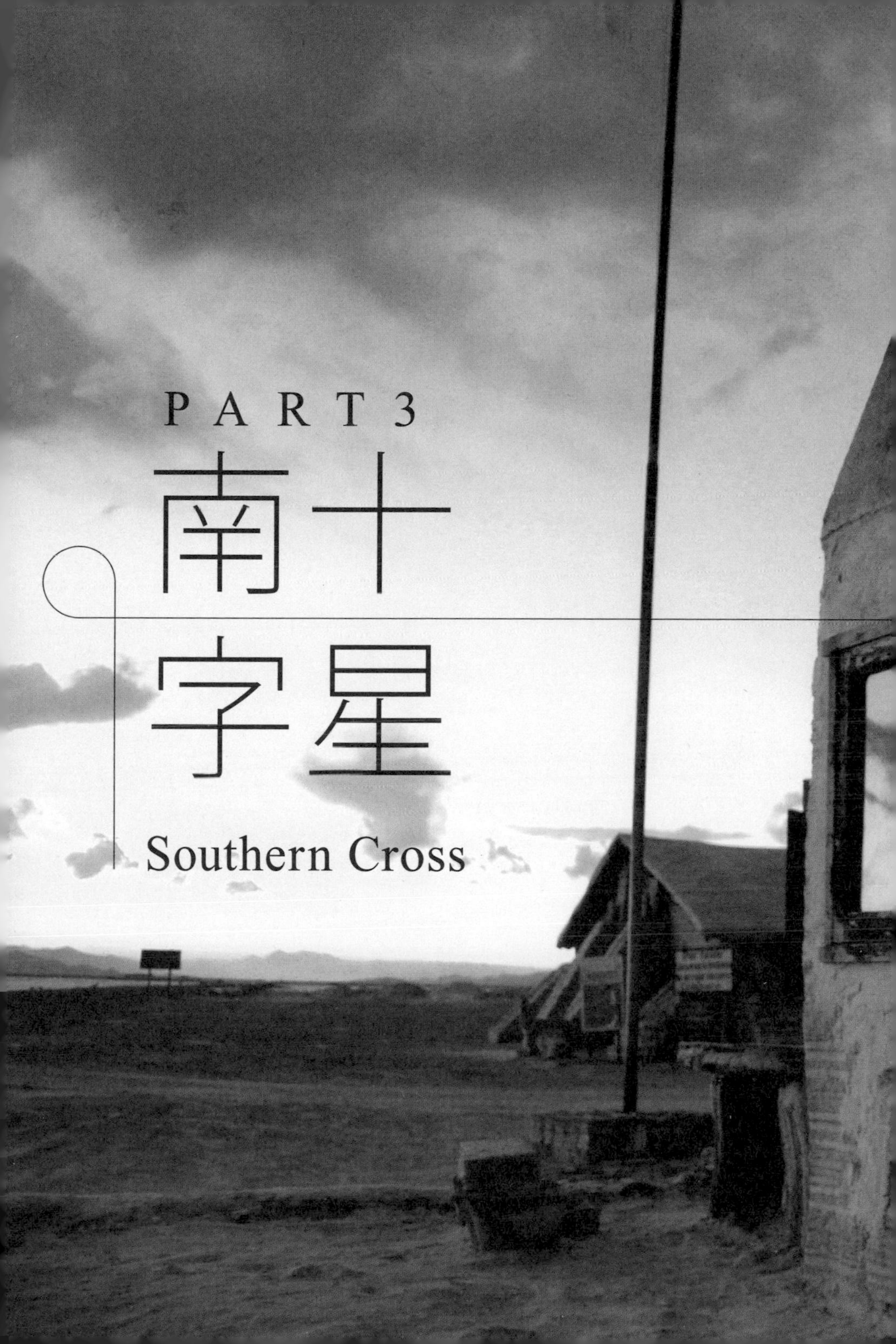

9 阿根廷&智利

OSAKA
SEOUL
SCHOENSTATT
13.607 KM
DAΦNHA
ΕΛΛΑΔΑ
JORDANIA
13.892 Km

智利．百內國家公園

用雙腳寫W

夏季的南美之南，背包客間的問候語是「你去過百內國家公園（Torres del Paine）了嗎？」那三根高聳尖塔是巴塔哥尼亞高原的象徵地標，無論愛不愛爬山，都是路過別錯過的代表性景點。

「百內」在 Tehuelche 印地安語中的意思是「藍色」，湛藍的百內河（Rio Paine）環抱有多層顏色的嶙峋百內角（Cuernos del Paine）、格雷冰河（Glacier Grey）、法國谷（Valle del Frances）、無數大小湖泊與森林，以及豐富的野生動植物。一九七八年，百內被聯合國教科文組織宣佈為世界自然景觀保護區之一，也帶來雪崩般湧入的遊客。旅客可以跟團搭車，遠觀百內塔的風采；但若要親睹格雷冰河、法國谷，就得走步道深入國家公園。也有業者推出從格雷湖（Lago Grey）搭船近距離看冰河的行程。

山頂融化的雪水，奔騰成一條條清澈的溪流。

百內是個熱鬧的荒山野嶺，每年十月到隔年三月的熱門季節，一天至少要和一百位登山客說hola（西語的你好）。公園內有規劃完善的步道，從四到六天涵蓋各經典景點、路線呈現「W」型的W circuit，到七至十多天的O、Q型大環線都有。住宿有從三十美元至數百美元一晚的小屋refugio，另有免費或十多美金一晚的付費營地。

納塔雷斯港（Puerto Natales）是前進百內的最大補給站，滿街都是登山用品租借店。我沿路比價，搬回帳蓬、爐具，趕在超市關門前和登山客一起搜刮食物，只因進入百內後，一切物資坐地起價。

第一天

「啊，這背包怎麼比妳還高？」十七公斤的背包上肩時，我

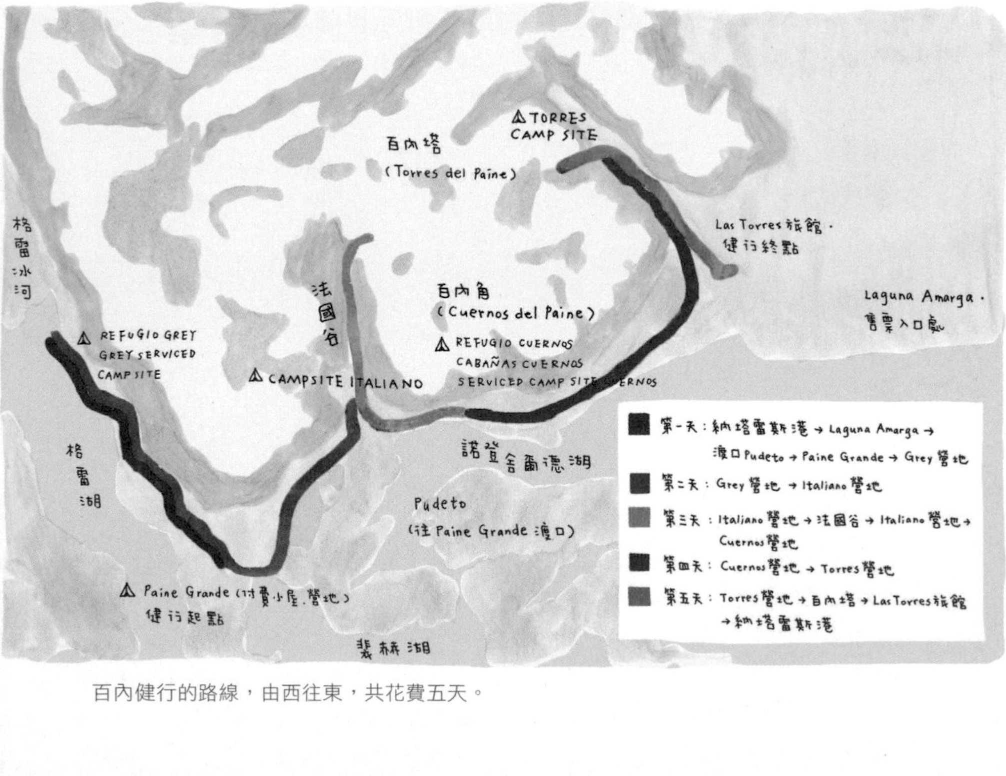

百內健行的路線，由西往東，共花費五天。

一面在心裡齜牙咧嘴，一面努力以微笑應對 hostel 交誼廳旅客的關心。

我背了去南極時的所有保暖衣物，因為氣象預報說會下雪。瓦斯、爐頭、六天份的食物，在台灣雖曾走過百岳，第一次長程健行卻獻給智利，我怕會因雪困或體力不支，無法在原訂五天內走完全程。

「走囉走囉！」鄰房十句話有八句不離姊姊的法國男吆喝帶頭出發，「我姊剛剛傳訊息來，提醒我別錯過第一班發往百內的車！」

＊＊＊

W trek 可以由東往西，或由西往東走，各有各的擁護者。巴塔哥尼亞的天氣陰晴不定，有時候千辛萬苦走到百內塔前，只能看到一片濃霧。我決定將路線交給老天決定，若能在位於國家公園東南角的

看到格雷冰河當下，我被它的美麗震懾得無法言語。

入口處看到百內塔，就趁好天氣直接往位於東北角的百內塔進發，反之則將百內塔做為壓軸。

當接駁巴士抵達國家公園入口，遠方灰濛濛一片，百內塔罩在濃霧中，半點影子也不見。我只得賭五天後的好天氣，先搭渡輪到 Lodge Paine Grande 前往格雷冰河，到付費營地 Grey 紮營。

到了渡輪口，我從接駁車廂拖出行李，扛著龐大的背包、帳篷、食物與睡袋，搖搖晃晃站起來。一位高大的金髮女孩衝著我笑，大聲對旅伴說，「I thought she would fall.」（我以為她會摔倒）。是覺得我聽不懂英文嗎？我穩住身體一步步往碼頭走去，至少站起來了，還能走，這是成功的第一步。

法國男在 Paine Grande 的付費營地紮營，輕裝前往格雷冰河（「我姊去年來過，這是她建議的！」）。當他說「先走一步」，揚塵而去時，我大大鬆了一口氣。

1 往 Paine Grande 的渡輪上，旅客的背包、裝備疊成小山。**2** 百內國家公園售票口有氣象預報，但巴塔哥尼亞天氣變化多端，僅供參考。**3** 歇歇腿，看看眼前的風景，給自己走下去的力量。

往格雷冰河路上，兩側都是樹木火焚後的蒼白痕跡。二〇一一年底的一場大火將二十四萬公頃的百內燒掉百分之六，追究起火原因，竟是登山客如廁後試圖用打火機湮滅的一張衛生紙。

縱使登山背包能均勻分散重量，兩個小時後，沉重肩帶深深咬進肩膀，只能靠壯闊山景和路邊色彩繽紛的小花草分散疼痛強度。感覺永遠在上坡，休息時間從一小時一次縮短成半小時一次，時間愈拖愈長。那種每次上山時的「為什麼我要在這裡」、「為何要自找苦吃」的熟悉自我質疑又在腦海中浮現，且愈來愈大聲。

第三個小時，我甩脫背包，俯望遠方的格雷冰河，順著河谷蜿蜒而下的流冰在陽光下反射純淨的白色與藍色。巴塔哥尼亞的著名強風在這裡發揮十足威力，吹得我睜不開眼、直不起身，跪在地上才有辦法穩住身子拍照，造物者就是要人類在這等絕景前屈膝。

不斷被手長腳長的外國登山客超越，背包感覺愈來愈重，我頻頻打開地圖確認自己離營地還有多遠。第五個小時，我在已被滿滿帳蓬佔據的營地卸下行李，在一對德國夫婦協助下找到一個角落紮營，趕在天黑前到觀景台。灰藍色的冰牆在眼前安靜佇立，河上漂浮巨大的碎冰，吹著從冰河方向來的冷風，疾走一天的疲倦慢慢冷卻。

我舉起相機拍照，腰間卻一陣疼痛——原來已經被登山背包磨出兩顆水泡，破裂後與上衣黏在一起。

第二天

這天得先折返渡輪口，再往上到法國谷入口、免費營地 Italiano 紮營，路程涵蓋半個W。

從格雷冰河折返渡輪口，得先通過連續六公里陡坡，沿途不斷被超越，腰間貼上 OK 繃後依舊痛楚萬分。地圖上三個半小時的路走了快五小時。下午四點吃完午餐，拖著開始發軟的雙腳往免費營地 Italiano 移動，有多層分明顏色，美麗驚人的百內角（Cuernos del Paine）一路相伴，強烈的日光與狂風迅速消耗剛剛吃下的熱量，明明兩個半小時可以走完的路卻像無窮無盡。晚上七點半，眼前的風景依舊是一片樹林，GPS 定位離營地還有八百公尺，又被幾個趕路的登山客匆匆超越，好想找人講中文，用熟悉的語言精確說出我的疲倦，但這是離台灣幾萬公里遠的地方，喊累沒有人聽，也不會有人聽懂。

　　地圖一摔，背包一丟，頓時只想放聲大哭，問自己為什麼要一個人旅行、為什麼寂寞那麼難受、為什麼當時會自以為夠堅強……最後一點陽光隱沒，小徑上仍沒有半個人，唯有持續不斷地走才能到得了目的地。背包重新上肩，晚上八點半終於走到營地。用凍傷的手煮湯包，隔壁營帳的背包客傳來一杯加了融冰的可樂混威士忌，啜了一小口，酒

有時候，真有種「還要走多久才會到」的感覺。

山巔上一小股融化的雪水，形成小瀑布。

精熱辣辣地燒進喉嚨，突然又覺得找回一點點信心，過了最難的一關。

第三天

臨時答應鄰帳上法國谷看日出的邀約，清晨四點半出發，五個外國登山客走得又急又快，每隔一段路總得緩下來等我。最後他們怕趕不上日出，其中一人幫我背背包，邁開雙腿趕路。和他們的距離愈拉愈大，轉出一段林道，眼前是陡坡與巨大碎石，看不到任何頭燈的光線。

橫掃狂風讓人站立不穩，縮進石縫間避風，看著雲朵從靛藍色慢慢轉為粉色、黃色、橘色，突然山壁一亮，山巔是大片的積雪，一小股融化雪水形成輕煙般的小瀑布，流下被朝陽染成粉紅色的石壁，穿過亮綠色的樹林，與河谷中藍綠色的冰河水匯流。我想拍照，但相機、手機、食物與水全在被背走的背包裡，除了一雙登山杖、兩塊外套口袋裡的巧克力，我一無所有。

1 巴塔哥尼亞的強風將湖水化為強勁的浪濤，重重拍擊在岩石上，也將經過湖畔的我數度掀倒。
2 總在最狼狽時，看到最壯闊的風景。**3** 從法國谷的瞭望點往外望，拔起的岩山宛如巨人手指，將豐富綠意收進掌心。

只能靜靜看著陽光在山壁上移動，看岩石從粉紅色、赭紅色、橘色回復到原本的棕灰色彩。天亮後，我沿指標回到正確的路徑上，捧起雪水潤澤乾渴的喉嚨，等了兩小時，終於等回我的背包，中午時抵達瞭望台。深切的谷地在眼前開展，四周拔起的岩山像是巨人的手指，將豐富綠意收進掌心。

往 Cuernos 營地的路上，遠遠就可看到前方湖面飄著一陣水霧，還以為是強烈陽光照射下水氣蒸發，直到走到那段短短的海岸線，才明白那水氣是穿過山脈間的強勁氣流在湖面掀起的水花。踏出沒幾步，我連人帶裝備被掀倒在地，接著固定在背包上的睡袋被颳落，膝蓋重重撞在大石上。一抬臉，狂風挾著水霧讓我瞬間全身濕透。在巴塔哥尼亞總是這樣，在最狼狽最痛時，看到最壯闊的風景。

第四天

今天得走十四公里，戰戰兢兢出發，前半段幾乎都是平緩的草原。身體似乎已找到和強風抗衡的辦法，悠閒享受湖水綠的諾登舍爾德湖（Lago Nordenskjöld）映襯百內角的風景。四小時路程用三小時走完，開始超越輕裝登山客，除了上 Torres 營地前差點被強風掃落山谷，比預期中順利許多。

入夜後氣溫驟降，半夜在低溫與乒乒乓乓的密集聲響中醒轉，打在帳篷上的不是雨水，是一顆顆細小的冰珠。

穿過睡墊，從地面直扎入骨子裡的寒冷遠勝南極，我穿上所有厚衣服，戴上毛帽，在腳部放一包暖暖包，另一包揣在懷裡，哆嗦間半睡半醒，直到天光微亮。

第五天

早上七點半，踩過濕滑雪地抵達百內塔，三座尖塔籠罩在厚重的雲層中，什麼也看不見。有些人失望而歸，我鑽進背風的石塊間，拆開餅乾，小口小口喝著保溫瓶裡的熱巧克力，花這麼多心力才到南美，又走了五天才到這裡，我不想這樣就回頭。

過了一小時，黯淡日光照亮高聳的雪山，驅散一點雲層。附近幾個蜷在睡袋裡的登山客低聲談笑著，我拿起日記開始寫，每隔一段時間挪動身體，不讓自己睡著。十點，陽光穿破雲層，塔底的雲散得乾乾淨淨。鑽出石縫伸伸僵直的腿，看著碧綠的冰磧湖水倒映著三塔的影子，仍不見塔尖，但這是老天賞的風景，我心滿意足。

＊＊＊

一彎彩虹畫過諾登舍爾德湖。

這五天屢次和一對登山客夫妻錯身，搭接駁車離開國家公園前我們小聊了一會，她說：「我看到妳好多次了，對妳印象深刻。」大概指的是和我身高不成比例的背包。

五天四夜，十七公斤裝備，七十五公里，沿途數不清的 hola，與二十多人走過一段。兩度被大風吹倒，雙腳的瘀青，十指的割傷與凍傷，一雙走到脫膠的登山鞋，穿孔的襪子，每次抬頭看到眼前風景都想說 wow，全身痠痛，滿眼美景，用雙腳寫下的 W。

那天是旅途滿月，我想，我 level up 了。

百內，謝謝你，再見。

過場

巴塔哥尼亞高原

有一陣子，我很喜歡爬山，在呼與吸之間，在肩膀僵直痠疼之間，在意志無視疲乏雙腿、主導踏出每一步刺痛步履之間，那些生活中的問題似乎也如腳下的草與泥塵般碎化，在大山俯視下，變得如此微不足道。

往來智利與阿根廷，在巴塔哥尼亞高原行走的日子，大自然又再一次以嚴厲的方式發揮它療癒人心的能力。在身體開始與劇烈變化的天氣、挾帶泥沙的狂風、與人生中第一次這麼寒冷的秋季找到共處之道後，站在菲茨羅伊峰（Fitz Roy）跟前，我突然感謝起過往發生的一切，就是這些問題的積累，讓我踏出這一步，來到以往從未想像過的地方。

阿根廷．布宜諾斯艾利斯

好空氣裡的美麗相遇

布宜諾斯艾利斯（Buenos Aires）是阿根廷首都，西班牙語直譯「好空氣」，另有「南美巴黎」美譽。從加拉法提（El Calafate）飛到布市，遇見好空氣前就碰上大亂流，飛機好似在大海裡漂浮，每次失重般的下墜，都讓我的胃狠狠往上一提，猛吞口水，忍著別把飛機餐吐出來。

窗外雷電轟鳴，一道道閃電割裂雲層，偶爾可在雲隙間看到地面點點燈火，隨即又被厚重雲層掩蓋。機長廣播表示班機得迫降，在狂風暴雨中成功降落那刻，慘白著臉的乘客用力鼓掌。

飛機降落在一個機場，距離班機原定抵達時間已晚了不只三小時。地勤努力用破碎的英文解釋「這裡是布宜諾斯艾利斯」，小得像巴士站的機場卻不像首都規模。雞同鴨講半天，原來這裡是「布宜諾斯艾利斯省」的某個城市，距離首都「布宜諾斯艾利斯」還有幾個小時車程。工作人員發給每人一張餐券，凌晨兩點會有接駁車載我們進市區。

我比手畫腳向地勤借用手機，撥給將在布市收留我的台僑劉爸、劉媽。電話那頭的聲音很著急，他們在機場等待許久都不見我的飛機，以為我失蹤了。

早上八點，轉了兩輛接駁車，我睡眼惺忪地抵達布市的國內線機場，距我昨天從加拉法提出發已過了十九小時，耗費的時間好比飛一段國際線。

「Joyce 嗎？」一位高瘦大男孩與輪廓深邃的漂亮女生喊住我，他們是劉家兒子 Guille 與他的女友 Pau，他們已來回機場兩趟，等待一個多小時，誤認許多位華人面孔女生，心裡正焦急，我終於到了。

會認識劉家，要歸功朋友11的介紹。她與友人在南美旅行時在因緣際會下結識熱情真誠的劉家，留下溫暖的布市印象。得知我要前往南美，她不僅在簽證、生活上幫我不少忙，還將她在布

布宜諾斯艾利斯 La Boca 的初秋，不愧南美巴黎的稱號。

市的「家人」介紹給我。透過臉書、電話幾度連繫，劉媽答應讓我借宿在她家，與女兒 Fabi 同住，擔心我迷路、受騙，又請兒子 Guille 開車到機場接我，沒想到遇到飛機大誤點，讓大家折騰好一陣，真是不好意思。

＊＊＊

劉家人在布市的中國城開超市，一家都是阿根廷佛光會的虔誠信徒，孩子也是佛光青年團的成員。虔誠信仰不僅凝聚他鄉遊子，也將這股強大的凝聚力轉為助人之力，向初來乍到的台灣人伸出溫暖的手。

抵達布市隔天，劉爸、劉媽邀我去佛光會聚會，也與師父打招呼。那時是浴佛節前夕，正準備慶祝活動的佛光青年對我的旅行故事相當好奇，嘰嘰喳喳拋出一個個問題，最後大夥還帶我去吃阿根廷著名的烤肉，好好聊個夠。離開台灣一個多月來身處陌生西語環境，能用中文大聊特聊，不須轉換、猜測就能明白對方言語，真是幸福無比。

和許多台僑一樣，劉爸、劉媽也有一段相當辛苦的奮鬥歷程。劉爸年輕時學習修理鐘錶，也曾到香港做生意。三十多年前，遠房親戚告訴他阿根廷是個遍地機會的創業天堂，他懷抱期待，從烏拉圭、玻利維亞輾轉進入阿根廷，發現親戚已因經商失敗回台。但既來之、則安之，他靠著誠摯海派的個性在阿根廷闖出一片天，拿到居民身分，也擁有自己的家。

僑胞穩定後，往往拉著親朋好友一起來。住在附近的 Fabi 表哥、表姊，保有台灣習慣，也融入阿根廷生活，他們的早餐是甜咖啡搭配蒸得白膨的包子，一口就化解鄉愁。

在劉爸口中，當年的阿根廷確實是創業藍海，但因政府貪污腐敗、政策錯誤，造成政局不穩、社會亂象頻傳，讓不少台灣僑胞移居回台。這幾年治安惡化，警察貪腐、搶匪闖入民宅打劫已不是新聞，每次到後院晾衣服，劉媽總提醒我進出要小心、記得鎖門——門上的粗厚大鎖，大概有一公斤重。

他們不是沒想過要回台灣，但畢生心血都在這，怎能說走就走？倒是這幾年中國移民愈來愈多，從洗碗工開始，一面打工一面學西文，接著坐上超市收銀櫃檯，沒多久自己創業。華文報刊上，常見移民律師代辦合法居留身分的廣告。「阿根廷就這樣囉，幾年差一點、幾年好一點，現在比較亂，但否極泰來，會變好的。」劉爸很樂觀。

＊＊＊

阿根廷貨幣披索（Argentine peso）原就存在官價、黑市兩種匯率，二〇〇二年，阿根廷政府面臨嚴重財政危機，倒債後強制凍結民眾存款，隨即將人民的美元存款以極糟的官價匯率轉成披索。當時披索貶到只剩一半，民眾財產一夕蒸發，人民對政府失去信心，加上近年高達百分之二十五的通貨膨脹，更要設法尋求外幣好讓資產保值，黑市在政府取締下愈發蓬勃，也讓黑市美元與官價美元出現超過三成的匯率差距。

眼看外匯存底少得可憐，阿根廷政府為支付即將到期的大筆債務，二〇一一年起實施嚴格的外匯管制措施，避免外匯流失，民眾和企業幾已無法購買外匯[註4]。但政府愈壓制，黑市愈活躍、匯率差距愈大，二〇一四年三月，美元與披索官價匯率是一比七，黑市是一比十一點五。

若在提款機以官價匯率領錢，阿根廷的旅費開銷會高得可怕。出發前，就有背包前輩提醒我要多帶些美金去南美。這確實是明智之舉，但為避免半途遭搶，我把美金分散藏了七、八處，衣服內裡、大小背包、書本夾層、鞋底，甚至用衛生棉的空袋裝，只怕財一露白，引起歹徒覬覦。

註4：二〇一五年十二月，阿根廷解除外匯管制。

黑市交易在布宜諾斯艾利斯最發達，匯率也最好。但偽鈔流竄，在街上固然能換到好匯率，但得擔負被騙、收到偽鈔甚至搶劫風險。台灣的阿根廷台僑好友 Alicia，為我介紹她在布市開咖啡店的好姊妹新珍，熱情大方的新珍幫我換到相當不錯的匯率，帶我去吃阿根廷有名的冰淇淋，還傳授很多分辨偽鈔的方法。面對阿根廷的經濟危機，年輕的她想回台灣找機會，但畢竟捨不下這裡的朋友圈，仍在觀望。

出發前，爸爸特別拜託朋友在布市僑居的女兒 Liliana 照顧我，高䠷美麗的她完全把我當妹妹看，總擔心我看不夠、沒吃飽、遇到危險。雖然工作很忙，她仍抽空陪我逛 San Telmo 的骨董市集、阿根廷總統府玫瑰宮、由歌劇院改建的華麗書店 El Ateneo、去 Cafe Tortoni 喝下午

布市的 La Boca 區，色彩繽紛的房屋間，四處可見探戈舞者現場演出。

茶、一起找艾薇塔之墓[註5]，她總盡力回答我對阿根廷的種種疑問，我則分享在台灣發生的大小事，兩人的聊天，是南美巴黎的溫暖記憶。

＊＊＊

離開那天，劉媽煎了多汁鮮嫩的阿根廷牛排，提醒我注意安全、注意健康、不要餓著，擔心我迷路，還請 Guille 陪我坐火車轉往市中心的公車站。掏錢買票時，我忽然發現自己把錢包忘在房間，Guille 跑步幫我取回錢包，還搶付了火車錢，直到趕上發往伊瓜蘇的巴士，整理背包時，才發現錢包裡有兩百披索，是劉媽要我留著急用的。

我在布市看了幾場探戈，舞者的每一個迴身、滑步、接近與分離，都如電光石火，令人著迷。人與人的相遇也是如此，感謝生命中的美好相遇，讓我在這個以「好空氣」為名的城市擁有這些美麗的緣分，接下來的路上，也要把這些善意傳遞給更多人。

註5：伊娃・裴隆（María Eva Duarte de Perón，一九一九～一九五二），人稱艾薇塔（Evita），曾是阿根廷第一夫人。她出身窮苦，因擔任演員認識丈夫胡安・裴隆（Juan Domingo Perón）。胡安・裴隆當選阿根廷總統後，她出任勞工部部長，成立伊娃・裴隆基金會救貧，擁有決定性的政治影響力。窮人愛她，富人恨她，人生毀譽參半。一九五一年，她在阿根廷軍事首腦施壓下被撤銷副總統提名，隔年死於子宮頸癌，年僅三十三歲。

1 La Boca 街角的探戈舞者。**2** 布市著名咖啡館老店 Café Tortoni 的探戈演出。

阿根廷&巴西．伊瓜蘇瀑布

兩次二十七歲生日

我過了兩次二十七歲生日，一次在阿根廷的伊瓜蘇瀑布，一次在巴西的伊瓜蘇瀑布。伊瓜蘇瀑布，瓜拉尼語意謂「大水」，位於阿根廷、巴西、巴拉圭三國邊界。從涼爽的布宜諾斯艾利斯搭二十四小時的車，到阿根廷端伊瓜蘇的入口城鎮伊瓜蘇港市（Puerto Iguazu），不知是不是因鄰近世界三大瀑布之一，這裡的空氣似乎能擰出水。走十多分鐘到旅館，背包背帶已被汗水浸透。厚重雲層像是吸得過飽的海棉，夜裡，雨終於滴滴答答落下來。

這裡的時差比台灣慢十一小時，台灣的生日先到，半天之後，又是南美時間的生日。奇妙的時差，讓我有種多賺半天生命的感覺。

從伊瓜蘇港市到瀑布的車很頻繁、選擇很多，有當天往返阿根廷端瀑布的車，或單程、往返巴西端的觀光巴士。綿綿細雨沒讓空氣變涼，反而更濕更熱，我套著雨衣走進瀑布園區，外頭下雨，雨衣內滴著汗。

伊瓜蘇瀑布有四分之三在阿根廷境內，園內有小火車接駁往眾多步道入口，可以看瀑布在腳下奔騰，也可以在下方被瀑布打得一身濕。想遠望伊瓜蘇全景，得從巴西端看，各有各的美。

我搭汽艇去衝瀑布，下了整天雨，驚人水勢挾帶黃濁的泥水傾瀉而下，徹底淋了一身。我不會游泳，上次像這樣玩水是小六的畢業典禮，我們前一晚熬夜灌飽幾大桶的水球，領完畢業證書後，色彩繽紛的水球劃過藍天，那是第一次關於水的痛快記憶。

玩到錯過往魔鬼咽喉瀑布的末班車，只好隔天再來。和半路遇到的日本背包大叔和韓國大學生一路聊到大門口，雨下個不停，我們早放棄雨衣，孩子氣地跳進地上水坑，濺得彼此一身濕，像是倒帶回童年。

晚上，住同一間旅館的阿嬤級背包客 Maria 幫我慶生，我們在車站旁的自助餐夾滿一盤喜歡的菜，舉杯大喊 salud[註6]。

＊＊＊

魔鬼咽喉正如其名，像是天下的水都在這裡傾注進地心，轟隆隆的水聲有如千軍萬馬。多付的這一天門票錢吃光我最後幾張阿根廷披索，和當地人擠便宜公車到巴西，車上巧遇曾有一面之緣的韓國男孩，昨天剛去過巴西端伊瓜蘇的他，熟練帶我穿過邊界，下車蓋入境章，一起在三十多度豔陽下等下一班公車。從阿根廷到巴西，我們聊了一個多小時，他接著二十四小時巴士去里約，我得走半個多小時到旅館，在巴士閘門揮手道別，互祝 enjoy your trip，而我還是忘了問他的名字。

才相隔一天，巴西端的伊瓜蘇陽光耀眼，每道瀑布下方都有彩虹。巴西端除了步道，還在瀑布旁建了座觀光塔，可以從上至下好好把伊瓜蘇瀑布看個仔細。瀑布濺起的水霧瀰漫幾層樓高，反覆從頭濕到腳，再被陽光烤乾。

我在伊瓜蘇（Foz do Iguaçu）的一間巴西烤肉店狠狠花了二十二黑奧（約台幣兩百元），給自己一頓旅途以來最豐盛的大餐。服務生手中拿著冒著熱氣的烤串逐桌穿梭，一一詢問客人要不要香氣四溢的烤肉、香腸、起司或鳳梨，服務生看我一個人一桌，每次幫我切烤肉就跟我閒聊幾句。聽到我今天生日，突然齊聲幫我唱生日快樂歌。

「許個願許個願！」廚師 Homero 在大烤爐旁邊翻肉邊鼓譟。

註 6：西班牙文，乾杯。

巴西端的伊瓜蘇瀑布，彩虹隨著陽光時隱時現。

我一時語塞，以前生日，我總覺得三個願望不夠，想多跑幾條漂亮的獨家新聞、想多存點錢、想去哪邊走走、想要好多好多。

出發旅行後，我只有一個人、兩個背包，要的東西變得很少很少，每個願望都是渺小的生活需求。希望可以趕上這班巴士、希望今天找到便宜乾淨的背包旅館、希望今天想吃的食材在超市剛好打折、希望換錢時能換到比較好的匯率，而且不要被騙……

一位服務生從沙拉吧幫我拿了一塊小蛋糕，我閉上眼，願家人朋友平安健康、願旅程圓滿而有所得。

第三個願望，放在心裡。

回旅館路上，我唱生日快樂給自己聽，中文、英文、台語、亂七八糟的西班牙文、更糟的葡萄牙文。燠熱的巴西三月天，涼鞋劈里啪啦踩在柏油路上。去年此時，我還在猶豫到底該不該出發，現在已經在路上。突然覺得自己走了好遠好遠，而未來就像這條路一樣往前無限延伸，一切未知，卻讓人無比期待。

我唱著歌回到旅館，覺得這趟旅程是給自己最棒的生日禮物。

祝我生日快樂。

阿根廷．胡胡伊省

南回歸線，海拔四千公尺的公路旅行

在南美旅行後，對城市與城市的移動距離感，已經從台灣的以「小時」為單位，進化為以「天」為單位。從伊瓜蘇到阿根廷西北高原城市薩爾塔（Salta）要二十五小時，由於半途遇到原因不明的道路交管，凌晨一點半，我終於帶著痠痛的腰腿走進 hostel check in，比原定到達時間又晚了五小時。

一夜好眠後，我隔天中午坐在 hostel 大廳，一面攪動著盤裡的義大利麵，一面翻看地圖。離開濕熱的伊瓜蘇，薩爾塔乾燥清涼的空氣是種令人頭腦清明的恩賜，我對照著先前存取的遊記，原子筆尖從薩爾塔出發，沿著公路一路往北，在胡胡伊省（Jujuy）的小村莊 Iruya 打了個紅圈。

第一次得知 Iruya 這個地名，來自背包客棧一篇關於阿根廷西北高原的介紹，發文的 Leandro 大哥在阿根廷旅居多年，是資深的旅遊與攝影嚮導。看著他的照片，目光被一張望向鏡頭的牧羊婦人吸引。

南極之後，我又回到喧囂城市的懷抱。我走的是很一般的南美大眾化遊客路線，就算在巴塔哥尼亞高原，幾個景點城鎮也因已相當觀光化，無處不是滿滿的人潮。照片中婦人的眼神，抓住了我當時需要卻又說不具體的「什麼」，讓我對雲頂火車與南部的葡萄酒莊行程失去興致，構思前往 Iruya 的方法。

縱使看似個純樸山中小村，此般「祕境」也逐漸被背包客的口耳相傳打開知名度。薩爾塔有旅行社開出 Iruya 的旅遊團，但每週只有一天，人滿才出團，和我即將到期的簽證無法配合。若要搭乘當地公車，也擔心萬一途中有閃失，可能趕不上離境。

盯著地圖，正想著是否該放棄時，一位操著澳洲口音的年輕男子向我打招呼：「嘿，妳昨天剛到嗎？決定好去哪裡了嗎？」

見我一臉疑惑，他接著補充：「我和你同寢室，睡在妳上鋪。」

原來如此，我昨天 check in 後立刻躺平，根本無暇顧及左鄰右舍是誰。他叫 Ryan，澳洲伯斯（Perth）人，已在南美旅行八個月。他打算租車在胡胡伊省自駕，正找人分攤油錢。他在胡胡伊北部的目標終點站，也是 Iruya。

我們對照路線，一拍即合。但在租車前，我還是聊勝於無地看看 Ryan 的臉書，用相當表面的方式，研判他應該不是壞人。

＊＊＊

雖然從事一個需要很快就和人熟稔起來的行業，但工作之外，我是個慢熱的人，Ryan 也一樣。因此在聊完基本的身家背景、旅行經歷、接下來打算去哪之後，車內就陷入沉默，Ryan 將 Pink Floyd 的音樂轉到最大，讓迷幻的音線帶我們快速掠過沿途的仙人掌，以及愈來愈火紅的丹霞地形。

雖然話題不多，我和 Ryan 的共通點就是喜歡拍照。每當窗外出現令人眩目，宛如來到火星般的地景，或路上冒出幾頭羊駝擋道，Ryan 便在路邊暫停，我們分頭行動，不催趕也不牽制。這樣一起行進卻分開旅行的感覺，是很舒服的距離。

在 Purmamarca，我們在壯觀的七彩山與特色土屋之間比原定行程多磨耗將近兩小時，Ryan 只得重踩油門，以追趕太陽的速度，往面積二百一十二平方公里，和〇・八個台北市一樣大的鹽湖 Salinas Grandes 去。

＊＊＊

Salinas Grandes 鹽湖，被夕陽染成玫瑰色。

「Wake up, wake up!」當我醒來，我們已經來到五十二號公路最高點，海拔四一七〇公尺，不知不覺就過了玉山的高度。我因缺氧陷入昏睡，Ryan 頭痛欲裂，卻仍以他個性中的一貫謹慎，將我們帶到這裡。

灰沉天色中，幾位當地人在公路最高點的紀念碑旁賣手織毛帽，一對比利時夫妻隨後踩著單車抵達這裡，令人不得不佩服他們的韌性。

高山症藥物發揮效力後，頭痛與昏睡症狀緩解，轉過一個山坳，烏雲被留在身後，前方如海洋般閃閃發亮的，是 Salinas Grandes。

我們將車子開上這片雪白大地，在刺骨寒風與晶亮的反光中，只有光線，卻毫無熱度的太陽緩緩沉入地平線。鹽池映照著天空，從水藍色、橙色到玫瑰色，在太陽落下後，旁邊杳無人跡的鹽磚餐廳、供奉聖母像的小聖壇，與厚沉的雲層一同化為靜默的紫灰色。

往 Iruya 的公路再度經過海拔四千公尺的高點，但這次並無昨天的不適，反倒是陣陣大雨與狹小泥路上的會車使我們心驚。傍晚抵達

Purmamarca，壯觀的七彩山。

Iruya，雨停了，空氣中剩下一股濕冷的涼意。

村裡正舉辦慶祝大會，居民對著一輛推土車拋撒五彩繽紛的小紙片。在熟悉西文的Ryan翻譯下，原來Iruya的連外道路穿越許多河床，每次豪雨河水暴漲，居民就要面對封路受困之苦。現在政府補助添購的推土車終於來了，居民至少能快個幾天恢復交通。

晚餐後，Ryan留在hostel玩牌，我獨自到外頭散步，穿過渲染暈黃燈光的民宅，喧鬧的音樂從某處集會所飄出。我走近，門口聊天的男孩們害羞推擠著，一名老人帶我進入集會所，在眾人親切又羞赧的微笑中，給我一碗馬鈴薯燉豆子與羊肉。

隔天清晨，我們在村裡的主廣場看著居民上學、上班、去教堂禮拜，緩慢地在山城的階梯間上上下下。我們離開時，一輛在雜貨店門口卸貨的卡車與兩匹馬站在狹小的巷弄中，悠悠閒閒擋住我們的下山路。既來之則安之，我們也悠悠閒閒地等了二十分鐘。

這個時候，我突然發現我從照片中婦人的

眼裡看到什麼。

那是市井小民的生活，是那時亟欲脫離人生正軌的我，歷經兩個月的異地移動後，開始懷念的尋常人生。

＊＊＊

來到海拔四三〇〇公尺的 Hornocal 山，雖已在 Iruya 住一晚，這裡的高度，仍讓我們從停車場到瞭望點的那段短坡走得上氣不接下氣。黃綠色草原中拔起十七種顏色的鋸齒狀山脈，站在這樣宛如巨人斧劈鎚鑿才能造出的風景中，讓人覺得分外渺小。

回薩爾塔的漫漫長路，**Pink Floyd** 的歌單播完了，我改放我的五月天。當看到 **GPS** 出現南回歸線地標時，我大喊：「停車！」

這裡的南緯二十三點五度標誌是塊石頭與繪著初昇太陽的尖碑，**Ryan** 無法理解這地方有什麼特殊意義，拍兩張照就回車上等待。我則站在原地，看著幾位在尖塔前踢球的孩子。

在北緯二十三點五度生活二十多年，有陣子每天經過嘉義的北回歸線地標上班時，腦中不自覺地浮現「南回歸線的人們，現在在做什麼呢？」

現在答案揭曉了，原來他們在踢足球啊。

1 海拔四三〇〇公尺，有十七種顏色的 Hornocal 山。**2** Iruya 居民的生活恬淡又緩慢。**3** 在南回歸線地標踢球的孩子們。

智利・聖佩德羅

芮氏規模八・二強震

二〇一四年四月一日晚上八點四十六分，我在智利北方阿塔卡馬沙漠的綠洲小鎮聖佩德羅（San Pedro de Atacama）。這裡有「世界最乾燥沙漠」之稱，曬了整天沙漠太陽，地震發生當下，我還以為自己中暑頭暈。

晚上八點多，背包客陸續返回 hostel 煮晚餐休息，我正要把洗好的衣服披上床柱晾乾，突然床鋪一陣嘎吱作響，接著地面像是海浪般晃動，旁邊整排沒關好的置物櫃鐵門砰聲全開，一抬頭，天花板吊著的燈泡劇烈搖擺數秒後熄滅，整個小鎮被黑暗籠罩，一片鴉雀無聲。

過了幾秒，交誼廳的背包客回神，有人大喊「地震！」所有人開始迅速往外移動，hostel 的小庭院頓時擠滿了人，當地的背包客開始打電話報平安。不久，幾位去超市採買的法國女生靠著手機螢幕照明，手勾著手慢慢走回 hostel，一臉驚惶；兩位昨天剛從伊基克（Iquique）[註7]南下的荷蘭背包客抱著背包衝出房間；在廚房煮飯的德國男孩一臉不敢置信，這是他們生平第一次遇到地震。

註7：伊基克（Iquique），智利北部塔拉帕卡（Tarapacá）區首府，是該次地震離震央最近的城市。

1 聖佩德羅市區都是這樣的泥造結構平房。**2** 聖佩德羅的教堂，純白外觀對比當地一貫的湛藍天空，相當顯眼。**3** 從月亮谷望向玻利維亞方向的山脈。

這個終年觀光客不斷的小鎮難得有一刻全然的漆黑寧靜，hostel的智利員工點起蠟燭照明，倚著大門收聽收音機的新聞頻道。我問他：「還好嗎？什麼時候復電？」他淡淡地說，智利地震很頻繁，比起二〇一二年發生的規模八點八強震，這次應該還好，接著他指指天空：「很棒吧？」我抬頭上望，看到滿天星星與清晰的銀河在漆黑中閃爍光芒。

電力在一個多小時後恢復，警笛仍在幾個街區外鳴響，處理斷電期間發生的車禍事故。與在智利各地旅行的旅人交換情報，才知道地震引發兩公尺高海嘯，在沿海地區旅行的背包客一度接到撤離訊息。而這時我才知道自己離震央僅六百多公里，在離台灣數萬公里遠的南美洲，遇到比九二一還強的芮氏規模八・二強震。

＊＊＊

隔天清晨連上網路，在臉書報平安，逐一回覆親友關切的訊息。

一位報社長官敲我Skype：「妳還好嗎？」

「我沒事。」

在這個一年有三百二十個晴天的綠洲小鎮，許多房屋仍保持擋不了雨水的傳統泥造結構。這裡多半是一、二層樓的低矮平房，說實在，比起地震，當地人比較怕暴雨。

一陣閒聊確認我平安後，長官話題一轉：「妳可以寫篇智利強震的現場直擊嗎？」

記者魂無國界，人生第一篇跨國獨家直擊，就是這樣來的。[註8]

註8：本文前半段刊於二〇一四年四月三日聯合報A17版「記者在現場 強震來…德旅客嚇傻 智利人淡定」。該次規模八・二地震，震度最大為阿里卡（Arica）的八級，聖佩德羅為六級。

聖佩德羅教堂內部，可見由乾燥仙人掌搭建的屋頂。

暗夜大火

智利・瓦爾帕萊索

從聖地牙哥（Santiago）往瓦爾帕萊索（Valparaíso）的巴士上醒來，車窗外泛著奇異的紅色，一朵長條狀的雲切割半邊天空。「今天的夕陽也太奇怪了。」念頭剛閃過，又被另一波睡意掩蓋。

「Valparaíso!」再次醒來時，全車只剩下我一人，下車第一口空氣就是灰燼的味道，滿街都是消防車的聲音。心想該不會車站附近失火，想起之前幾個背包客在瓦爾帕萊索被搶的先例，一心只想趕快到hostel。

旅遊資訊站的大嬸拉著我去搭計程車，保證「八百智利披索（Chilean Peso）到市區」，計程車司機卻開口要價四千披索（約台幣兩百元），回頭一看，大嬸不知何時跑了。聽到我殺價，計程車司機撂下一句「那妳用走的吧」，轉頭接走下一車客人。我也真背起背包往前走。蒙特港路（Pedro Montt）走到維多利亞廣場（Plaza Victoria）後左轉，怎麼可能會迷路？

走不到一百公尺，眼前一整片燒紅的山頭讓我頓時呆了，瓦爾帕萊索的住家沿著丘陵建造，巷弄很密集，木造房子擋不了火，在風勢助長下迅速延燒。這是我親眼見過最嚴重的一場大火。

晚上八點多不知道還有沒有車回聖地牙哥，就算回去，三更半夜背著背包找旅館可能更不安全。想想hostel離起火點很遠，抱緊背包，硬著頭皮繼續前進，滿街都是議論紛紛的人與呼嘯而過的消防車。

走了兩個街區，突然眼前一暗，市中心跳電，交通瞬間大亂，除了警笛聲外又多了尖銳的喇叭聲。前方五公尺路人的臉龐都看不清，怕有人趁亂打劫，不敢拿出手機看地圖，只在心裡默數著還剩幾個街區，五個、四個……短短二十分鐘的路像是在黑暗中無限延伸，邊走邊清楚聽見自己心跳的聲音。轉進廣場前一刻，電來了，衝進hostel卸下背包，聽著電視新聞高分貝轉播延燒的火勢，這時才發現衣服與頭髮布滿細碎的灰燼。

整晚，消防車與救護車不斷從窗外高速駛過，空氣中的煙硝味與沒停過的警笛聲勾起工作的記憶，讓我整晚難以入眠。隔天，撲滅的大火再度復燃，從 Cerro Artilleria 望向起火的丘陵，黑煙從山的方向往海上飄，覆蓋半面天空，讓海景一片黯淡模糊。長條狀的黑色餘燼隨風飄散，落在彩色塗鴉街道上。

大火第二天，火還沒撲熄，一早就看到許多人在家門口折紙箱，裝滿衣物、食物、日用品的袋子堆在門口。再往前幾步，救急物資堆滿廣場，志工將飲水、食物、二手衣物分門別類，一車車運上山。全城投入救災，軍隊進駐，聶魯達故居 La Sebastiana 等博物館緊急封閉兩天，披著智利國旗的當地年輕志工坐在小貨卡的後車斗上前往災區。稍晚，街上擠滿從別的城市包車來，準備上山幫忙的志工。

「誰先開始動員的？」我問 hostel 老闆，他說，火災當晚，瓦爾帕萊索的年輕人就透過網路號召募集物資、救災人力，消息迅速傳開，各大城鎮都動起來。老闆說，他的 hostel 這幾天暫時不接新住客，若有災民需要，他願意把房間出讓給最需要的人。「靠政府沒用啦。我們互相幫忙，這就是智利。」

這場由森林野火延燒民宅引發的火災，造成十二人死亡、五百多棟房屋燒毀、撤離萬人。瓦爾帕萊索後，我去了兩小時車程外的維庫尼亞（Vicuña）和六小時車程外的拉塞雷納（La Serena），每個地方的市中心武器廣場都搭著小帳篷，志工整理著民眾捐贈的物資。一桶桶飲用水、保暖衣物、日用品隨著載著志工的小巴開往瓦爾帕萊索。在這個人均 GDP 是台灣一半，部分消費卻比台灣還貴的國家，當同胞有難，人們依舊慷慨捐出自己所有。

在這被聯合國教科文組織列為世界文化遺產的城市，除了令人目眩神迷的的壁畫塗鴉，我還看到另一片美麗風景。

摩艾身後的採石場 Rano Raraku，
形如老鷹展翅。

智利・拉帕努伊島

石鼻子的人

「巨人雕像一個個豎起，
他們像在直立行走，
直至島上全是石頭鼻子的人；
他們栩栩如生，勢必一代代繁衍，
他們是風和火山熔岩的兒子、空氣和火山灰的孫子，
他們以島嶼為巨足，行如破浪。」

——聶魯達《孤絕的玫瑰》（*The Separate Rose*）

在智利聖地牙哥（Santiago）遇見的英國文青S帶著聶魯達詩集旅行，有耳熟能詳的《二十首情詩和一首絕望的歌》，還有一本沒聽過的《孤絕的玫瑰》。Google告訴我，這是聶魯達晚年遊覽拉帕努伊島（Rapa Nui，西班牙語 Isla de Pascua，就是復活節島）後寫下的長詩。

文青S說，他訂了拉帕努伊島的機票，要帶著這本詩集一起去，接著翻開書頁，大聲朗誦起來。臥室上鋪的德國女孩撇過頭，很禮貌地沒笑出聲。

1 摩艾頭上停了隻鳥，表情看來有些困擾。**2** 十五尊摩艾並肩而立的 Ahu Tongariki。

在文青S踏上拉帕努伊島的前一個月，我先他一步抵達這個小島。拉帕努伊島的物價很高，一公升的水要價一千五百智利披索（約台幣七十元），是聖地牙哥物價的一、兩倍。出發前一晚，我和旅伴H先在聖地牙哥的超市大肆採購，將背包塞滿義大利麵、快煮米、蔬菜、飲料與雞蛋。

我們把背包搬進一晚五千五百披索（約台幣兩百六十元）的營地帳篷，營帳一拉開就是海。第二天晚上，我突然嚴重吐瀉，吃飯吐飯，喝水吐水，吞藥吐藥，但想著難得來到這麼昂貴又遙遠的地方，怎能把時間浪費在生病，硬是裝作沒事人般，隔天照樣起早去看日出。

結果出發不到十分鐘就被大雨淋慘，撤回營地。天亮後，太陽像是開玩笑似地驅散所有雲層，我們騎到採石場 Rano Raraku，淋雨又硬撐的結果，我在門口就先大吐一輪。

採石場就是摩艾工廠，歪歪倒倒的巨大雕像插進地面，像是走到一半突然失去靈魂的巨人。科學家近年挖出半埋在地裡的下半身，發現竟有四個人高，上頭刻有文字甚至類似丁字褲的花紋。

第三天中午，把一切可以吐的都吐乾淨後，我大字形躺在柔軟的草地上，曬著太陽，在十五尊摩艾並肩而立的 Ahu Tongariki 前閉上眼，大概是少數在摩艾跟前午睡的遊客。

Ahu Tongariki 的摩艾，先是在島上部落內鬥中被推倒，又在上世紀初一場海嘯中全數被掃落在地，是很喜歡拉帕努伊島的日本人出資將它們重新歸位，現場還有塊紀念碑。這些二十公噸到九十公噸的摩艾，在沒有機具的時代到底是怎麼搬運的？學者與考古迷們已不知爭辯多少年了。

跌入沉睡前一刻，耳裡有風的聲音、遠處隱隱海浪的聲音、鞋子踩過草地的窸窣聲。在這個似乎發生什麼事情都不奇怪的地方，我突然理解詩人的浪漫想像，這些石像都是有生命的，他們是風和火山熔岩的兒子、空氣和火山灰的孫子，以島嶼為巨足，行如破浪。

智利・拉帕努伊島

世界的肚臍

根據不同推論基礎，玻里尼西亞人抵達拉帕努伊島的時間有著從公元三百年到一千兩百年的巨大跨度。一度被濃密的亞熱帶闊葉林覆蓋的小島，現在是平緩起伏的遼闊平原。半世紀前詩人眼中的孤絕玫瑰，如今每天都有固定班機滿載旅客前來。

原住民稱這座島 **Te Pito O Te Henua**，意謂「世界的肚臍」。一七二二年，拉帕努伊島被荷蘭人發現後，小島被冠上一個歐洲節日名字，曾被西班牙殖民的南美洲，照本宣科直譯為 **Isla de Pascua**（西語的復活節島）。一八六〇年代，來自大溪地的玻里尼西亞勞工稱呼這裡 **Rapa Nui**，又回歸玻里尼西亞語「世界的肚臍」原意。

直到人類乘坐飛行器飛上天，才印證這座南太平洋小島真如世界肚腩上的一顆鈕扣。當時的島民怎麼知道島嶼的地理位置？

很多人租車、騎單車環拉帕努伊島，也聽過有人用走的。

是否曾從高空俯瞰這片海洋？和島上的鳥首人身浮雕圖案與「鳥人」傳說是否有關？不得而知。

就和全島千個摩艾雕像一樣，這座島就像一個浮在海洋上的一個啞謎，有趣的是解謎與辯駁的過程，若將答案看得太真切，反而失卻吸引力。

＊＊＊

1 火口湖 Rano Kau。**2**、**3** 復活節島湛藍的海，總讓我想到蘭嶼。

摩艾之所以神祕，除了難解的製作及搬運方式，很大一部分在於它的距離感。我和H合租一輛機車環島，第一天與第二天，我們開心地在草叢尋找散落的摩艾，學它們路倒，把這些雕像是因當地氏族征戰才被推翻在地的沉重歷史拋諸腦後。到了第三第四天，摩艾於我們已變成一種單純的景點蒐集。在路邊吃草的馬、天邊淡淡一抹彩虹，某個似乎有地下潛流的山洞，這些動態畫面反而更抓住我們的注意。

這裡有和蘭嶼一樣湛藍清澈的海，後來每當有人問起對拉帕努伊島的印象，我都說，那像是個飛行五小時才能到得了的蘭嶼。

上吐下瀉兩天後，我們來到島上一個也叫做 Te Pito O Te Henua 的地方，那裡安放一顆表面打磨得極為光滑的圓石，曾是古代島民的祭祀中心。傳說它是拉帕努伊島第一位國王從故鄉帶來的，有種定位「世界肚臍」的概念。觸摸有神祕力量的石頭，就可以帶來好運。

我雙手覆上被太陽烤得溫溫熱熱的石頭，說也奇怪，不知是剛吐出來的胃腸藥留下殘效、身體自癒機制還是石頭的神蹟，在這下午之後，吐瀉症狀全數消失，取而代之是飄飄的輕盈感。身體用暴烈的方式，將所有厭惡的、沉重的、不願回想的過往排出體外，重新神清氣爽地活過來。

＊＊＊

在 Ahu Tahai 看夕陽的傍晚，天空突然落下大雨。我們距營地有將近四十分鐘腳程，只得先找一間最近的民宅躲雨。屋簷下傳出節奏強烈的南美音樂，坐著三位打赤膊的男子，桌上散著亂七八糟的可樂罐、空酒瓶還有草。三位男子熱烈歡迎我們，遞來一卷紙菸。

不確定是內在情緒或外在助力，男生們突破語言隔閡，聊得異常開心。我不會抽菸，這幾口草沒有帶給我快樂，只被一絲絲煙霧搔得有點想打噴嚏。天邊雲層愈積愈厚。身邊男子們拿相機幫我們拍了很多晃動模糊的照片，其中一人突然歡呼著衝向海邊，向著大浪跳進海裡。

等了很久很久雨依舊沒停，一位男子一直試著想跟我說什麼，我拿出翻譯 app 請他打字，總是詞不達意。比手畫腳半天，H突然懂了，「他問妳有沒有男朋友啦！」

最後的最後，我和H淋著雨，一面發抖一面笑的走回營地。笑的是一下午的荒謬還是其他，在傾斜的地平線裡，一切都不重要。

有人說，氣味比畫面更能牽動記憶。大雨後濕潤的土味與小屋繚繞的菸味，不知怎地就佔據拉帕努伊島的主要印象。

這裡是世界的肚臍，藏著許多祕密。

1 Te Pito O Te Henua，傳說中有神祕力量的石頭，觸摸會帶來好運。**2** 島上唯一畫上眼睛的摩艾，任由大雨打在身上。**3** 採石場 Rano Raraku 留下許多未完成的摩艾。

9 玻利維亞

玻利維亞・波托西

火車墳場

從聖胡安（San Juan）開始到烏尤尼（Uyuni），四輪傳動吉普車橫越荒涼的波托西省。一列長長的鐵軌與公路忽遠忽近，司機兼導遊 Domingo 說，這鐵軌原是用來運送礦產的，十六世紀是白銀，接著是錫礦。

他雙手攤開，聳聳肩，一個很美式的手勢，「now, nothing」。

＊＊＊

曾有白銀之城別稱的波托西（Potosi），一度是南美最富庶的中樞地帶。印加帝國時期，這裡的銀礦只用於宗教活動，不用於交易。某次礦工開採到一半，礦山中突然傳出雷鳴般的吼叫：「這些財富，上天將留給遠方來客。」

「遠方來客」西班牙人很快就到了，大量的白銀一船船被運出口，也在波托西造就泡沫般的荒謬盛世。廟宇、宮殿、修道院與賭場像魔術般出現在這片海拔四〇九〇米，荒蕪又寒冷的大地。一五七三年的人口普查，波托西擁有十二萬人口，等於一個倫敦，超過同期的羅馬、巴黎，是波士頓的十一倍，當時還沒有紐約。

波托西聚集世界各地的夢想家、商賈、投機分子，城中可以找到歐洲各國的時髦衣裝，印度與錫蘭的寶石、中東的香水與中國瓷器。有貴婦舉辦炫富比賽，辦完豐盛的宴席後，她們將金銀餐具往窗外拋，讓路人撿拾。

＊＊＊

往昔載運銀礦的軌道。

二〇一三年席捲二十六國音樂排行榜的〈La La La〉，MV 改編玻利維亞傳說：一位失聰男孩不堪父親暴力，逃家和一條流浪狗浪跡天涯。旅途中，他發現自己可以感知人們的煩惱，並透過足以震天撼地的喊聲治癒他們。男孩讓一名死於石刑的老人復活，又與一名毀容的先知相遇，先知說，地獄之王 El Tio 能以聲音操控凡人，讓一個沙漠城市的居民自殘而死後住進那個城市，他也因逃離崇拜 El Tio 的聚落受到詛咒。

男孩決定與惡魔一戰，與夥伴到達 El Tio 居住的礦山，夥伴不堪 El Tio 的低吟，不得不離開，留下聽不見的男孩在礦山中吶喊，希望蓋過惡魔的聲音，不再讓人受害。

古老神話像個預言，在殖民壓榨下，白銀成為礦山中的魔鬼。三百年間，礦坑吞噬八百萬條生命，成就歐洲的工業革命，留下大批矽肺病與汞中毒（當時以汞提煉白銀）的印地安工人。

當白銀被掏挖殆盡，波托西開始開採當年被西班牙人丟在一旁的錫礦。人們敲開堆在礦坑出口的岩石，由婦女揀出錫，部分老房子的牆壁因錫礦成色足，被賣掉換一家溫飽。波托西城的富貴山（Cerro Rico）的銀礦被挖空後，現在仍有大批礦工在高溫、粉塵瀰漫的礦坑中開採錫、鉛與鋅礦。現在在玻利維亞常見的蓬裙女裝，並不是傳統，是參照西班牙安達魯西亞一代勞動婦女的衣服設計的。婦女中分髮式，也是當時西班牙總督的規定。

風吹過火車空餘的鐵架，發出嗚嗚的聲音。

上世紀末，烏拉圭籍的記者兼作家愛德華多・加萊亞諾在波托西與一位老太太聊天，她說：「這個城市曾給世界最多的東西，現在它擁有的卻最少。」

後來，加萊亞諾在著作《拉丁美洲：被切開的血管》註9中從殖民、勞動、財富分配等層面檢視拉美的政經環境，一再向帝國主義提出控訴。書中有段話，精準而殘酷地為拉美的今昔做了註解：「印地安人的過去和現在，都因本身的富有而遭到不幸，這是整個拉丁美洲悲劇的縮影。」

＊＊＊

作家筆下的烏尤尼，曾是「昏暗的油燈下，遮面的騎士、漂亮的婦人及賭徒們像幽靈一樣談情說愛，並悄悄溜走」的地方。二〇一四年，我走在烏尤尼鎮的大街上，騎士、婦人、賭徒與財富不再，只剩教堂、鐘塔與精緻的木陽台留下一點斑駁的富裕痕跡。

烏尤尼鎮是四天鹽湖團的最後一站，這裡是整個玻利維亞的交通樞紐，四條鐵路在此交會，十九世紀末，當局想拓建更多鐵路，運送更多財富，但隨著礦藏枯竭，許多軌道、火車荒廢。離鎮上約三公里，有一個火車墳場（Cementerio de Trenes）展示幾列火車。

火車的外表都鏽蝕了，有的只剩輪軸及骨架，上面畫滿塗鴉。我爬到火車上，風吹過空洞的車廂，發出嗚嗚的聲音。

下方傳來一陣嘻笑聲，不知是誰運用火車零件在某節車廂做了一個鞦韆。幾位歐美遊客輪流踩上去前後擺盪。幅度愈擺愈高，上頭的大男生縱身一躍，輕巧落在地上，大家一陣歡呼。

遊客離開後，空蕩的鞦韆仍微微晃動，鏽蝕鉸鍊發出嘰嘎嘰嘎的聲響，不知是自我解嘲，還是無言抗議。

註9：文中歷史背景參考資料：《拉丁美洲：被切開的血管》修訂版，作者愛德華多・加萊亞諾（Eduardo Galeano），二〇一三年四月二版一刷。二〇〇九年，前委內瑞拉總統查維茲在第五屆美洲國家高峰會上將這本書送給美國總統歐巴馬，讓這本一度被部分親美政權打壓的禁書重新躍上檯面。

沒有出入境章的旅程

玻利維亞．烏尤尼

「停車、停車！」經過自然保護區的哨口，前兩輛車都過了，警衛突然攔下我們，要大家通通下車。

團員知道我愛拍照，讓我坐副駕駛座，警衛大力拍打擋風玻璃那刻，我嚇一大跳，整個人縮進椅背。

司機兼導遊 Domingo 被叫進檢查哨，我們站在車外吹冷風。其他團員都不知道我的身分，我在想，是不是我非法入境被發現，待會會不會被叫進去檢查護照？

不久，Domingo 臭著臉走出來，原來看似廣袤的荒原還是有既定路徑的，他剛剛開捷徑，不知怎地被警衛發現，被開一張罰單。

坐回車裡，我深深鬆了一口氣。

＊＊＊

這幾年，玻利維亞烏尤尼（Uyuni）的「天空之鏡」聲名大噪，那是全世界最大的鹽沼，東西長兩百五十公里，南北長一百公里，遼闊得像是沒有盡頭。每當雨季，積水的鹽湖宛如一面鏡子，倒映天空的雲彩，走在上頭，宛如浮在空中。

「天空之鏡」這名稱據說是日本人起的，在亞洲背包客間尤其熱門。但玻利維亞發簽證給中國與台灣的標準很嚴苛，想在台灣申辦，得送件去最近的日本或北京玻國大使館，而且還未必拿得到。得不到的最美，玻利維亞在台灣背包客的眼裡宛如祕境。

1 湖面倒映山脈與紅鶴的影子。
2 乾季時的雪白鹽沼，像是沒有盡頭。

1

2

既然有這個市場，就有業者為拿不到簽證的旅客安排「變通之道」。智利、玻利維亞邊界小鎮聖佩德羅（San Petro de Atacama）的某些旅行社開四天三夜鹽湖團，團費之外再額外付一筆美金給海關，就可以入境玻國，條件是團進團出，不能中途脫團行動。

講白一點，這就是偷渡。糾結很久，護照沒有蓋章，出境時海關不認帳怎麼辦？旅途中被發現怎麼辦？鹽湖海拔四千公尺，萬一途中出狀況，我怎麼以偷渡客的身分看醫生？即將開放玻簽申請的消息傳了很久，遲遲沒有下文，抵達聖佩德羅前，還傳出有陸籍旅客脫團，在玻國首都拉巴斯（La Paz）被抓。

鹽湖的美景始終在腦海揮之不去。我問了阿根廷的旅伴 Ryan，剛從玻利維亞回來的他，很認真地說：「假如是我，我會試試看耶。」先我一步抵達聖佩德羅的台灣人H則打定主意要去，答應先替我探探情況。

在聖佩德羅問了三間旅行社，前兩間都表示目前在風頭上，他們暫時不接「特殊身分」的客人。最後依照H留下的訊息，找到據說老闆是玻利維亞人的旅行社，櫃台說著一口流利英語的巴西小夥子很阿莎力地翻開旅客登記簿，「我們剛接過幾個大陸與台灣客人，沒有問題，很安全的」，H的名字也在上頭。

心一橫，預約隔天的行程，一萬智利披索團費，還要準備一百美金給海關。這一百美金是可以殺價的，但當時剛發生陸客脫團事件，價錢很硬。鹽湖團從愛德阿都．阿瓦羅．安第斯動物群國家保護區（Eduardo Avaroa National Reserve of Andean Fauna）出發，第三天到鹽湖，第四天返抵聖佩德羅。帶著懷疑又緊張的心情，隔天早上七點，我到旅行社門口集合，就這樣出發。

＊＊＊

小麵包車內坐了五個人，開動沒幾分鐘，竟就在路邊停下來，司機下車用西語劈里啪啦講了一陣電話，語氣很急。隔壁坐著的是英國籍生物學家 Jasmine，她為智利政府工作，得常往返智、玻兩地做研究。她翻譯，昨晚有輛車撞倒電線桿，還在等待維修，修好之前，有四分之一個鎮停電，包括智利海關。

電線桿被撞斷，甚至影響到海關無法運作，這種問題若發生在台灣，要是拖到隔天，鐵定被罵翻。但在南美卻稀鬆平常，司機從後車廂拿出優格、麵包、熱茶、咖啡，讓我們在路邊吃早餐。除了旅客，現場看起來完全沒人著急。海關人員在沒有電的辦公室閒聊，偶爾探頭看看外面的人龍與眾人的臭臉。早上十一點，等待將近四個小時後，海關窗口唰一下打開，大家湧上辦離境手續、安檢，再搭車前往玻利維亞海關。

玻國海關是荒涼大地上的一間小房子，外頭擠滿四輪傳動吉普車與冷到發抖的背包客。沒有安檢，邊防是公路上一根象徵性遠大於實質意義的閘口木桿，旅客自行拿護照到辦公室內辦手續，急著入境與趕著出境的人擠成一團。現場一片混亂，就算有人大搖大擺穿越國界，我想也不會被發現。

司機大叔要我待在車上，迅速抽走我的一百美金，到辦公室打點一番，「好了，妳換到另一輛車。」我被併到另間旅行社的團，與另四名外國人一起。Jasmine 等其他同車旅客也被打散，換乘小巴前往目的地。

我在這裡遇到剛結束旅程的 H，他在寒風中等待被卡在智利邊關的我們，好換車回聖佩德羅，凍得嘴唇發紫。

「第一，現在乾季，鹽湖沒有積水。第二，烏尤尼鎮有很多警察，要小心。」H 湊近我匆匆交待幾件注意事項，隨即上車回智利，讓我一下子緊張起來。

1 地熱泉蒸騰的霧氣中，太陽緩緩升起。**2** 智玻邊境的海關，是荒蕪大地中的一棟小房子。
3 科羅拉達湖（Laguna Colorada）因藻類變得粉紅，湖面滿滿的紅鶴。

1

3

2

同行的旅客，有十九歲比利時女孩 Louise、智利情侶檔 Patricio、Venessa、捷克大哥 Libor。司機兼導遊 Domingo，二十歲有著三十歲的臉龐，高原的烈日與酷寒深深刻畫在他的臉上。

車子一路往愛德阿都．阿瓦羅．安第斯動物群國家保護區前進，大家在顛簸的車上閒聊。出生醫生世家的 Louise，語言天分極佳，一口流利的法、德、英、西語。高中畢業後，她和同齡的朋友們一樣展開 gap year，先去英國擔任保母，打工兼學英文，接著飛到哥斯大黎加學兩個月西語，再以打工換宿方式橫越南美。

Libor 學生時代曾一面打工一面旅行，後來到美國為海尼根工作，職場十年升上經理；但比起升遷，他更惦記著尚未實現的南美夢，前年底辭職出發。「想工作，這輩子有的是時間，但等我退休，我恐怕只能坐在遊覽車裡旅行。」

Patricio、Venessa 都在廣告業工作，利用年休假來玻利維亞放鬆。兩人善良又很會照顧人，一路教我西語。

旅行的路途上，我遇到極多世界各國的旅人，他們因不同原因出發，旅路長短各殊。他們的眼神有亟欲探求世界的熱情、有朝目標不斷追尋的堅定、有看透世事的豁達、有渴求找到自身定位的迷惘，我看著車窗的倒影，想著旅行中的自己是什麼樣子。

＊＊＊

導遊第一站帶我們泡地熱溫泉祛寒，四周圍繞紅褐色、光禿的大山，以及藍得發亮的天空、低低的雲朵。太陽很大，陽光卻是冰的，從池中起身，立刻全身發抖。

1 當地人養的駱馬，可以從身上繫的緞帶辨別其主人。**2** 小駱馬追著旅館老闆的女兒跑。

1

2

參觀完壯觀的地熱，我們前往高原湖泊科羅拉達湖（Laguna Colorada），湖水中沉積硼砂，富含水藻，呈現紅、白、藍三色，湖面滿滿的紅鶴（flamingo）。後來在西班牙巴塞隆納看了佛朗明哥舞（Flamenco），舞者艷紅的裙襬，就像這個傍晚的橙紅色夕陽下，紅鶴振翅飛翔的姿態。

下榻的旅館養了許多頭駱馬，老闆女兒和一頭小駱馬就像一起長大的玩伴般滿屋追著跑。我們打牌玩心臟病等天黑，開始覺得西語數字聽力變敏銳那刻，紮著粗辮的玻利維亞女子將義大利麵和古柯茶端上桌。

入夜，同旅社的瑞典、以色列團遞來伏特加，搭配旅館雜貨店買來的玻利維亞酒。我怕高山症發，淺啜一口，味道很酸，看著面頰紅通通的大家胡亂唱歌、胡亂聊天，一片燦爛的銀河從東方升起。外頭氣溫掉到零下，我扭開頭燈，走向漆黑的荒漠，脫下手套，抖著手，將鏡頭焦距調到無限遠，拍下顫動的星空。

＊＊＊

凌晨四點離開下榻的鹽磚旅館，我們打著哆嗦擠進車裡，塑膠皮坐墊被低溫凍得乾硬。迷糊中再次睜眼，繁星隱去，吉普車奔馳在一望無際的白色大地上，地面不是雪，是鹽。

我倏地起身，後座三人也跟著清醒。地面沒有積水，乾燥的鹽塊在地面堆成脆硬的結晶，畫出六角形紋理，被東方的微光染成淺淺粉色。我問 Domingo 怎麼在鹽湖中辨別方向，他指著遠方模糊的山，「它們的樣子會告訴我」。

Domingo 在鹽湖的某處停下，關掉引擎，我們跳下車，冷冽清新的空氣灌入鼻腔。我朝日出的方向走去，躺在冰冷的鹽湖上，沒有風，沒有言語，沒有腳步聲，這是世界上最安靜的地方，遼闊的天地宛如永恆。

地平線如著火般染紅，一團光球竄起，白色大地瞬間耀眼得令人無法直視。我轉頭，背後的灰暗山頭被光芒擦上赭色，接著亮橘、淺褐、深褐，萬物的影子被拉得長長的。再回頭，光球已拔離地平線，轉強的日光穿透太陽眼鏡，在眼底留下殘影。

天亮了。

＊＊＊

我們攀過魚島（Isla del Pescado）比人高的仙人掌，用鹽塊積木堆成堡壘，拿塑膠恐龍拍各類搞笑的借位照，最後 Domingo 在吉普車後車廂排開餐席，讓我們在鹽湖吃豐盛午餐，用愈來愈流利的西語玩心臟病。度過一個孩子般的上午，站在少了台灣的萬國旗台前，現實的無奈流回腦海，這未經正規的旅途，留下的也是超現實般的記憶。

第四天離境時，我們早到二個多小時，海關只有我們孤零零一輛車。警察要大家通通下車蓋離境章，我排在隊伍最後一個，遞出我的護照。

「妳的入境章呢？」海關把我整本護照從頭翻到尾，再翻回來。

「我是透過旅行社進來的。」我看著大肚腩海關的眼睛，報出旅行社的名字。

「妳走吧。」大肚腩海關把護照還給我，露出心照不宣的笑容。

＊＊＊

離開玻利維亞不久，台灣人已可從祕魯庫斯科（Cusco）、普諾（Puno）申辦簽證進玻利維亞。玻利維亞成為這趟旅行的心頭遺憾之一，倘若能再來一趟南美，我要拿著合法簽證入境，抬頭挺胸，再一次站上烏尤尼鹽湖。

鹽湖日出，像是一地白雪。

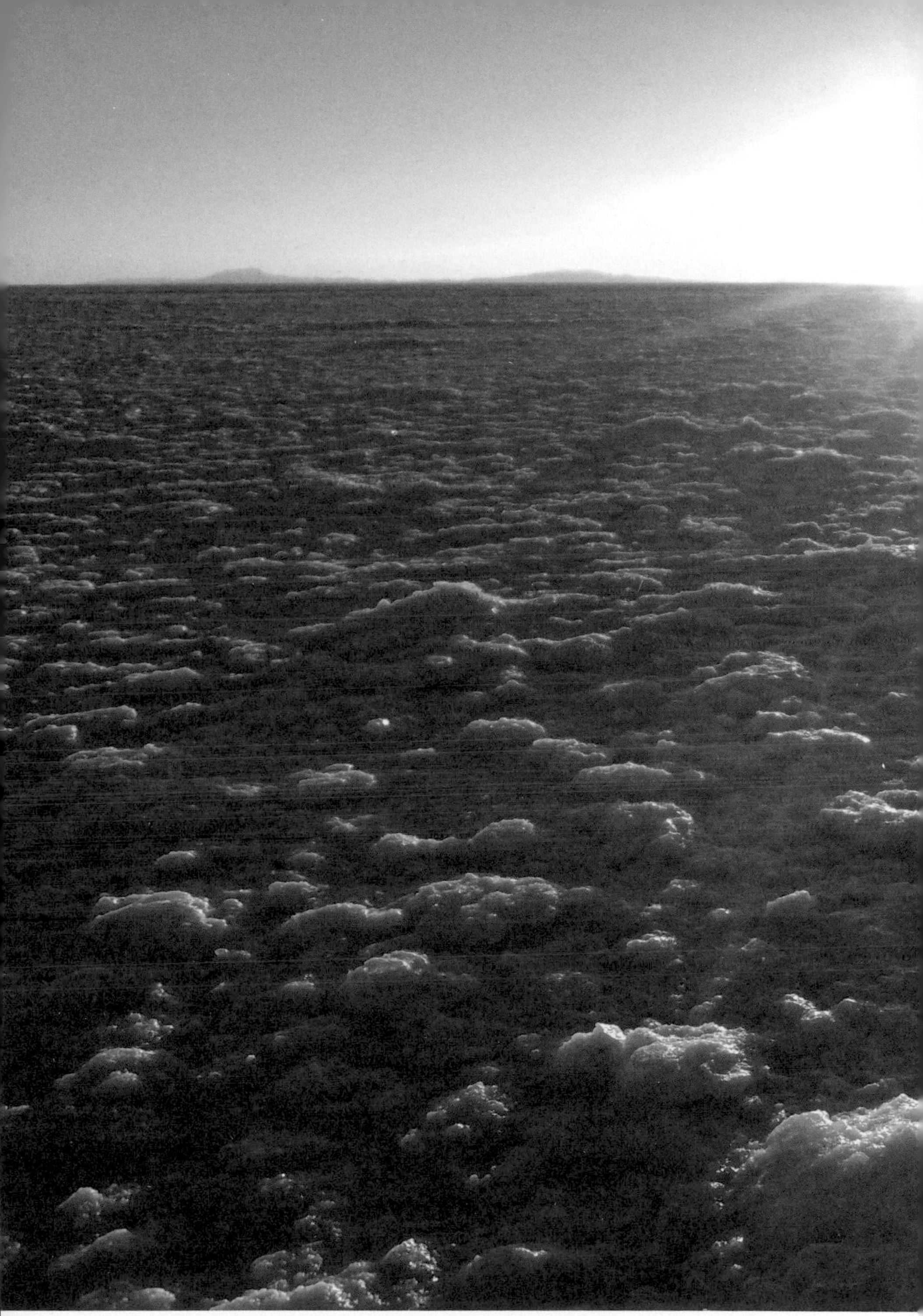

旅人啊 C

兩個半月前，我背著大小兩個背包抵達聖地牙哥，西班牙文只會從一數到十，以及謝謝和救命。聽說南美的治安很差，我小心翼翼地護著背包，緊張兮兮地從巴士站走到背包旅館 check in，研究著地鐵路線，心想待會該怎麼去車站買往蒙特港（Puerto Montt）的車票。對面床鋪一位阿嬤正瞇著眼休息，聽見我劈里啪啦翻著地圖，轉頭問：「妳要去哪？」

她叫 Constance，加拿大人，當過法文老師與顧問，五十三歲退休後開始當背包客，迄今快滿二十年。每年加拿大的冬天，她就外出旅行三個月，這次來智利，是為了復活節島 Rapa Nui。

我與 Constance。

她沒認真算過自己到底去了幾個國家。「親愛的，這一點也不重要。」她說，「我以前會羨慕那些周遊列國的人，但現在，我覺得旅途中重要的是獨一無二的歷練、萍水相逢的人、每一個值得記憶的美好時刻，不是妳的護照集了多少章。」

她挽著我的手帶我去附近的車站買票，幫我和不會說英文的車站人員溝通，「反正我也沒什麼事好做，我在聖地牙哥待三週了，就只等著去復活節島。」買完車票，她又帶著我去市場買便宜蔬菜，到超市買特價食材，告訴我該怎麼煮最省錢。她一天預算只有二十五美元，比我還少，但買南極船票與復活節島機票時卻毫不手軟，「錢該花在值得的事物上」。

告別聖地牙哥。

她要我記著「casa de cambio」（兌幣所）、「salida」（出發，買票時很好用）、「Cuánto cuesta?」（多少錢），這三個關鍵字陪我一路走過拉丁美洲。見我低頭猛看地圖，她教我認地標、記街區，帶我一路走到市中心武器廣場，回程改要我帶她走一遍——就像老師與學生。

Constance的意思是堅硬，對於旅行，她也有自己的堅持。兩小時腳程內的路她都用走的，「我喜歡觀察。走得愈慢，看得愈多。」她連續來南美好多年了，但還沒看夠，下一站，她想去海拔六九六二米的的南美最高峰阿空加瓜（Aconcagua）。

晚上十點，她堅持送我到車站，看我坐定，行李與座位都沒問題，才在我頰上一吻道別，「enjoy your trip」。

兩個半月後，逆時針在南美南部繞了一圈，我又回到聖地牙哥。就像一個返校領段考成績單的孩子，現在比當時更從容些，不再慌慌張張；努力戒掉總是想說英文的習慣，練習開口講西班牙文；慢慢了解travel slowly的意義，像是那天睡到將近中午，慢慢煮了午餐，買了到Isla Negra的車票，看著聶魯達家門前的海，曬太陽散步，寫寫東西，就這樣過一個下午。

而這路上也遇到許多善良又熱情的人們。眾多提醒我把背包前背、拉鍊確實扣上的路人；比手畫腳指路不成，乾脆直接載我到地鐵入口的客運司機；在Bala哥的雞排店盡情聊天，吃到好懷念、好澎湃的台灣雞排、珍奶、冬瓜茶與炸豆腐沾辣醬；還有今天帶著我找手工藝品市集，臨別還塞給我一罐冰涼可樂的阿嬤。

天亮了，又是一個在機場度過的夜晚。Chao, Chile; ola, Brazil。

9
巴西

過場

黑金鎮

誤打誤撞在列入世界遺產的山中小鎮黑金鎮（Ouro Prêto）度過復活節，白天走在彩色木屑鋪成的 Tapetes de aserrín 上看盛大遊行，晚上在以近千磅黃金、約九百磅白銀裝飾的聖母教堂（Igreja Matriz de Nossa Senhora do Pilar）和居民一起望彌撒。鎮上居民自己裁製衣服，扮成聖經中的人物遊街，是一年中最盛大、最熱鬧的活動。

飄著彩色泡泡的街道，從垂掛彩色布幔陽台上探頭往外看的居民，喧鬧中，一位小天使趴在爺爺的肩頭睡著了。

睡著的小天使。

巴西．里約熱內盧

耶穌的擁抱，輪不到咱們

傍晚六點，從 Lapa 區塞拉隆階梯（Escadaria Selarón）往地鐵站的路上，我迷路了。

經朋友、hostel 櫃檯、甚至路人的再三提醒，我很清楚在馬路上滑手機看地圖是極為不智的決定。所以我走進大馬路旁一間雜貨店，買瓶飲料，走到店裡最角落拿出手機查地圖，把路名與方向默記一遍，把背包背回胸前，腰帶扣在腰上拉緊，走出店門。

才十多公尺，一個小小的身影閃到我眼前，背包拉鍊被一股極大的力量往兩邊扯，幸好我用號碼鎖將拉鍊鎖住，一下扯不開。

腦中一片空白，我連呼救也忘了，只雙手緊緊護住背在胸前的背包，此時才看清眼前是位黑人小孩，細細瘦瘦，不到我胸口高。

小孩雙手抓住我的背包用力往前拉，力氣之大是我始料未及。幸好緊扣的背包腰帶發揮功效，沒讓他得逞。

一串葡萄牙文大罵，一位路過的太太高聲制止小孩，他立刻放手，拔腿就跑，全程才十幾秒。好心太太問我「Are you ok?」我白著臉，勉強擠出一句「I'm ok」。

＊＊＊

幾天後，我參加里約貧民窟的導覽團，和嚮導 Carolina 提起這件事，她認為我在店裡就被盯上，「亞裔臉孔在這裡特別突出，一個人出門時，貴重手機、相機還是別帶在身上。」

「那小孩才這麼高耶！」我比比胸口，「而且好瘦！」

Carolina 一副「所以咧？」的表情，「妳不要看 Lapa 區晚上這麼多熱鬧的餐廳跟 Samba club，那裡其實滿多混混聚集。里約就是這樣，狂歡與危險共存，出門本來就要看好自己的東西，這常識吧？」我一面想著在台灣大馬路上被小孩搶劫的可能性，一面伸手在背包裡掏摸，確認手機相機是否安好。

＊＊＊

Carolina 教我們的第一個葡文單字是 Favela，意指野花；在巴西有另一個意思，叫做貧民窟。遠遠望著山坡上色彩繽紛、雜亂叢生、看來像是沒蓋好的房子，就能理解這詞有多貼切。

參觀 Favela 已是巴西熱門且觀光化的行程之一，嚮導往往是貧民窟出生或對當地有相當了解的青年，用流利英語、葡語或西語帶大家搭乘包車，循著既定路線遊覽貧民窟。在貧民窟可以拍照、與當地居民交談以及購買居民的手工藝品，固然走馬看花，至少可以從導遊口中得知一些當地生活的第一手消息。

我們在濱海一間豪華飯店前集合，跳上小巴，循蜿蜒小路爬上丘陵，前往里約最大的貧民窟羅西尼亞（Rocinha）。一百多年前開始，貧民窟跟著巴西的現代化同步成長，海濱區蓋起大樓，丘陵地則逐漸被磚瓦房覆滿。困頓的小民、回不了故鄉的軍人、異鄉的打工客、奴隸背景的非裔移民一戶戶在這裡落腳，到山下的工地、工廠、運輸、服務業找個餬口工作，等待一個機會翻身，可以搬到山下的漂亮房子裡。

一般認知中，居高臨下是富人的視角，在里約，這是 Favela 的視角，也是四分之一，約一百五十萬里約市民的視角。

＊＊＊

Photo by Tony Tsai

羅西尼亞外圍正如我對貧民窟的刻板印象，破舊磚瓦房、地上的髒水窪、清潔人員用推土機鏟起街邊的垃圾，偷接的電線密密麻麻纏繞電線桿、分割天空，上頭偶爾掛著一雙球鞋，這是「此處有毒品交易」的暗號。

進到羅西尼亞裡的導覽路線，窄小巷弄依舊擠滿房子，但垃圾消失了，地面乾燥，某個轉角寫著各國語言的「歡迎」。世界盃前夕，有居民把房間出租給擠不進市區旅館的客人，擁有海灘景色的房間，一晚價碼喊到一百美金。

沿路有市場、郵局、網咖，雜貨店老闆微笑遞給我熱呼呼的絞肉炸餅 **pastel**。這裡的物價是山下海灘區的三分之一，居民不必繳稅。便宜開銷相對這幾年的可怕通膨，吸引愈來愈多負擔不起山下生活的下層中產階級住下，在城市夾縫中爭一個生存機會。

「這裡可能比你走在里約市區大街上還安全。」**Carolina** 說，**Favela** 有自己的制衡勢力，導覽團的路線是固定的，除非遊客落單、在禁止攝影的區域亂拍或招惹到人，基本上不會有危險。

一九八〇年代，美國在哥倫比亞的掃毒行動驅使毒梟南下，迷宮般的貧民窟成為他們的藏身處。十年間，毒梟與居民形成共生關係，市井小民幫忙運毒、把風，毒梟幫忙蓋水塔、接水電，比政府更有效率地解決民生問題。再過十年，想強勢介入的里約警察，反而破壞這裡的微妙和平，造成更大的混亂。

Carolina對警察沒好感，「里約警察比黑幫更黑，暴力、貪腐眾所皆知。」她說，政府最早派出打擊黑幫毒梟的特警部隊「BOPE」挾精良裝備攻入貧民窟，收賄、濫殺、動用私刑，說是要剷除惡勢力，實則為居民帶來更大的痛苦。爭取二〇一四年世足賽主辦資格前夕，巴西政府派重裝軍警「剷平」貧民窟，擁有大量火力的黑幫短暫轉移陣地，在警察的裝甲車、機槍、直升機猛攻下遭殃的，是手無寸鐵的平民。

里約市府於二〇〇八年籌組，接管BOPE戰後防守工作的警隊UPP（Unidade de Polícia Pacificadora），在貧民窟駐紮、防禦外還幫助社區重建的行事方式柔性許多，固然有助切斷黑幫與居民的共生關係，但依舊無法完全杜絕貪腐問題。居民對於UPP，還是抱著半信半疑的態度。

隨世界盃開幕進入倒數，警方對貧民窟加強掃蕩。Carolina說，前陣子剛有位無辜居民命喪槍下，羅西尼亞一陣騷亂，旅行社擔心遊客被波及，一度暫停這裡的參觀團。

我們路過一棟彩色公寓和小公園，兩者感覺像是一蓋好就被人拋棄。塵污很快就覆上亮黃色的公寓外牆，公園的水泥圍欄坑坑巴巴。

「只有在選舉前，政客才會對這裡殷勤起來。」Carolina說，這些建設都是政客競選時端出的牛肉，選舉結束後，這些建築就像這裡的人一樣再度被遺忘。「Favela就像一顆棋子，任政府擺布。」

***

我們在制高點看風景時，一位留著糾結落腮鬍的小販老伯兜著隊伍轉。和世界各地許多地方的觀光地區小販一樣，他說著一口流利英語——跟遊客學的。

他攤開手中的畫，上頭是色彩繽紛的Favela。我搖搖頭，他拉著我到他的攤位，洗得泛白的海灘巾上擺著手環、雜物與陳舊的明信片，我最後買了書籤。

「妳看，我的辦公室擁有全里約最棒的風景。」他做出一個誇張的鞠躬動作，手一揮，將我的目光帶向綿延的海灘、湛藍的海水、岩石裸露的山頭，還有腳下更多更密的磚瓦房。

「去過基督像了嗎？」他問。

「昨天剛去。」我瞇眼往遠方望，遠方天際線整個籠罩在不知是霧氣還是霧霾的白光裡，看不見佇立新七大奇蹟基督像的駝背山（Corcovado）。

「知道耶穌張開的雙臂代表什麼意思嗎？」

「歡迎與接納？」我在腦海搜索旅遊書的說詞。

老伯笑起來，「祂歡迎的，可是最美好的里約哪！」

耶穌大張的臂膀，向著里約購物商場聚集的中上階級社區博塔弗戈（Botafogo）、泊滿遊艇的瓜納巴拉灣（Baía da Guanabara），與知名景點糖麵包山（Pão de Açúcar）。羅西尼亞位於基督像右後方，永遠只能見著祂的後背。

「耶穌的擁抱，可輪不到咱們。」老伯又攤開手中的畫，「真的不考慮嗎？」Favela 畫家的作品，獨一無二。」他熱切望著我，咧開嘴，露出一口黃牙。

巴西・里約熱內盧

Bip Bip

在智利旅行時遇到一位在里約工作六年的巴西女孩，請她推薦當地的 Samba club。聽到我住 Copacabana，她說，「妳一定要去 Bip Bip」。

在里約的日子，生活步調和這座城市一樣忙碌，白天出門，晚上熬夜打點接下來的行程與車票。獨自一人在繁華擁擠的城市遊走，人群對比下的寂寞不斷放大。離開里約那天，放掉所有行程在海邊閒晃，晚上走回 hostel 準備再一次打包搭車，在巷弄間亂走時意外發現前幾天抽不出空去的 Bip Bip 剛打開大門，一個女孩與四位穿得很休閒的阿伯正為吉他調音。我在隔壁店家的台階坐下寫日記，店裡不時流瀉出一小段輕輕的 Bossa Nova。

位處科帕卡瓦納（Copacabana）第一線高級旅館與第二線商店街間，Bip Bip 小小的招牌很不起眼，卻是當地頗有名氣的一間酒吧。在喜歡 Samba 音樂的老闆號召下，四、五坪見方的店面成為素人樂手的聚集地，晚上六、七點，大家穿著短T夾腳拖，帶著吉他、鈴鼓在店面碰頭，與其演奏，不如說是種你唱我和的自得其樂。

晚上七點，樂手陸續到齊，門口 45 anos（四十五週年）的小海報被燈光染得暈黃，不知誰先起的頭，一首慵懶的 Bossa Nova 為夜晚揭開序幕。店裡沒有舞台，三張桌子是留給樂手的，想聽音樂，請在店門外找個喜歡的位置站著；想喝啤酒，自己到裡頭的冰箱拿。

這裡沒有歌單，沒有樂譜，有時由坐在中央的黑人男孩的歌聲起頭，周遭的人用吉他與鈴鼓相和；有時某人刷出一個音節，其他人專心聆聽，再一個個跟上。一個女孩大方走到樂手間開始唱，那是首輕快的 Samba，整個樂團為她和音，知道歌詞的顧客跟著一起唱。酒開得愈多，音樂節奏愈快，常客進進出出，不時隨節奏哼幾句，拍拍樂手們的背打招呼。

音樂從既定的歌曲轉為即興創作，黑人男孩的歌聲與鈴鼓節奏輕快起伏。沒有 Lapa 區 Samba club 的精緻燈光、重低音音響與高檔酒水餐食，客人手中一罐啤酒隨節奏擺動身體。臉上有著陶醉的笑容。

在眾人的 Samba 大合唱中，我離開 Bip Bip，跳上夜車，在里約的緊繃情緒似乎在這短短兩小時中得到釋放，讓自己帶著微笑離開這座城市，繼續往下一站出發。

厄瓜多

「我們不可能抓到賊」

厄瓜多・基多

「咦？我的背包呢？」

「妳不是拿走了嗎？」H回答。H很喜歡開玩笑，我看著他的眼睛，試著辨識出任何玩笑的可能性。

「我哪有拿，我剛從廁所回來啊！」我用目光搜尋著地上的背包，兩個大背包，一個H的小背包，沒有，真的沒有我的那個黑色背包，背包的拉鍊綁開了，我前幾天才縫好的。

「剛剛旁邊一位大嬸講的，說背包被一位小姐拿走了。」H有點慌了，我看著他的臉，以為他會突然放聲大笑，然後把藏起來的背包拿出來給我，但沒有，他是認真的。

我全身一陣涼，可怕的事實一點一滴滲進意識裡，H看到我慘白的臉色，碰一聲站起來，「靠，背包被偷了！」

我裝著所有貴重物品的隨身小背包在厄瓜多首都基多（Quito）的 Quitumbe 車站遭竊。除了裝衣物的大背包，全身上下，我只剩下護照、手機、一張提款卡、一張信用卡與三十美金，這是旅行第三個月又兩天。

＊＊＊

我和H是透過旅行論壇背包客棧認識的，當時我 PO 文徵能在復活節島一起租車的旅伴，他回訊，行程一對照，發現我們都在環球，出發時間只差一週多，很多路線幾乎重疊。後來不只復活節島，我們在南美斷斷續續一起旅行。

我們都看了日本旅客在厄瓜多因錯搭黑車被槍殺的新聞，於是調整行程，打消各自北上的計畫，結伴一起從祕魯北部通關進入厄瓜多，在第一大城瓜亞基爾（Guayaquil）待一天，接著到首都基多（Quito）。

我是隨處可睡、一靜止就能入眠的人，習慣搭夜車移動，省時間也省一筆住宿費。從海拔四米的瓜亞基爾，夜車到海拔二八五二米的基多，凌晨四點，這座赤道通過的城市氣溫不到十度，我們拖著行李下車，吸進冰冷空氣瞬間打了個哆嗦。

我提議在車站吃早餐，天亮後再搭交通工具到下榻的hostel。早上七點，我用完餐後去廁所，順便詢問站務人員該怎麼轉乘交通工具進市區，H一臉疲態，我半途不放心，折返將背包放到桌下H腳旁的隱蔽處。

我第一個錯誤，就是忽略了從祕魯首都利馬（Lima）、特魯希略（Trujillo）、瓜亞基爾、基多這樣馬不停蹄地移動六天，H其實需要好好躺平睡一覺。第二個也最關鍵的錯誤，就是沒請已經快要趴在桌上的H將背包抱緊，或至少勾住背帶。

一陣問路雞同鴨講，半個小時後帶著交通方式回到用餐區，我的背包連帶旅行前三個月的回憶，已永遠離我而去。

＊＊＊

「It's impossible，我們不可能抓到賊。」打電話停掉信用卡與提款卡，聯絡保險公司，在車站瘋狂跑好幾圈，翻過幾個垃圾桶後，我們坐在車站二樓的車站駐警辦公室，穿著筆挺制服的警察打開監視器畫面，我們就坐在鏡頭正下方，影像清楚錄到四人一組的集團，一人把風，兩人遮住旁邊顧客的視線，H當時在桌上趴睡，一人探進桌下，拿起我的背包，用外套蓋住，迅速離開現場，全程才十多秒。

「拍得那麼清楚，你們不能試著找看看嗎？」我強迫茫然的腦袋開始運作，過去跑社會新聞的邏輯，調出車站監視器畫面，循竊賊逃跑的方向，可以追到他們從車站哪個門離開、搭乘哪種交通工具、往哪個方向逃跑。

但，這是台灣的邏輯，不是厄瓜多的邏輯。

「沒有喔！我們大門沒有裝監視器。」警察一副「我知道妳很可憐，但我幫不了妳」的表情看著我。我感覺全身的血都往頭上衝，下到一樓，拿手機拍下大門口超明顯的監視器，再回到駐警辦公室，「這不就是嗎？」其實我更想大吼，這麼新的車站，餐廳有裝監視器，大門口卻沒裝，你當我傻子嗎？

「喔～這個監視器沒有在用，沒有畫面啦！」我盯著那張明顯在敷衍我的臉，心跳與思緒慢慢緩和下來，取而代之是心破了一個洞似的無力。隨著時間一分一秒過去，找回背包的機會愈來愈小。我不在意那筆為數不小的美金，我只心痛沒有備份的照片、我的日記、在各國蒐集的獨特書籤，那些就算重頭來過，也無法複製的記憶。

我們被請到一樓的觀光警察辦公室，駐警熟稔地打開 google 翻譯作筆錄，裡頭設定好常用的西翻英、西翻法、西翻德文，哪些國家的旅客常被偷，一目了然。

我逼迫自己回想背包裡有哪些貴重物品：一個月的旅費掉了、兩張信用卡掉了、兩張提款卡掉了、出國前買的筆電掉了、硬碟、日記、簽證、家人朋友幫我求的平安符與加油打氣的小掛飾。

像是一場睜著眼睛作的噩夢。

歉疚又緊張的 H 用車站虛弱的 wifi 聯絡中華民國駐厄瓜多商務處，我面對一個英語只夠應付筆錄 SOP，其餘一概不通的警察，吐出所有西文單字、在 google 翻譯一次又一次請對方幫忙想想辦法。看著原本還會幾句英文的警察開始對我猛說西文，最後推稱得為別的旅客服務，辦公室要關門，請我出去，只覺得快被無力感溺斃。

＊＊＊

我們住在舊城區，十多分鐘腳程外有間電子商場 Montufar，周遭集中電子商品小店。這裡新舊貨都賣，但據當地人說，這些美其名是二手，實際不少是贓貨。直到離開基多前，我和旅伴幾乎每天都去 Montufar 逛一圈，懷抱一絲希望歹徒會把我的相機筆電脫手到這，讓我有機會買回來。

Montufar 商場內的店家大約早上十一點多全數開門營業，七點關門，裡頭相機、電腦、iPad、各類散賣的二手充電器、電源線、電池、USB，還有全厄瓜多到處見得到，一組五美金的 beats audio 仿冒耳機。

玻璃櫥窗裡有晚台灣幾年的「新貨」，報價九百五十美金的二手 Nikon D300 與原廠旅遊鏡，也有各色二手電子商品。午餐後，兩坪大的店面門口倚著幾個拿著手機、相機變賣的年輕人，穿著熱褲的年輕女子、露出糾結肌肉上刺青的壯漢俯在小桌前現場拆解，細碎零件沿著三面牆上的架子一路爬上天花板。H偷偷拍照，幾位壯漢包夾我們的去路，要他立刻把照片刪除。而在一樓大門口，正站著一位服裝筆挺，「維持秩序」的警察。

我們當然沒在商場裡找到我的相機，卻發現希伯來輸入法的 iPad 與大量英文介面的「二手」商品。後來，厄瓜多的朋友說，定點銷贓太危險，竊賊都把贓貨拿在手上，開出便宜的價錢，隨機詢問路人要不要買。

十一天後，我發現我的筆電在基多西北方七十公里的城市 Nanegalito 登入背包客棧，接著訊號就消失了，再也沒出現過。

厄瓜多・基多

從零開始

這是自助旅行以來最昂貴的紀念品，人生第二台單眼，在厄瓜多。

四年來陪我一起衝大小新聞現場、旅行十多個國家的 Canon 550D 隨著四分之一趟環球旅程的照片一起被小偷帶走，那感覺像是多年戰友突然消失，報完案離開 Quitumbe 車站時，肩上少了習慣的重量，整個人像是被掏空了。

在海拔二八五二公尺的世界第二高首都，不知是海拔驟增還是心痛，爬個小坡去 hostel 就喘不過氣。睡一覺醒來，首先想著的就是去買台新相機，但這麼大的城市，相機不知該去哪找，想起早上透過朋友給的電話聯絡上厄瓜多台灣商會的榮譽會長黃鉞凱先生，攔了計程車去他經營的不鏽鋼用品店面直接求助。雨愈下愈大，

從 hostel 可以看到基多地標——麵包山上的聖母像。灰暗的天色像極我的心情。

計程車卡在車陣中，和H下車走完剩下的路，雨水突然變成大顆的冰雹，在這個以赤道為名的國家，離赤道僅二十四公里的首都[註10]遇到冰雹，像是嫌我不夠慘似的。

黃會長國中時就跟著父親舉家移民到厄瓜多第一大城瓜亞基爾，同樣是修理物品的一技之長，這裡的人不賒賬、需求多，小本生意卻是一片藍海。成年後，他獨自在中南美闖蕩做生意，遇過騙子小偷與搶劫，但度過這段，現在已是享受成果的時刻。為人熱心的他，接待過台灣三太子吳建衡，剛送走挑戰單車環球的陳同華，我們貿然找上門，他不嫌我們冒失，不僅立刻打開電腦查拍賣網站搜尋單眼相機，還帶我們去附近商場逛相機店。

厄瓜多對進口商品課徵重稅，電子產品非常昂貴。這裡的相機市場是Canon、Sony、Samsung的天下，型號以輕巧隨身機為主，售價逼近台灣的類單眼，許多有能力出國的人都從國外帶3C產品。基多的相機店主要由Eco color與Konica digital兩家打對台，Canon T3i（600D在南北美的型號）報價一千六百美金還得調貨，一聽就放棄。黃會長熱心答應繼續幫我聯絡網路單眼賣家，請我們隔天再到店面一趟。

隔天早上到中華民國駐厄瓜多商務處，代表說了幾個背包客被偷搶甚至被槍托打傷的遭遇試圖安慰我，接著由商務處的陳祕書帶我們去採買裝備。從Quincentro起連逛五、六間賣場，數位相機的型號舊、

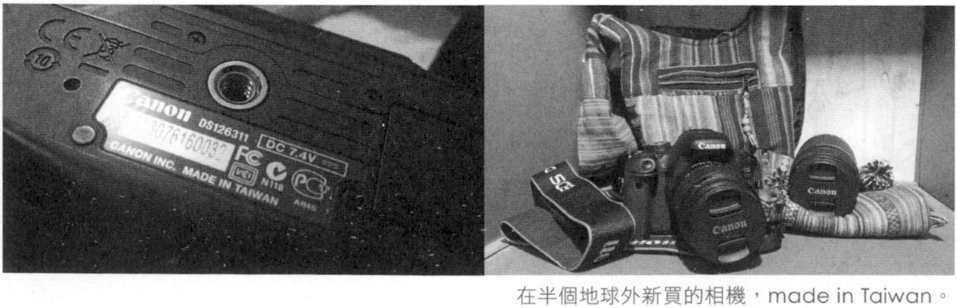

在半個地球外新買的相機，made in Taiwan。

價格高不可攀，更別說直逼天價的單眼。雖對費心帶我們跑來跑去的陳祕書很不好意思，但還是買不下手。

黃會長幫我打了整天電話聯絡賣家，果真有了好消息。去年底，一位赴英國工作的厄瓜多人在倫敦機場免稅店買了 **Canon 600D** 給妹妹當禮物，尷尬的是妹妹不會操作單眼，試拍後就束之高閣。這裡消費得起單眼相機的人不多，很難轉手賣出去，放著又不斷折舊。他試著網拍，等了半年，終於遇到我這位剛丟了相機的倒楣鬼。

這位先生很有誠意地將相機帶到黃會長店裡，一機兩鏡開出的價格已算不差，試拍後覺得狀況不錯，而很不擅殺價的我，更神奇地一口氣下殺八十美金，以比台灣更便宜的價格，帶回幾乎全新的相機。將相機與陳祕書大方出借的記憶卡、隨身碟放入新買的背包內，原本空空的背包有了重量，也把失神放空兩天的自己稍微拉回地球表面。

回到 hostel，把相機翻過來一看，底部的標籤印著 Made in Taiwan。想剛到嘉義跑新聞時採訪過 Canon 在嘉義縣大林鎮設廠，生產線製造當時的 Canon 600D 新機，說不定這相機不僅 Made in Taiwan，還 Made in Darling，我第一個新聞轄區，很可愛又溫暖的小鎮。

這台相機從台灣旅行到英國，被帶回南美。繞了大半地球，又回到台灣人手上，跟著我再一次環球。

隔天，我帶著新相機踩上〇度赤道線，接下來八個月的旅行記錄，從零開始。

註10：地處高原的基多，海拔二八五二米，是僅次於玻利維亞拉巴斯（La Paz）的世界第二高首都。雖然距赤道僅二十四公里，是世界上距赤道最近的首都，但因高海拔，月均溫為攝氏十一度，年平均溫差只有攝氏二度。

1 製作巴拿馬帽的婦女。**2** 午餐店的孩子在我按下快門時跳起來。**3** 戴上新買的巴拿帽，繼續旅程。

巴拿馬帽

厄瓜多・西格西格

在厄瓜多山區旅行，常看到人們戴著米白色、綴飾黑或墨綠色飾帶的草帽。這頂已從南美農人頭頂躍上國際伸展台的草帽叫做巴拿馬帽，但它的發源地不在巴拿馬，而是在厄瓜多。十九世紀中葉，厄瓜多商人帶著這種用棕櫚樹 Toquilla 纖維 **Carludovica panama** 製作的草帽，從當時已是美歐貿易關口的巴拿馬進入歐洲，這種柔軟得像布，彈性佳又輕巧透氣的草帽大受歡迎，不過大家都忽略了草帽的原鄉，反而以出口通道巴拿馬稱呼這頂草帽。積非成是，縱使厄瓜多政府試著將草帽正名，但目前還沒有成功。

巴拿馬帽生產重鎮是 Manabi 省的 Montecristi 村，另一重鎮是昆卡（Cuenca）。昆卡是厄瓜多第三大城，也是我在這國家的最後一站。拉塔昆加（Latacunga）到昆卡的夜巴耽誤半小時，和旁邊一位抱著孩子的年輕媽媽聊起來，說是聊，其實只是雙方各用極有限的西文與英文單字，加上google 翻譯 app 與大量的比手畫腳。「What you do，Cuenca ?」她努力從腦海中尋找英文單字，「Panama hat, hacer」我在頭上畫圈比出帽子的手勢，再做出編織的動作。好不容易明白我的意思，她笑著搖搖手，「Sigsig」。

用 app 溝通半天，她告訴我不少昆卡販售的巴拿馬帽來自附近的小村西格西格（Sigsig），想看到更道地的巴拿馬帽製作方式，從昆卡搭一個半小時的車就到了。

《寂寞星球》（*Lonely Planet*）對西格西格著墨不多，只說它「an excellent place to see the Panama hat-making」，可和沿線兩個村莊 Gualaceo、Chordeleg 併成一個單日行程，一不注意真的很容易忽略。巴士從海拔二三五〇公尺的昆卡往上爬升，窗外是被河流切開的翠綠谷地與沿丘陵開墾的農田，覆著陳舊紅屋瓦的農舍點綴其間。再高一點，白雲從河谷間湧上，霧氣一下子籠罩整條公路，幾個剛扛著 Carludovica panama 下車的居民背影很快就看不見了。

西格西格車站的詢問處本身就是間巴拿馬帽店，兩位在大廳等車的婦人邊聊天邊編帽。說也奇怪，這裡雖然是巴拿馬帽的產地，但真正戴巴拿馬帽的人不多，年輕學生與男人還是戴棒球帽或便帽為主。只有五十、六十歲的婦人依舊一身多彩的傳統服飾，頭頂巴拿馬帽，手上一頂未完成的帽子，無論是過馬路還是與鄰居話家常，手指都沒停過。

車站詢問處的阿嬤不會說英文，在地圖上比畫著要我去廣場問。廣場官方詢問處的兩位大哥說，許多在昆卡販售的巴拿馬帽的確 made in Sigsig，運到昆卡，價格就往上翻。帽子工廠距市區約二十分鐘腳程，午休時間，他倆外出吃飯時見我還在大太陽下研究簡略的地圖，乾脆要我直接上車，把我載到工廠門口。

工廠規模不大，門口堆著大束 Carludovica panama，中庭有頂超大草帽，裡頭是工作區，架上、地上是滿滿的未完成品。在市集與多數店面見到的大都是米白色為主的單色基本款，這裡的巴拿馬帽將染色的草混編出繁複花紋，有抽象有幾何，還有大膽亮麗的紫色與桃紅色。戴著大草帽的女孩手中電話響個不停，桌上堆著厚重的訂單。

臨走前看到機器旁剛壓好的巴拿馬帽，價格比店面便宜五美金，飾帶還可自選，猶豫一會還是挑了頂基本款。我喜歡的飾帶已固定在另一頂帽子上，製帽女孩二話不說直接拆下，黏上我屬意的帽子。

這是背包被偷後第一次重新好好把一個地方的風景看進心裡，驚嘆山谷間閃亮的河流，午餐店孩子在我按下快門時跳起來，雜貨店老闆娘發現我多給錢還喊住我時大聲說 **mucha gracias**（謝謝）。戴上新買的帽子，走二十分鐘回到市區，和剛下課的學生們擠上公車，試著讓自己回到剛旅行時的心情，重新看向每件事物美好的那面。

一五〇〇公里的電池旅程（上）

厄瓜多・基多—拉塔昆加—昆卡

其實，我只是想買一顆電池。

台灣愛拍照的人愈來愈多，每個都會區都找得到賣中高階單眼的店。就算住在山區，若想補充攝影傢私，約莫三、四小時，大概也快開到相機店門口。但在南美，為了一顆單眼相機電池，我找了三週又兩天。

台灣 3C 業者競爭激烈，除了價格戰，周邊配備送得毫不手軟。買一台相機，記憶卡、清潔組是基本贈品，有時還加送電池腳架相機包甚至多一年保固。但在多數國家，「買相機」意謂真的只有機身、鏡頭、原廠電池與充電器，想要其他相關裝備，再掏錢買吧。

新購入的單眼只附一顆原廠電池，接著還有各四天的亞馬遜與印加古道要走，單靠一顆電池太難撐完全場。算算距離進亞馬遜還有整整兩週，厄瓜多這麼大一個國家，我還在首都，該不會連顆電池都買不到。

結果還真的買不到。

我和H每天逛舊城區的二手電子商場Montufar，什麼亂七八糟的東西都有，就是沒人賣Canon單眼的電池。基多的兩大相機店Eco color、Konica digital集中居民生活水平較高、消費能力強的新城區商場，離我住的舊城區近四十分鐘車程。離開基多前一天，我們到新城區的Quicentro Shopping Mall碰運氣，那天是母親節，商場內的Konica digital正做特賣，但就是沒賣單眼電池。店員努力用模糊的英文單字請我到Centro Comercial El Caracol的另間相機店找，旁邊一位年輕女孩看不下我倆這麼沒效率的溝通，熱心當起翻譯，見我仍搞不清前往另間店的交通方式，她和身邊家人討論幾句，轉頭說：「帶你們去吧！」

她叫Maria，和堂姊Ana、叔叔Ravi、姪兒Juan一起採購母親節禮物。Ravi以前當過記者，曾任職平面媒體和電視台，得知無意間撿上車的背包客竟然是同業，咧嘴笑開。外頭雨水像是用潑的，他牽著Juan踩過路上積水為我們帶路，Centro Comercial El Caracol那間店沒開，他冒雨帶我們到對面商場找。幾間相機店都給了失望的答案，這家人又開車繞了個圈，帶我們到Ravi朋友開的3C用品店。最後結果還是no，但看著Ravi沾滿雨珠的頭髮，Juan全溼的帆布鞋，真的很感動。

離開基多往南到拉塔昆加（Latacunga），結束基洛托阿環線（Quilotoa Loop），H北上哥倫比亞，我趕在南下的夜車前跑遍腳程到得了的相機店，每間店都搖頭。來到第三大城昆卡（Cuenca），旅館櫃檯瞄了眼電池，建議我到祕魯再想辦法。不死心地冒雨一間間跑市區的電器用品與照片沖印店，每家都給我一個新的地址，但總是讓我失望。試到第六家，我放棄了，帶著不可思議與不敢相信的心情跨越國界，繼續下一段尋找電池之旅。

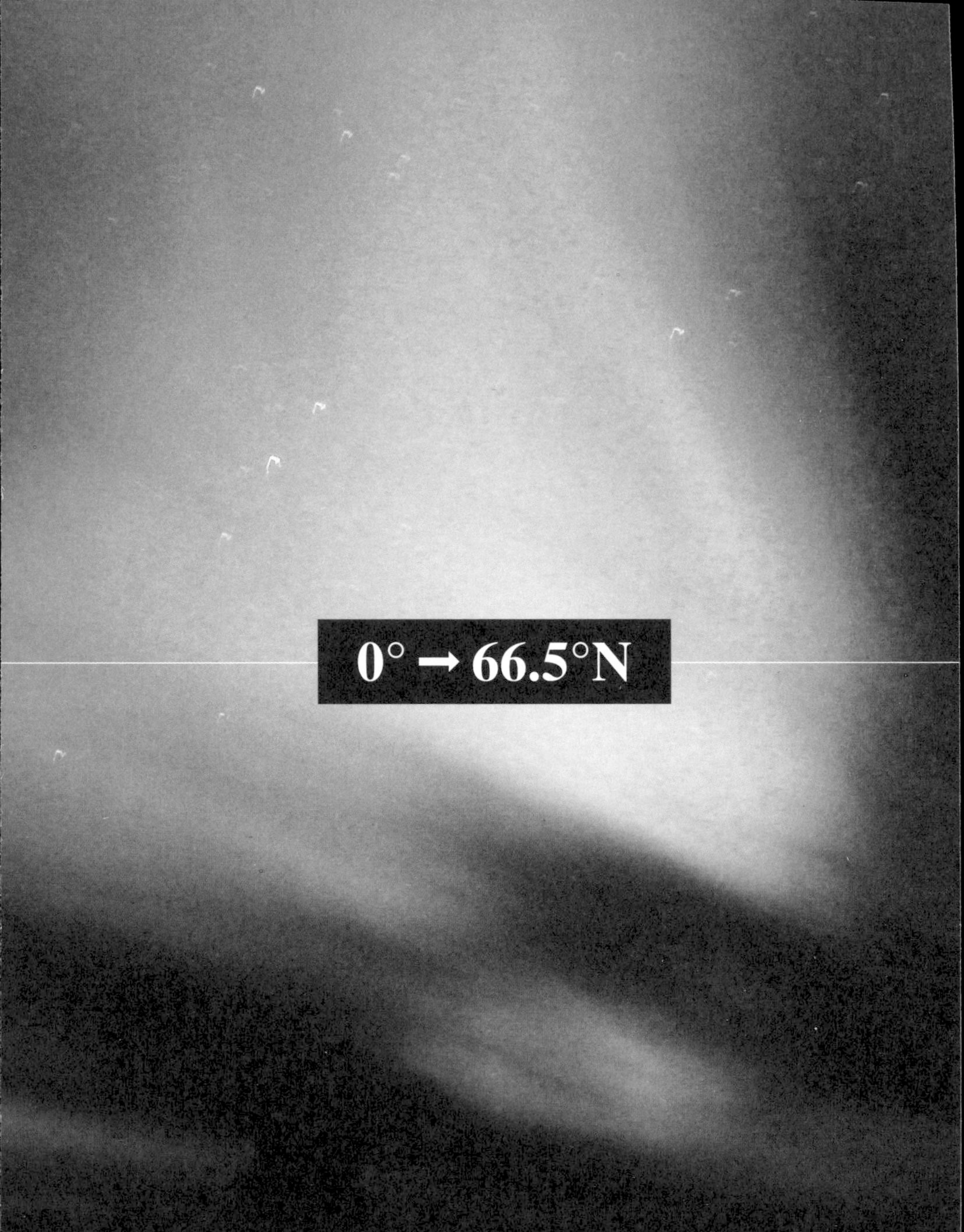
0° → 66.5°N

PART 4

北極光

Northern Lights

9
祕魯

祕魯・印加古道

通往夢想的門票

印加古道（Inca Trail）第一天，我常偷偷看著 **Bañares** 被高海拔冷風日曬蝕出皺紋的臉龐，瘦削且爬滿青筋的手臂，整整比他高出一個頭的背包，還有腳下那雙鞋底幾近被踩扁的黑涼鞋。這是 **Bañares** 擔任挑夫的第二十五年，他比我父親小三歲，看起來卻比他老十歲。

印加古道挑夫從十六歲到六十多歲都有，年輕些的多半會為自己買雙運動鞋，或至少帆布鞋，更講究的拿支登山杖。年齡大些的多半踩著舊涼鞋，套件棉質長褲就出發。有人的涼鞋繫帶已經斷了，照樣踩著與拖鞋無異的舊鞋，揹著二十公斤行裝，超越穿著高筒 Gore-Tex 登山鞋，幾乎兩手空空仍喘吁吁的登山客。

＊＊＊

四天三夜的印加古道，全程約四十三公里，最高點是海拔四二一五公尺，形狀宛如一位仰躺女子的「死女人口」。登山客每天早上七點前出發，下午三點左右到達營地。愈早出發，旅客愈有彈性時間慢慢走，以免在高海拔地區高山症發作。

挑夫可沒有這樣的彈性時間，他們得比旅客更早出發、腳程更快，好在旅客抵達營地時能立刻享用溫暖的古柯茶與餐點。比起巴塔哥尼亞高原地區的健行，印加古道除了海拔高，起伏不算大，步道每天被五百位遊客、嚮導、挑夫踩得很平整。對輕裝遊客而言，這段路程不難，但對肩挑帳篷、公糧、廚具、桌椅甚至桶裝瓦斯的挑夫來說，這簡直是地獄般的考驗。

無論深切溪谷、高聳雪山、奔流的烏魯班巴河（Río Urubamba）或印加遺跡，前景都是一列列密密麻麻，身材矮小精瘦的挑夫，背負印著各家公司 logo 的行李慢慢往上走。這些行李背袋可不像能均勻配重的登山背包，只是簡單縫上兩條背袋的帆布袋，挑夫們多半會另外加上一條頭帶，用額頭分散幾乎要比半個自己還重的重量。

挑夫二十公斤的負重限制包含五公斤個人行李，在入口與 Wayllabamba 的檢查哨各秤重一次，要是超重，公司不僅得吃罰單，可能還要被撤照。但在檢查哨前，不時可以見挑夫將明顯過重的行李重新打包，有的嚮導、廚師會幫忙分攤挑夫身上的行李，合資雇請一名挑夫的旅客，有時得將自己的行李背過檢查哨，再將行李放回挑夫身上。惡劣的業者，甚至會壓縮挑夫的個人行李，以求更大的團隊行李背負量，好壓縮一名人力，挑夫只好被迫少帶兩條毛毯保暖，以免丟工作。

＊＊＊

第二天往死女人口的長階梯，是整段古道最吃重的路程。一位稚氣未脫的年輕挑夫趴在路邊嘔吐，幾位年長挑夫輕輕拍著他的背。面對遊客的關切眼光，解釋「first time, first time!」（他第一次來）。

我慢慢走上最後一個階梯，和隊友 Jack 夫婦擊掌，帶著痠痛雙腳與缺氧的腦袋坐下。休息後剛要啟程的 Bañares 迎面走來，對我豎起大拇指，他不停嚼古柯葉、腰間掛著半瓶玉米酒 chicha。這是印加挑夫的提神之道。

晚餐後，我請導遊 Globial 當翻譯和 Bañares 聊天，他說，他來自奧揚泰坦博（Ollantaytambo）附近的一個小村，繼承父親一小塊馬鈴薯田。當時印加古道健行風氣初盛，他和朋友一起應徵當挑夫，兩個

1 挑夫大半輩子背著比自己高的沉重行囊，為旅客圓一個印加古道的夢。**2** 穿著陳舊拖鞋的挑夫，雙足的泥塵怎樣也洗不淨。

兒子出生時，他都在印加古道上工作。

老婆過世後，大兒子子承父業，脊椎沒幾年就被過重行李壓傷，改到庫斯科的餐廳當服務生。小兒子不想步上哥哥的後塵，當兩年挑夫後想轉行當嚮導，多賺點錢。Bañares 這個月接了六趟印加古道的差，想幫兒子籌學費進修。

「我用一輩子幫你們這些登山客完成印加古道的夢想，我的夢想，卻是趕快離開這個古道。」Bañares 的雙腳和皮革一樣硬，背已挺不直，他說，等小兒子當上嚮導，他就要回家照顧那畝小小的馬鈴薯田。

比起挑夫，嚮導確實有更好的待遇與較佳的工作品質。當包含 Bañares 在內、年齡足以當 Globial 父親的挑夫們幫廚師打水、切菜、生火時，Globial 拿出智慧型手機，戴上耳機，躺在廚房帳旁的樹蔭下午睡。

＊＊＊

從第二天開始，Globial 就反覆提醒我們要在最後一晚給挑夫、廚師還有他一點小費[註11]。這是印加古道團的不成文規定，祕魯政府規定印加古道挑夫的日薪至少四十三索爾（Soles，一索爾約等於十元台幣），但就像挑夫背負的行李一樣，並非每間旅行社都會遵守規定。祕魯印加古城庫斯科有上百家承接印加古道行程的旅行團，價錢從六百五十美金到三百八十美金都有，低廉價格來自被壓榨的人事成本，一般而言，低於四百八十美金的團，挑夫就很難得到合理的待遇。小費不僅是旅客對挑夫的感謝，也是讓挑夫得到合理報酬的方法。

註11：小費由全團旅客一起合給，給多少隨服務品質自由心證，但有些嚮導會「強烈提示」一個價碼或給客人一個「公定價」。一般而言，嚮導得到的小費最多，其次為廚師、挑夫，若覺得服務品質差，小費就給少一點。Globial 的講解很陽春且錯誤百出，我們常跑去別團偷聽，最後，我們壓縮他的小費，多拿一些給挑夫。

我這團的報價是五百美金，Globial 透露挑夫的薪水一共是兩百索爾。但在一般情況下，旅客很難得知挑夫的實際薪資，一來我們不會說挑夫的語言 Quechua，很難直接從他們口中知道答案；二來挑夫未必誠實，有人為了拿到更高的小費而少報薪水，沒拿到基本工資的挑夫，也不敢說實話，以免自斷工作機會。

第三天晚上，廚師端出分量驚人的離別大餐，有烤肉、炒飯以及披薩。我們和挑夫與廚師道別、給小費，催促他們趕緊休息。明天清晨，他們要搭最早班的火車回家。睡前去上廁所時，我瞥見 Bañares 站在廚房帳外，就著頭燈的光線，將小費一張張壓平，小心翼翼折起，珍而重之地放進口袋，像是珍藏一張張通往夢想的門票。

POST 過場 LSC

馬丘比丘

印加古道第四天，凌晨三點半起床，四點出發排隊，哨口一開，大夥在古道上衝刺，只為趕上第一道照在馬丘比丘上的曙光。早上六點，我站在太陽門前，看著宛如印加巨人側臉的山峰在眼前浮現，感動與疲倦一下子湧上，終於到了。

印加古道蚊子很多，太陽門一帶的攻勢尤其猛烈，臉上一下子被咬三個大腫包，我趕緊拿出綠油精止癢。過了一會，Jack 看我淚水直流，連忙遞上兩張面紙「妳未免也太感動了！」

啊⋯是感動沒錯，但這淚水其實是被綠油精激出來的⋯⋯

祕魯・亞馬遜

雨林日記

第一天&第二天，塔拉波托─尤里馬瓜斯─拉古納斯

被一陣夾帶泥塵的熱風嗆醒瞬間，我還以為自己回到台灣的阿里山公路上。

在位處赤道上的厄瓜多旅行半個多月，所到之處的高海拔不僅讓我離不開外套，後腳跟還凍出兩條裂口。來到十四小時車程外的祕魯，潮溼炎熱的空氣回到低緯度國家給我的印象，從奇克拉約（Chiclayo）搭上只要正常車票半價但沒有空調的 local bus，又是十四小時夜車，緊接著一身黏膩地擠上只要十祕魯索爾就能搭到七十二公里外尤里馬瓜斯（Yurimaguas）的小巴，原本限載十五人的空間經座椅重新拆解、空間最佳化運用後，塞了二十個大人一個小孩。車子在一陣噪音與黑煙中駛上彎彎曲曲的公路，以前的我一定又暈又吐，現在的我只找到空隙伸腳，把鼻子湊近窗戶避開前座老伯濃重的頭油味，抱緊背包，就貼著車門睡著。

被嗆醒後發現車子停了，前方修路交管，大家紛紛下車放風。這裡和阿里山公路有八成像，頻繁彎道外那填滿視野的、新鮮的綠，因雨季鬆軟坍塌的道路、來來去去的修路車輛，若不看沿途的闊葉植物、偶爾出現的水田與讓衣物黏在身上的空氣，真會覺得自己在台灣的山裡。

二十多分鐘後，車陣又動起來，前座的阿嬤悶到中暑暈眩，旁邊乘客七手八腳扶她下車。決定從這條路線進雨林，就是想避開觀光區亞馬遜的遊客人潮，而兩天下來，整路除了一個來祕魯志工旅行，要從尤里馬瓜斯搭船到伊基托斯（Iquitos）的德國女孩，還真的半個遊客都沒遇到。

尤里馬瓜斯市中心緊鄰河畔，有個熱鬧的大市場。往拉古納斯（Lagunas）的快船五個半小時，早上九點發船，有兩間船公司承包，殺價後的船票四十索爾；便宜十索爾的慢船則要十二小時，沒有座椅，乘客得自備吊床。考量時間壓力，我最後選了快船。

純樸寧靜的拉古納斯，亞馬遜雨林的入口。

第一天在亞馬遜河上下榻的水上小屋，
是嚮導口中的「高級旅館」

隔天一早，背包和醃菜、麵包、水果與瓦斯爐等要運往拉古納斯的日用品一起上了船，賣報紙、賣早餐、賣點心的小販已兜售一輪，船還在原地等旅客坐滿。十點，船終於開了，行駛在河面上的快船很平穩，加上涼風、水花與奔放的拉美音樂，比搭長途巴士舒服許多。船家沿途接著電話，不時在岸邊小碼頭載客，中午還停靠一個河邊小村讓乘客買午餐。顧客太踴躍，停留時間太短暫，最後大家把錢往岸邊丟，小販把用棕櫚葉裹著的炸魚、米飯往船上拋，船板上熱鬧地滾著十幾團午餐。

祕魯東北方的河岸小村莊拉古納斯是前往帕卡亞・薩米利亞國家自然保護區（**Reserva Nacional Pacaya Samiria**）的主要通道。塔拉波托、尤里馬瓜斯有能用英文溝通的旅行社承包，拉古納斯沒有英文導遊，只有純西文團。當然，中間經手的業者愈少，價格愈便宜，藉由一位台灣背包客提供的資訊，我直接到拉古納斯找旅行社，也幸好有她先和老闆娘搏過感情，我雖然只有一個人，還是用三歲小孩程度的西文拿到不錯的折扣。

拉古納斯只在晚上六點到早上六點供電，村裡只有一家網路速度不到尤里馬瓜斯三分之一，價格卻貴三倍的網咖。武器廣場路燈周圍下雨般落滿驅光性甲蟲，飛蛾與蚊子不斷掉進我的晚餐裡。晚上十一點，整個村莊跳電，**hostel**門一開，螢火蟲在眼前緩緩閃著光，這就是雨林的入口。

第三天，帕卡亞・薩米利亞國家自然保護區

進雨林的前一刻，我邊吃早餐邊看著嚮導**Aquiles**修補**Gatawa**獨木舟底部的裂縫，開始懷疑這艘陳舊的小船該怎麼載兩個人度過四天。

帕卡亞・薩米利亞國家自然保護區內沒有電力也無飲水補給，進保護區的觀光船全是人力划槳，導遊大都只帶簡單的食材乾糧，其餘全取自雨林。**Aquiles**在船底墊上竹條，將蛋、麵包、釣竿、魚網、魚叉等一一搬上船，把一塊海棉軟墊倚著一袋米對折固定，示意我上船坐好，便抄起葉子形狀的船槳往前划。接下來的四天，除了少數居民的柴油引擎小船，再也沒聽過任何人工機械的聲響。

Aquiles 三十八歲，當導遊十四年，左手有塊被食人魚咬傷的疤，「那魚很小，再大點的魚可以把我整支手腕咬下來。」我們用翻譯 app 搭配比手畫腳溝通，二十七歲還獨自旅行的女生對他而言很不可思議，在拉古納斯，這是生養第四或第五個孩子的年紀。

今天的河平靜無波，時間也像是在這裡黏滯，濕暖的空氣讓人昏昏欲睡。這裡有幾個主要河道，但 Aquiles 往往直接切穿樹叢，在茂密的水生植物與植物氣根間找出捷徑，穿過一片橫倒的樹木，又是下一片寬闊的綠色風景。他們沒有 GPS，卻能從植物的生長方式、動物分布與太陽星辰辨別方向，我問 Aquiles 曾不曾迷路，他說，在河上成長的孩子，不會在自己的家裡迷路。

獨木舟比想像中牢靠，但裡頭一直有不知是從外頭潑進來還是底部滲上來的水，每隔一段時間就得停船舀水。每停一次，就能查覺到雨林聲響的變化，從入口處的蟲鳴，慢慢加入金剛鸚鵡的叫聲，猴子在枝頭高處擺盪的騷動，還有遠處紅吼猴（Mono Rojo）的驚人吼聲。今天陽光好極了，不少烏龜攀上河面的浮木曬太陽，黃色與橘色的蝴蝶團團繞著烏龜飛舞，問 Aquiles 為什麼會這樣，他回答「they are friends……」（他們是朋友）。雖然我比較期待生物共生之類的科學說法，但對當地人而言，或許生物間的關係就是這麼直觀，根本不必解釋那麼多。

第一晚下榻河上的小屋，床墊混著濕氣、汗味和霉味，天黑後只有蠟燭照明，蚊子發瘋似地兇狠。這裡的管理員說，六到十月的乾季是造訪帕卡亞・薩米利亞的最佳季節，那時河水退去，動物往低處遷徙，夜晚拿手電筒往樹林一照，整片都是亮閃閃的動物眼睛。管理員某年不得不暫時關閉小屋，因為整個河床上爬滿烏龜，叫聲與龜殼摩擦的聲響大到無人能忍受。從拉古納斯出發，十七天船程可以划到雨林最深處，那裡有平靜的河水與多到數不清的鳥類、猴類與又稱粉紅海豚的淡水豚（river dolphin），古老且盤根錯結的樹木，還有最亮的星空。

夜晚的雨林充滿各種蟲聲與蛙鳴，今晚沒有月亮，星星的倒影在河面上輕輕搖晃。我走到木頭圍籬的盡頭往下望，那像是整片宇宙倒進亞馬遜河裡，而我漂浮其上。

第四天，帕卡亞．薩米利亞國家自然保護區

今天的陽光比昨天更烈，空氣更黏。穿上長袖長褲戴上帽子，仍能清楚感受陽光和厚重的蚊蟲一起咬著我的皮膚。整片雨林比昨天安靜，所有生物似乎也躲進更深的陰影裡。

在河上有大把大把的時間可以消耗，畫著畫寫著日記，想著可能得先在利馬多停一天買相機電池，後面行程又要重改一次，丟掉的台胞證該在哪補，中國大使館怎麼都沒有回訊，似乎該開始看明年回台灣的機票了……太陽慢慢往頭頂移動，四周愈來愈熱，愈來愈昏，我在毫無知覺下睡著，夢中又回到去年在日本旅行的六天，每個細節清晰無比，換和服時編梳長髮的力道，道頓堀街頭的雨，拉麵的香氣，擁擠人潮的溫度，什麼都不必擔心，有人可以全心信賴的感覺。　切瞬間抽離，我從船上坐起來，朦朦朧朧聽到 Aquiles 轉頭問「muy bien?」（還好嗎），我咕噥答「bien」（還好），又倒回船板上。另一個夢境裡，我回到 Quitumbe 車站，這次把背包背在身上一起帶去洗手間，那天早上的天氣好極了，順利搭上車，去旅館放完行李，我在 old town 慢慢散步，行人的臉孔都是我思念人們的臉。

再一次坐起身，回到現實的感覺糟糕無比，頭很重又想吐。

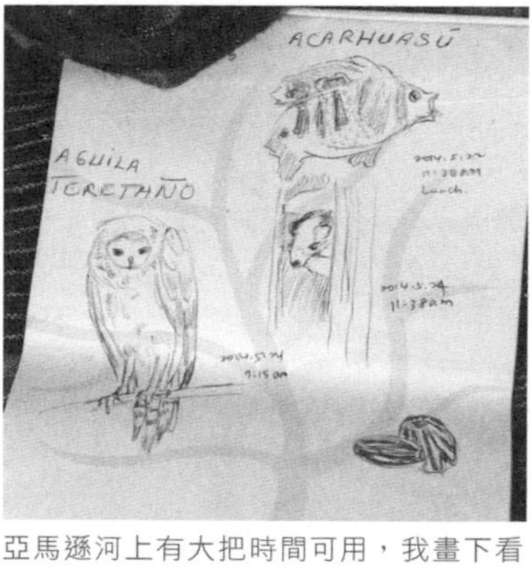

亞馬遜河上有大把時間可用，我畫下看見的種種生物，請 Aquiles 幫我寫下牠們的名字。

我不知道中暑的西文該怎麼講，只叫 Aquiles 先等一下，他大概明顯看出我有多不舒服，把船到陰影處停好，把早上摘的檸檬摻進水裡讓我喝下，加速划到今天住宿的草棚。我倒在吊床上，這次睡得很沉很沉，醒來時外頭下起午後雷陣雨，淋著雨走到河邊，把腳伸進冰涼的河水，早上的一切似乎更像場夢境。

昨天在小屋遇到的加拿大姊弟不久也到了，兩人曬得紅通通的。姊弟的父母都是音樂家，大三升大四的姊姊雙主修環境工程與西文，七週在祕魯的旅費是當音樂家教存起來的。高中剛畢業，準備進大學主修歌唱的弟弟正和許多同儕一樣享受進大學前的 gap month，祕魯後飛美國帶夏令營，把這趟花的錢賺回來。我們在草棚聊到雨停，划船到另片雨林找凱門鱷。

雨後的地面每踩一步就把腳黏住，Aquiles 砍樹枝充做登山杖，一接過就是幾十隻螞蟻往手臂上竄。地上有美洲獅（puma）的腳印，紅吼猴的吼聲像是穿過樹梢的暴風，樹齡千年的板根植物從水中升起，有的汁液可以治傷口，有的可以治胃痛腹瀉，在這裡受的傷生的病，總能在這裡找到解藥。

路的盡頭是一片水塘，浮著一條小小的凱門鱷。我們慢慢接近，水塘附近突然傳出一陣吼聲，嚮導們說那是母鱷的叫聲。在水塘邊等了許久，母鱷一直沒現身，只能從吼聲推斷牠有多大。

晚餐後和加拿大姊弟划船出航，手電筒的光照出在枝椏上休息的鳥，船行到下午登岸的地點，Aquiles 要我們等一下，他消失在叢林裡不到十分鐘，出來時手上抓著一條小凱門鱷，這感覺實在太超現實。從他手裡接過冰涼的小鱷魚，感覺牠粗糙的皮膚似乎只是鬆垮垮地覆在底下的血肉上。河水輕輕拍打著河岸，某處有隻牛蛙叫個不停，千萬隻昆蟲的鳴叫聲有如環繞音響。整個晚上，雙耳就被這些聲響填滿。

1 第二、三天睡在草棚上，床墊上架著蚊帳，區隔瘋狂的蚊蠅。
2 小凱門鱷。**3** Aquiles 總能邊划船邊指出有完美保護色的生物。

3

2
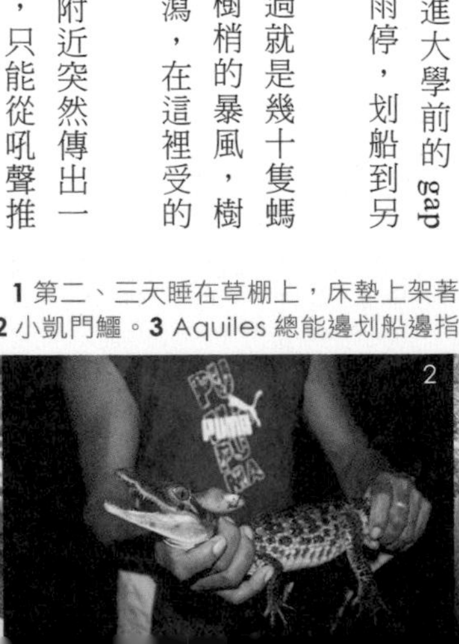

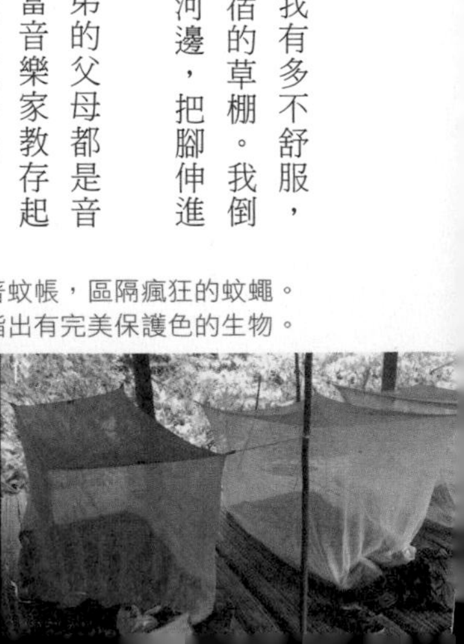

第五天，帕卡亞 • 薩米利亞國家自然保護區

我沒那麼愛吃魚，一定是因為牠不夠鮮。

當 Aquiles 問我這幾天餐食吃魚好不好，我其實沒什麼想法，但河上除了魚似乎也沒別的主食，因此我只是興致盎然地看著 Aquiles 釣魚，對那魚會是什麼滋味，其實沒有特別期待。這裡釣魚不用麵包蟲或其他人工餌食，每種魚出沒的水域，自有吸引牠們的果子。第一天，Aquiles 摘了深紫色，很像藍莓的 Palometa Huayo 穿在魚鉤上，朝水面甩兩下開始垂釣。這果子是 Palometa 的食物，我們花了不少時間等待，有時果子被吃掉，有時上鉤的是幼魚，Aquiles 總把牠們放回水裡，只捕成魚。

到了中繼的水上小屋，Aquiles 在獨木舟上現場去鱗清理內臟，升起柴火，把魚煎得噴香。熱呼呼米飯拌著魚脂，加上馬鈴薯與番茄，遠比我想像中豐盛。鮮嫩的魚肉完全對我胃口，這是我吃過最美味的魚。

隔天，Aquiles 用一種青色果子釣起 Acarhuasu，油炸到連魚骨都酥脆，搭配麵包與炸香蕉。今天則用魚叉捕到有著長鬍鬚的 Barba de Gato。我以為每位嚮導都是好釣手，直到聽說別的旅客四天只吃過一次魚，其餘時間都以麵包、馬鈴薯裹腹，才知道魚獲多到可以分給別人的 Aquiles 釣魚功夫有多了得。

四天的 tour 可以到達 Lago Panteon，粉紅海豚的棲地。這季節水位還很高，海豚潛得深，游得也快，旅行社事前已為我做過心理建設不一定看得到，但早上剛划出小屋，就看到水面一陣擾動，一條有著超粉紅背鰭的魚快速躍出水面，又潛入水中。來回兩趟，速度快到我相機都來不及拿，牠又潛入更深的水底。Aquiles 一副大功告成的表情急忙回頭往來時路划，我實在很想再待久一點，但滿天厚重雲層像是隨時會下起大雨，還是妥協了。

1 一隻紅吼猴躍到另一棵樹上。**2** 非常擅長捕魚的 Aquiles。
3 自然保護區內只能搭乘人力划槳小船。

下午果然下起傾盆大雨，Aqiles 拉起防水布，把我連同行李一起蓋住。不透氣的防水布好悶，我脫掉鞋子，拉開布一角把腳伸出去，冰涼的雨水打在滿腳通紅的蚊子腫包上，緩解鑽進骨髓裡的癢。

又回到第一晚下榻的水上小屋，今天除了我和加拿大姊弟，還多了對從紐約來的情侶、兩個在尤里馬瓜斯動物護育機構打工換宿的加拿大男孩、一個打算花兩年環南、北美，靠帶營隊或打工換宿賺旅費的美國男生。從傍晚到深夜，我不斷繞著屋子找人講話，聊旅行，聊各自的國家，聊人生，最後甚至詫異自己哪來那麼多話好講。或許是歷經三天與 Aquiles 緩慢且詞彙有限的西文溝通讓人疲乏，又或許，我真的需要找人說說話。

第六天，帕卡亞・薩米利亞國家自然保護區—拉古納斯

一個人進雨林的好處就是獨占整條獨木舟，清晨五點，我平躺在小舟上，聽著雨林各個角落的蟲鳴逐漸轉為枝頭上愈來愈熱鬧的鳥鳴，還有點睏卻又捨不得睡，看著漸亮的天光，感覺自己跟著雨林一起甦醒。

今天一路逆流回到拉古納斯，得早早出發。四點半，背包與剩下的行裝一一就位，脫掉鞋子躺下，把手指伸進涼涼的河水（這水域沒有食人魚）。上次這樣看天空是在厄瓜多的基洛托阿湖（Quilotoa Lake），那時是整片藍天綴點白雲，這次的天空是各式各樣的樹枝剪影，不時有整群的早起鳥兒飛過天空。天再亮一點，可以分辨出樹梢最高處的金剛鸚鵡與樹葉間的樹獺。

Aquiles 邊划槳邊模仿各種鳥類與動物的叫聲，樹獺的叫聲和口哨有點像，只見牠慢慢轉頭往下望，一副很困惑的樣子，發現自己被耍後，又慢慢轉頭，以最慵懶的速度移動到更高的枝頭上。

在雨林生活的人有非常清澈的眼睛，四天來，Aquiles 總能邊划船邊指出遠處樹林中有著完美保護色的動植物，但就算把獨木舟划到跟前，我往往還是得花好大一番功夫才能分辨牠們的行跡。

一個早上，Aquiles和另一船的嚮導在樹叢裡發現Relleno，這種據說是雨林中很罕見的蛇類，我們一個早上看見三條，嚮導們直說我們幸運。其中一條剛飽食一餐，撐滿的肚腹還留著獵物的形狀，嚮導們毫不費力抓起牠，冰冷的鱗片底下可能是魚，也可能是天竺鼠，一放手，牠噗通一聲滑進水裡，瞬間就不見了。

早上蒸騰的熱氣迅速在天空堆起烏雲，我拿起另一支葉片狀的槳想跟著一起滑，槳很輕，逆流的河水卻很重，划不到五分鐘就兩臂痠疼。不到半小時，又是陣傾盆大雨，我們在雨中回到帕卡亞・薩米利亞的入口，Aquiles生火煮了番茄義大利麵，mototaxi載我們回到拉古納斯，村裡那座紅白相間的電塔愈來愈近，再度回到文明世界。

第七天&第八天，拉古納斯—尤里馬瓜斯—塔拉波托

這裡的交通從沒個準，昨天原本要搭每週末下午三點到尤里馬瓜斯的慢船，但到碼頭時才知道船早在一小時前坐滿開走了。今天早上七點半再到碼頭等早上八點的快船，看著醃菜、麵包、日用品一包包上了船，最後還登上一頭豬，船還是遲遲不開。十點，已有人不耐地喊vamos（西班牙文「快點」），一對夫妻上船填滿最後兩個位子，船終於動了。

小城鎮的市集與市場總是無比迷人，尤里馬瓜斯有個大型早市，亞馬遜河的魚獲新鮮直送，立刻到架上烤得酥脆，佐絲蘭（yuca）或烤大蕉成為當地人的早餐。五〇〇c.c.現打果汁或蘆薈汁只要一索爾，包雞肉的大顆黃米粽子兩索爾，焦糖奶油千層派一索爾，各類小點心〇．五索爾，當然還有當地人最常吃的雞湯麵、炒飯以及各式各樣叫不出名字的水果。午餐時間，一個含湯、飯、飲料Chicha morada的套餐六索爾，祕魯套餐的附湯一點也不隨便，裡頭有煮得軟爛的細麵或筆管麵，好一點的加一塊雞胸肉，最差也有個雞爪，光喝湯就六分飽。主餐大都是雞肉加馬鈴薯、紅蘿蔔與豆類和大份量米飯，食材便宜，足夠的澱粉很有飽足感，是不少藍領階級的體力來源。

祕魯菜的口味和台灣相去不遠，不像阿根廷與巴西的重鹹重甜，一回在市場吃到一種蒸蛋包雞肉，那蛋的味道簡直台灣味，叫人好懷念。

除了食物，還有各類〇．五索爾起跳的五金雜貨，妙的是每攤賣的東西不出清潔劑、廚房用品、髮飾與鑰匙鎖頭，攤位擠成一團，卻都生存得下去。走到市場邊緣，有人肩上掛著隻小猴子逛街，再往前走，連蛇皮（一張五十索爾）都掛出來了。攤販沿著大街延伸到港口，這亞馬遜河畔的市場讓我逛了快三小時還不膩。

在智利、阿根廷、巴西大城鎮沒見過幾輛機車，祕魯不少城市都由 mototaxi 代步，摩托車後方加掛座位、雨遮，車資依距離和駕駛講價，一索爾起跳，比計程車便宜得多。但車子老舊又太操，搭過許多次狀況百出，有熄火、掉鏈甚至差點撞到人，從塔拉波托的 hostel 出發趕飛機，mototaxi 鏈條竟然整個綳斷，駕駛只好再另外幫忙叫車。

從塔拉波托飛回利馬，透過滿是刮痕的窗戶往外看，亞馬遜河在茂密的雨林間蜿蜒，火紅的日落讓河面閃閃發光。這一切就像電影場景，而我這一週身處其中。

1 我、Aquiles、加拿大姊弟與他們的嚮導。**2** 尤里馬瓜斯的大型早市，讓人逛不膩。**3** 亞馬遜河的水上人家。

祕魯・拉古納斯

雨林的選舉場

從雨林回來那天，平日沒幾個人的拉古納斯大街上擠滿 mototaxi，上頭插著寫著 2015 — 2018 Movimiento Integración Loretana 等標語。原來是拉古納斯所屬的洛雷託大區（Loreto）要選市長，候選人今晚來這造勢。

看起來性情平和純樸的居民對選舉其實滿熱衷的，mototaxi 的行駛速度比平常快一倍，跟著人群慢慢逛過去，想起台灣的小販在白熾燈下賣豆花、烤香腸與雞蛋冰，這裡的小販則點蠟燭賣炸香蕉、chicha、炸魚與包魚肉的 tamale；人群拿著選舉旗幟往前集中、舞台布景上大大的候選人頭像與標語，一旁分不清是競選團隊還是警察的人拿著 DV 全程錄影，台上政治人物拿著麥克風排排站輪番助講，那手勢、表情、語氣，加上幾發聲音不小但沒有火花的暖場煙火，這感覺和台灣太像了。

站在台下聽了一會……怎麼有幾個單字這麼耳熟？Casa（家園）、Cooperacion（團結）、ayudar（幫忙）、politico（政治的）、soporte（支持），還有每個句尾必大力強調的 mi amigo（我的朋友），最後高呼候選人名字後群眾回應 muy bien（最棒），這大概就是祕魯版的的凍蒜吧……就算差了半個地球，選舉語言還是沒差多少啊！

從地圖上看，Loreto 幾乎被雨林覆蓋，較大城鎮尤里馬瓜斯和稍具規模的聚落拉古納斯間就得搭六小時的快船，更別說許多居民散居在唯有小舟才到得了的雨林深處。想在這裡跑攤肯定不容易，要凍蒜又是另一門學問了。

秘魯・塔拉波托─尤里馬瓜斯─塔拉波托─利馬

一五〇〇公里的電池旅程（下）

「Donde venden este tipo de la bateria?」（哪裡可以買到電池）來到祕魯塔拉波托的旅遊詢問處，我第一件事仍是用破碎單字拋出已問了不下數十遍的問題。

詢問處的阿姨露出很為難的神情，在地圖上圈出一個大圈，「相館和3C用品都在這裡，但應該是沒在賣這種電池……」

塔拉波托的3C用品店集中在廣場南側的三個街區，走進第一家店就看到櫥窗內擺著Canon t3i（600D在美洲銷售的型號），頓時精神一振，上前指著相機問店員「Bateria?」（賣電池嗎）？

「No.」店員搖搖頭，我傻眼，「Por que?」（為什麼？）

店員解釋一番，總之就是「我們賣相機，但不賣相機電池。想找電池，請去首都利馬的總店找。」能不能調貨，我過幾天再來拿？抱歉，沒有辦法。

走到另條街的祕魯3C用品連鎖店Radio Shack，依舊沒有這款相機電池。沿街把視線所及的相館問過一輪，各間店賣單眼、賣記憶卡、賣USB，但就是沒電池。日正當中的黏膩高溫讓肩上兩個背包愈來愈重，大街小巷走了一個多小時，我最終還是趕去車站，在天黑前抵達尤里馬瓜斯。

吃完晚餐，又把視線所及的相館掃過一遍，市場旁很和藹的沖印店老闆聽完我覆述不知第幾次的相同問題，瞇眼笑著猛點頭，開始翻抽屜。不會吧？找了大半個厄瓜多都沒見到的單眼電池，該不會在這亞馬遜河畔小鎮出現了？

果然，老闆笑吟吟地抽出一個電池充電器，「妳是要充電嗎？跟我來！」唉，我的西班牙文還是差得讓人會錯意啊……

在老闆宣告這類電池只有在利馬才找得到後，我帶著僅有的一顆電池在雨林度過四天。回尤里馬瓜斯船上遇見的旅伴 Markus 同樣愛拍照，無論到哪單眼都不離身的他聽完我的遭遇，對有好畫面卻得省快門的心情深表同情。到了塔拉波托，我們擴大搜尋範圍，把廣場周圍所有可能賣相機、賣電池的店家問過一輪，一間小電器行的老闆抄給我們一個沒見過的地址，「他們有賣相機電池！」

又是精神一振，拿著地址到處問人。找到店家，櫥窗內果然擺著單眼，但答案仍讓人洩氣「我們賣相機，但不賣電池！」

「能不能把那套 T3i 附的電池直接拆出來賣給我？算貴一點沒關係。」我真的累了。

「不好意思，店裡這組相機原本就沒附電池喔！」

為什麼會有「賣相機但沒電池」這種事呢？買一台沒有電池的相機回去有什麼用呢？我不懂、我不懂啊……

從塔拉波托飛到利馬，機場免稅店也沒賣 Canon 單眼電池，只好先在利馬多待一天，背包客棧祕魯板板主 w771 好心提供利馬大型電器用品公司 Hiraoka 位於 Miraflores 區的地址，明天繼續展開尋找電池之旅。

晚上抵達下榻的 Hostel Espana，混宿房間門一開，房內已有位有著開朗笑容的亞洲臉孔住客。一問之下，他竟是先前幫了我大忙的厄瓜多台灣商會榮譽會長黃鉞凱先生不時提起、正在單車環球的陳同華大哥。入住這間 hostel 原不在他計畫中，但他日前行經祕魯北部時不幸遭搶，單眼相機、手機、衣物等必須且具紀念價值的物品被劫匪奪走。在駐祕魯台北經濟文化辦事處與當地熱心的 Cesar 先生幫忙下，他先在利馬住幾天，處理後續事宜。我倆一個被偷一個被搶，都不得不滯停利馬，也才串起這段令人啼笑皆非的奇妙緣份。

陳大哥也愛拍照，相機更是他記錄旅程的重要工具。在友人自台灣攜來另台相機前，Cesar 先生大方將自己的單眼出借一個月，讓陳大哥的旅程不致耽擱太久。聊著聊著，Cesar 先生推門進來，手上拿著鏡頭保護鏡，還有我心心念念的相機電池。

「這在哪買的啊？」我幾乎要喊出來了。原來，hostel 附近就有間 Hiraoka，十五分鐘腳程，明天不必大老遠跑去 Miraflores。這一路總買不到電池，大概就是要讓我遇見陳大哥與 Cesar 先生吧。

利馬的 Jr.Cuzco 是電子街，沿街各類琳琅滿目的電氣產品與相機，也有個二手市場。市場和厄瓜多的 Montufar 很像，相機、手機、電腦零件細細碎碎鋪了滿桌滿牆。我已不敢想像我那兩台相機被拆成什麼樣子，只盼下個主人好好對待它們。

來到 Hiraoka，店員領我到二樓的相機店，遞給我相機電池，而且可選買副廠，比起原廠又省了筆不小的開銷。電池握在手中那刻，那感動真不是言語能比擬。

這是比規劃自助旅行更耗心神的旅程，走過兩個國家、六個城市、近一千五百公里，我終於買到了——一顆相機電池。

＊＊＊

後來：在我背包被偷的同時，正在環球旅行的夫妻檔「被單與牛」也在南美遺失手機，我們都想找善心人士幫忙從台灣帶電子產品到南美。透過背包客棧的一篇 PO 文，那年暑假去巴西交換實習，並在南美旅行的醫學生航民答應這個艱鉅任務，他硬是在背包空下一個空間，將「被單與牛」的手機，我的筆電、硬碟、國際駕照等貴重物品背到駐祕魯台北經濟文化辦事處。一個月後，使館蘇祕書將這些飄洋過海，命運坎坷的貴重物品交到我手中，還開車載我回舊城區的旅館。經此一劫，我和「被單與牛」與航民成為旅路上交換資訊的好夥伴，各自在地球飄盪的四人，直到二〇一五年初，才在台北聚首。

祕魯・的的喀喀湖&塔基雷島

意料之外的滿月慶典

的的喀喀湖（Lago Titicaca）海拔三八一二米，是世界最高的適航湖，百分之五十四在祕魯境內，包括湖上最大島的另百分之四十六則屬玻利維亞所轄。遊湖的方式有很多種，以祕魯而言，最方便的方式是在普諾（Puno）找旅行社，兩天一夜團會安排遊蘆葦浮島、以男人編織為特色的塔基雷島（Isla Taquile）、晚上大多落腳阿曼塔尼島（Isla Amantani），並安排晚會或當地舞蹈，讓遊客體驗島民生活。

在庫斯科（Cusco）連續跟了幾個團，對成群遊客與導遊催魂般的 vamos（西文的「快點」）感到很倦，加上印加古道後想找個安靜地方休息，在普諾問了幾間旅行社，內容大同小異，最後決定直接到碼頭找船家買蘆葦浮島到塔基雷島的船票，在相對較少遊客住宿的塔基雷島過夜，看的的喀喀湖的日出日落。

1 穿著 Pollera 裙、戴著彩虹頭冠排練舞蹈的女子。**2**、**3** 巧遇 Sikuris de Taquile 慶典，戴著彩虹頭冠的島民在月光下起舞。

在碼頭和兩間船家聊天，幾個年輕人的英文都不錯。聽到我想在島上住宿，他們委婉建議我直接到島上找寄宿家庭，或許比跟團貴一些，但能直接幫到島民生計。的確，《寂寞星球》也提到島民被旅行社過度消費的問題，兩天一夜包住宿三餐的團只要近九百台幣，真的很便宜，但扣除旅行社抽成，有多少錢會真正到島民手裡？

隔天早上六點半到碼頭，不少船家與旅行社上前拉生意，講價後付三十索爾（含蘆葦浮島與塔基雷島的入島稅）上了船，請導遊幫忙聯絡塔基雷島食宿，費用直接付給住宿的家庭。

一日團抵達塔基雷島後，先走十分鐘緩坡到海拔三九五〇、只比玉山低二公尺的主廣場吃午餐，簡單介紹織品與居民服裝特色，大家買完紀念品，就搭三小時的船回普諾。那天登島後直接脫團，到寄宿家庭 David 和 Maria 家吃飯，吃飽了，遊客走光，廣場的餐廳與博物館沒了生意，下午兩點多就一一關上大門。在島上四處閒逛，路邊屋子傳來嘻笑與斷續的排笛聲，穿戴七彩頭冠與披肩的島民正吃午餐，幾個人在旁邊踩著舞步。心想這不知是哪家娶媳婦還是嫁女兒，這麼盛大的排場。

逛完島上 Puruvian 遺跡後繞到小島一頭，又是熱鬧的排笛與鼓聲，中午遇見的同一群人繞著圈子起舞，男舞者披著大紅披肩，女舞者的蓬裙層層疊疊，最外層的裙子是黑色，裡頭花瓣般的七彩布料隨舞步時隱時現。音樂簡單明快，女舞者每轉一個圈，裙襬飄逸，豔麗色彩翻飛，像是黑夜裡突然綻放一朵鮮花。

在小島制高點看完夕陽，繞回主廣場時不禁呆了。上百位穿著鮮豔服飾的島民分兩個圈子，戴著代表的的喀喀湖彩虹的七彩頭冠，隨排笛與鼓聲踏著輕快舞步。一會場邊火光燃現，幾堆篝火讓舞者被高海拔日照與低溫染紅的雙頰更加豔紅。外圍裹著傳統黑頭巾的婦女安靜坐著，靜默的黑對比場內舞動的彩虹色澤。篝火不久就熄了，煙霧瀰漫，光源只剩廣場的兩盞路燈，以及頭頂光芒照人的滿月。這時音樂與舞蹈暫歇，啤酒與點心在場內傳遞，休息近半小時，排笛與鼓聲又很有默契地同時響起，舞者的腳步更輕快暢然，晚風不時吹過悶著暗紅火光的餘燼，濺出一陣火花。

這時才知自己遇上了當地的慶典，晚餐後拉住 David，翻譯 app 搭配照片、比手畫腳與幼兒程度西文問了連串問題。原來這是每年六月與十二月的滿月舉行，半年一度的 Sikuris de Taquile。慶典為期五天，頭兩日在廣場舉行盛大舞會，接著三天由全島六個社群各自舉辦慶祝活動。音樂是 Sikuris de Taquile 的重要元素，這天是慶典首日，排笛與鼓率先登場，明快有力的舞蹈源自戰舞舞步。第二天的慶祝活動更盛大，加入吉他等彈奏樂器，樂手行進演奏，穿過用花朵綴飾的拱門，熱鬧萬分。用 Icha 點燃的篝火預示下一季的收成，火苗愈高，下半年的收穫愈豐、運勢愈旺。

但 Sikuris de Taquile 並非源自塔基雷島的傳統，而是西班牙殖民者帶來的慶典，由四十五公里外的普諾傳到島上，對日夜編織、務農與牧羊，少有機會休息的島民而言，一場盛大慶典給他們換下工作裝束與黑頭巾，穿上自己縫製的漂亮頭巾與 Pollera 裙，盡情跳舞、喝個痛快的好理由。封閉小島讓西班牙殖民者的 party 內化為更盛人豐富的 Sikuris「de Taquile」，目前普諾仍有類似的 Sikuris 活動，但從音樂到舞蹈，已與塔基雷島大不相同。

除了 Sikuris，塔基雷島在四月到全島最高點舉辦祭典，崇敬主導萬物運行的 Pachamama（大地之母）；五月與八月舉辦 Hatrimonio，讓適婚男女尋找另一半；十二月則慶祝耶誕節，另有不少受西班牙或天主教傳統影響，但已內化為當地慶典的小節慶。

＊＊＊

隔天清晨，島民在廣場搭起綴滿鮮花的拱門，兩天一夜團的遊客在早上十點登島，幾位長者開始繞圈演奏、跳舞。但這形式性的表演，和前一晚真誠歡快的慶典氛圍實在落差很大。

一位老婦牽著紮著兩條小辮、穿著大紅裙子的可愛女孩上前，女孩怯怯地扯扯我的衣袖，指指自己，再指著我的相機說「1 soles」。老婦加強似地比出拍照的手勢，「foto, foto」（照片、照片）。

喉頭像是被什麼哽住，我收起相機離開土廣場，身後熱鬧的音樂聲裡，仍傳來細細的「1 soles、1 soles」……

4 瓜地馬拉&墨西哥

POST 過場

安地瓜

一如中南美其他殖民背景的城市，瓜地馬拉的安地瓜是座色彩之城。城中心是石子步道與齊整美麗的彩色房屋，步行二十分鐘，俗艷卻活力十足的野雞車狂按抑揚頓挫的喇叭，揚起泥塵高速駛過凹凸不平的馬路。這季節常有午後雷陣雨，雨停之後，站在鐘樓前待雲朵散開，地上會倒映美麗的水火山（Volcán de Agua）。

這是第一次想在一個地方待下來，學西班牙文、停頓與過生活，但機票與時間都在催促我往前走。離開那天，叫醒旅伴道別，揹起背包，清晨五點半的接駁車載我穿過蜿蜒的山徑與瓜、墨邊關，再次回到一個人。晨光亮起，照亮遠方的山陵，今天是好天氣。

小小的麵包車在山路中奔馳，腦裡不斷播放詹姆仕．布朗特（James Blunt）的〈High〉：

Do you remember the day when my journey began?

Will you remember the end of time?

在世足現場

墨西哥．墨西哥市

我不是足球迷，以往世足賽都是跟著朋友有一搭沒一搭地看重播。直到訂完環球機票，開始規劃南美行程，才發現在南美的大半日子剛好碰到二〇一四年世界盃足球賽。

固然機會難得，一來路線不順，二來消費已是南美數一數二昂貴的巴西，世界盃期間的食宿費用更是天價。我沒將去巴西看世足排進行程裡，反正到時沒時差，在 hostel 看直播就好。

四月到巴西，世足賽的氣氛已相當火熱，從鑰匙圈到比基尼，所有想像得到的商品都掛上巴西國旗或「FIFA」的 logo，更別說連雜貨店也在賣的黃綠相間球衣。球賽開打當天，我在祕魯第三大城阿雷基帕（Arequipa），和人潮擠進炸雞店，同步感受這項盛大國際賽事的激情。

先不論世界盃在巴西帶來的爭議，親身站在現場感受南美人對足球的狂熱，是件相當有趣的事。因西班牙殖民背景，每個南美城鎮幾乎都以「武器廣場」（Plaza de Armas）為中心，每逢賽事，廣場就會搭起一個大螢幕，民眾扶老攜幼帶著點心飲料一起看轉播，跟著每個得失分歡呼或嘆息，有點像是亢奮版的台灣蚊子電影院。

到了墨西哥首都墨西哥市（Mexico City），賽事已如火如荼進行到十六強，住同間 hostel 的韓國人 Lee 從我認識他第一天，就喊著要去憲法廣場（Zocalo）看墨西哥對荷蘭的轉播，還事先為我惡補兩隊的優勢、劣勢。既然來到這裡，怎能不當個一日球迷，開打那天，我們一早就去佔位子，戴寬邊墨西哥帽、身穿綠色球衣的球迷將憲法廣場擠得水洩不通，場中央架起巨大轉播螢幕，小販兜售墨國國旗轉印貼紙或為球迷臉頰彩繪，漂亮火辣的工作人員發放免費冰棒消暑，現場瀰漫興奮又緊張的氣氛。

等了一個多小時，比賽終於開打。看著球迷高唱國歌的誠摯臉龐，想起以前在台灣看棒球時的心情，心中跟著激動起來。

比賽上半場，兩隊拉鋸，高溫濕熱天氣讓荷蘭隊施展不開，主審還啟動世足史上頭一遭「降溫休息時間」（cooling break），讓雙方球員到場邊喝水。緊張情緒高升，當墨西哥前鋒多斯桑托斯下半場一開始就破門得分，廣場的尖叫聲幾乎要震破耳膜。原本支持荷蘭隊的 Lee，不知什麼時候也變成墨西哥球迷，拉著我一起歡呼。

這球讓荷蘭隊緊張起來，但幾次進攻都被墨西哥門將歐喬亞擋下。眼看比賽時間進入倒數，墨西哥勝券在握，正當球迷們高聲唱起加油歌、呼口號，荷蘭隊斯內德一腳破網將比數扳平，現場一陣慘叫，緊張情緒升到最高點。

下半場傷停時間第四分鐘，荷蘭隊羅本絆到墨西哥球員飛摔在地，當裁判向墨西哥隊高舉黃牌，判荷蘭隊罰十二碼球那刻，全場都沸騰了。「這什麼鬼？」Lee 破音大喊，所有能聽懂的西文髒話如潮水般從四面八方湧來。這張黃牌可說是判了墨西哥隊死刑，不出所料，荷蘭隊替補前鋒亨特拉爾罰球入網，荷蘭隊晉級八強，短短不到十分鐘的逆轉勝，留下一臉錯愕的墨西哥球迷。龐大人潮像是洩了氣的皮球，異常安靜地離開廣場。

「贏了！贏了！」人群後方傳來不合時宜的歡呼聲，一名穿著荷蘭球衣，全身亮橘色的男子高聲歡呼，揮舞荷蘭國旗跳來跳去。現場沉默一秒，接著飲料罐、水瓶、紙屑紛紛朝男子飛去，男子一面揮開從天而降的垃圾，一面手舞足蹈，開心地似乎要掉下眼淚。

離開廣場，Lee 帶我去吃墨西哥特別的焗烤仙人掌，電視正重播方才賽事的畫面，亨特拉爾罰進那刻，鄰桌大叔重捶一下桌子，桌上餐盤啤酒跟著跳起來，他大喊：「墨西哥最棒！墨西哥加油！」周遭客人紛紛鼓起掌，露出笑容應聲「墨西哥最棒！墨西哥加油！」我也笑了起來，這場景在台灣似曾相識，在為我們的隊伍加油同時，也為自己加油。

1 墨西哥球迷扶老攜幼，盛裝打扮看球賽。**2** 墨西哥前鋒多斯桑托斯破門得分瞬間，廣場的尖叫聲幾乎要震破耳膜。

國旗下飄揚的彩虹旗

墨西哥・墨西哥市

搭地鐵從車站前往 hostel 的路上，就覺得這城市的氣氛有些不一樣。

車廂裡幾個年輕女孩披著彩虹旗，綴著細碎的花朵髮飾；轉車時和兩個已畫了半臉的妝，手上提袋露出幾撮羽毛的男孩擦肩而過；一對頭髮染成粉紅、水藍與淺綠色，打著彩虹領帶的情侶，手牽手跑向地鐵通道另一端。

三小時後來到墨西哥市的主廣場憲法廣場，四周圍起護欄封街，廣場一角架起氣派的主舞台，五顏六色的變裝男女來回穿梭，艷麗的變裝歌手沙啞著嗓音唱拉丁情歌，兩個緊摟著彼此的男孩在副歌時轉頭擁吻。

多數中南美國家對同性戀持開放態度，但墨西哥市是第一個讓同性婚姻合法化的拉美城市。市議會於二〇〇九年投票通過同性婚姻法案，二〇一〇年生效。該法案不僅讓同性婚姻合法，同性婚配偶還能領養小孩、共同申請貸款、繼承遺產、成為彼此保險受益人。讓兩人一如多數異性婚姻的愛侶，婚姻不僅是情感上的結合，還能讓下半輩子多些法律上的福利與保障。

當然，對墨西哥天主教會而言，這法案簡直造反了。同性婚姻支持者與反對派口角衝突不斷，墨西哥第二大城瓜達拉哈拉（Guadalajara）的羅馬天主教樞機主教，甚至在談話中暗示時任墨西哥市市長的 Marcelo Ebrard 行賄最高法院，好讓法案通過；Ebrard 立刻向法院遞狀控告主教詆毀名譽。為此，瓜達拉哈拉的同性婚支持者在大教堂旁廣場高舉「感謝上帝，我是同性戀者」標語；

天主教徒則在教堂門前集會禱告。教會之外，墨西哥聯邦檢察長辦公室甚至以「同性戀法案違反憲法中家庭和保護兒童內容」為由，向墨西哥最高法院提起訴訟。

無論這些風風雨雨，現在同性戀人們已經大方牽手走過墨西哥街頭，六月同志驕傲月，墨西哥市依往例在六月最後一週舉辦大遊行，今年約有五萬人參加。憲法廣場巨大的墨西哥國旗下方，無數面大小彩虹旗在藍天白雲下飄揚，另一側的背景則是墨西哥城主教座堂（Catedral Metropolitana），墨西哥的天主教中心。

和旅伴 Lee 走過擁擠人潮，最讓人印象深刻不僅是藍天下飄揚的彩虹旗與令人目眩神迷的變裝男女，而是許許多多帶孩子一起參加遊行的父母。他們是異性戀，但讓孩子了解愛情不只存在於男與女之間；在愛惜且妝扮自己的身體之外，也能尊重他人妝扮自我的方式。

離開人群，我們繼續走到超級市場。兩個年輕大男孩迎面走來，左邊那位抱著一個熟睡的小孩，右邊那位提著滿手雜貨，兩人低聲說笑，正如兩旁趁週末到超市大採買的年輕夫妻。

Lee 轉頭問「…they are?」（他們是嗎？）

我想是吧。幾步後往回望，右邊那位男孩空出一手，輕輕搭住左邊那位男孩的肩。

今天的最後，Lee 不敢置信似地說：「這裡的同性戀人比我想像多很多啊，平常怎麼看不出來？」

因為他們就和你我一樣，在這個城市裡工作、生活、戀愛、組一個家。唯一不同點，是他們愛著的，是相同性別的另一半。

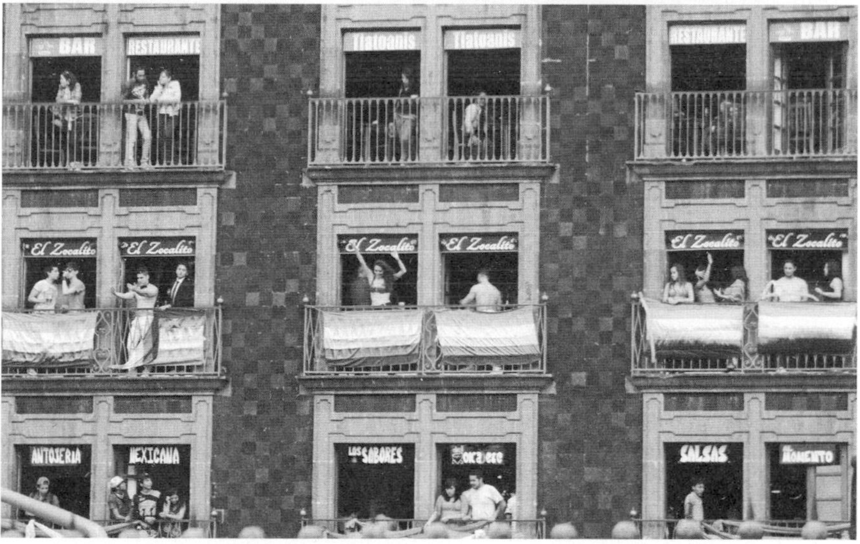

1 彩虹旗在墨西哥城主教座堂前飄揚。**2** 憲法廣場旁的大樓，正熱鬧舉辦彩虹 party。

9 美國

美國・紐約

自由女神

自由女神像下，一位華人面孔女孩請我幫她拍照，她雙手高舉，在自由女神像前跳起來。把相機還她時，我們端詳彼此面孔，異口同聲：「妳從台灣來嗎？」然後相視大笑。

女孩從小就喜歡畫畫，大傳系畢業後到美國念藝術史。這是她的第一年，也是美國夢的第一步。在暑期打工開始前，她給自己一個短短的假期，到紐約透透氣。

「剛剛去愛麗斯島的移民博物館，我眼淚都要流下來了。」女孩感動地說。愛麗斯島距自由女神像所在的自由島僅十分鐘船程，一八九二年到一九五四年是移民管理局的所在地，現在變成博物館，展示各地移民來到美國的史料與影像、語音記錄，當年的行李、隨身物件、如何通關、體檢，還有接下來在美國白手起家的生活均逐一還原。歷經漫長海上航行的新移民，第一眼看到的美國就是自由女神像，也難怪一直想來美國發展的女孩，在這裡會有這麼強烈的共鳴。

追夢的過程並不容易，女孩的家境小康，在獎學金外仍兼了一份打工，支應美國的高物價。她希望以後擔任策展人，接觸好作品與藝術家，擁抱這廣大的世界。但找工作是第一個難關，抽不抽得到工作簽證名額，又是另一個問題。

「一定可以的，不是有句話這麼說嗎？『當你真心渴望某樣東西時，整個宇宙都會聯合起來幫你完成』。」女孩的雙眼閃閃發光。

她問我來美國的目的，我簡短說著自己的旅程。女孩睜大雙眼說「我也好想環遊世界！好羨慕妳能達成夢想。」我想試著解釋其實這不是我的夢想，但她趕著回去看晚上的百老匯，只好給彼此一個擁抱，望著她跑去排隊的背影，祝她旅程順利。

＊＊＊

回程船上，看著愈來愈近的曼哈頓。曾經，也有這樣的美國夢。

環遊世界原本不在我的人生規畫內，出國留學才是。帶著沒考上新聞系的遺憾，我從大一開始存錢，希望出國念傳播研究所，還找了間紐約的學校當作自己的目標。

留學計畫落實前，記者的夢想先實現了。跳進社會，立即感受夢想與現實的分野。生活被一次次的截稿與手機鈴聲切割，我在他人的人生中打轉，轉到自己的人生快要消失。對工作熱愛卻倦怠，一個沒有故事的人，怎能寫好他人的故事呢？

跑選舉、天災、重大事故，面對千百種不同的人與現場，追求學位似乎不再是生命中的必然。這段日子累積的實務經驗，已把我想學的一切教給了我。

工作第四年的尾聲，把存了八年的學費拿來旅行。在路上，當人們問我出發的理由，我訥訥地回答「I need to leave my job for a while before I hate it.」。沒什麼遠大理想、尋找自我或切・格瓦拉的情懷，只想從人生的軌道跳車，看看軌道外的風景。說穿了，也是種奢侈的逃避。

＊＊＊

我走出洛克斐勒地鐵站，在擁擠的人潮中等了一個小時，讓電梯帶我到六十九樓，俯瞰百萬燈火，想著這幾個月來的生活。

腳下城市被霓虹染成不夜城，想起亞馬遜雨林入口小村每天只有晚上六點到早上六點不穩定供電，停電的夜晚，門一開，月光與緩緩飛舞的螢火蟲點亮泥土小路。

全身名牌的父母在第五大道為抱在手上的孩子戴上雷朋眼鏡，想起瓜地馬拉的孩子眨著晶亮大眼睛，背著書包叫賣母親剛織好的手工藝品。

一杯四、五美金的飲料空杯疊滿紐約街頭的垃圾桶，想起一袋不到〇・五美金的 Chicha morada 才是祕魯人們消費得起的飲料。

人們在名牌服裝店裡排隊搶購六折後仍要七十美元的換季出清服飾，想起那價錢超過印加古道挑夫背負二十公斤行李，連走四天翻越四千公尺高峰的薪資。

走在摩肩擦踵，人人卻總盯著手上 iPhone 看的大城市，突然好想念全村只有一間網咖，人們卻熱情向陌生旅客打招呼的中南美小鄉村。

「Can you help me to take a photo?」一位年輕的黑人男子出聲，他叫 Josh，來自紐澤西，一面開卡車一面學攝影，兩年後買了專業相機，帶著作品，到大蘋果找機會。

他沒帶腳架，卻沒想到樓頂的風會那麼大。我們換了兩顆鏡頭，調整光圈、快門、拉高 ISO，試了半天，終於抓出一個能對抗強風手震的數值。

在這漫長的實驗過程中，我們閒聊各自的旅程，他說著在沙漠中爆胎的經歷，我說著離開亞馬遜後嚴重到以為是瘧疾的那場病。擺弄許久終於拍到滿意的照片，道別前，Josh 大力拍拍我的肩：「妳的人生好精采！」

我又在天台待了一會，看著腳下閃閃發光的燈火，想著每盞燈火後的故事。

然後發現，自己慢慢成為一個有故事的人。

自由女神像，美國夢的地標。

西班牙

西班牙・馬德里

如果，哥倫布沒有發現新大陸

在馬德里逛了一圈，許多風景似曾相識。

阿穆德納聖母主教座堂（Catedral de la Almudena）的兩座鐘塔與往外延伸的雪白外牆，讓我想起祕魯阿雷基帕的大教堂（La Catedral）；馬德里王宮（Palacio Real）像是在白色版墨西哥總統府的外牆加上羅馬列柱；街上的彩色房屋、牆上或屋頂的天使雕像早已讓人不感覺陌生。

有時不免想，若哥倫布當年沒發現新大陸，西班牙人未在美洲大陸上豎起十字架，強迫複製信仰、體制、階級、不公平的律法與種種所謂文明，舊世界的天花、霍亂、結核病未摧殺九成的安地斯山脈原住民，近代史會變成什麼樣子？

記得在烏蘇懷亞看過一張特別的世界地圖，以南美為中心，南極在上，北極在下。當年繪製地圖的角度，除了地理學方位的習慣，或許也象徵權力的消長。畢竟只有贏家才有權詮釋歷史，地圖也是。

若西班牙與隨後的歐美強權未殖民中南美，或許當時已能運用三百六十五天太陽曆，已能精確測算日月蝕時間的阿茲特克文明得以繼續發展；比歐洲人早八百年發現數字〇的馬雅文明縱使衰敗，記錄族人智慧的珍貴典籍也得以免於火焚；能在海拔二四〇〇多公尺用石塊砌出幾無縫隙，連紙張都插不進城牆的印加文明來得及發展出書寫系統，解開現今所有的考古謎題。

或許，那張南上北下，被視作「顛倒」的世界地圖，就是今天地圖的樣子。

阿穆德納聖母主教座堂的兩座鐘塔與往外延伸的雪白外牆，讓我想起祕魯阿雷基帕的大教堂。

這一站，達利

西班牙．普波爾

超現實主義畫家達利是我把西班牙排進環球行程的主要理由，畫作中軟塌的時鐘、變形的空間、幻覺錯置的形體，像是墜入一個個異次元夢境。

達利（Salvador Dalí，1904 — 1989）是西班牙加泰羅尼亞超現實主義畫家，作品受佛洛伊德影響，正字標記是兩撇翹鬍子。月初在紐約 MoMA（現代藝術博物館）看到他的代表作「記憶的永恆」（La persistencia de la memoria），月底轉眼來到西班牙，感覺相當超現實。

巴塞隆納周邊有四間與達利相關的博物館，費格拉斯（Figueras）的達利戲劇博物館（Dalí Theatre and Museum）最為著名，內有達利的地下墓穴，珍藏大量達利代表性畫作、雕刻、家具、裝飾等，整個空間就是一個藝術品；袖珍精巧的達利珠寶館（Salvador Dalí jewels）座落在旁。普波爾（Púbol）有達利為妻子卡拉購置的城堡 Gala Dalí Castle Púbol，也是卡拉的長眠之地。位於卡達蓋斯（Cadaqués）Portlligat 的 Salvador Dalí House Portlligat，是達利與卡拉買下漁夫倉庫改建的居所，達利大半輩子都在這間位於地中海畔的小屋生活與創作。

我決定一天參觀一間博物館，普波爾的城堡交通最不方便，根據官網，照理說可以從巴塞隆納搭西班牙國鐵到弗拉薩（Flaçà），轉客運到拉佩拉（La Pera），再步行兩公里。當背著超過二十五公斤的行李走出月台，站務人員說：「客運？我也不知道在哪搭，搭計程車吧。」

聽完比博物館門票貴數倍的計程車報價，我站到大馬路上伸出拇指。與西歐其他國家相較，西班牙不太容易搭便車，二十分鐘後，我將兩個背包上肩，認分地走上往普波爾的小路。早上十點半，路的一側是樹林，一側是禿禿的麥田與乾草圈。西班牙的夏天很乾，像是要直接從皮下把水分蒸發的那種乾，太陽熱辣辣曬在頭頂上，遠方的景象似乎都因熱氣扭曲了。

一位駕著耕耘機的大叔熱情跟我打招呼，我用力招手，滿心期待他會載我一程，結果他一面開心地揮手……一面嘟嘟嘟地開走了。

一個小時後，售票小姐看到像烏龜一樣背著大背包，汗流滿面的我，跟看到鬼一樣：「妳怎麼來的？」「我走來的。」「……」她默默地把票遞給我，「廁所在寄物間進去往最裡面走，妳要不要整理一下？」

不過，我丟下背包後的第一件事，是跑到博物館外的小商店買冰棒。

＊＊＊

達利的作品展現出強烈自我，毫不掩飾地揭露自身慾望、恐懼與瘋狂奇想。但關於卡拉，我只知道她曾是詩人的妻子，認識小她十歲的達利後，離開先生與孩子和達利結婚，在每一張達利與卡拉的合照中，行事驚世駭俗的才子達利，頓時變成深情的丈夫，流露出溫馴神色。

被稱作達利謬思女神的卡拉，宛如玻璃瓶中的美麗天使，從達利筆下可以窺見她的各種面貌，寫實或解離，畫中的隱喻或是窗邊的安靜背影。但我不知道卡拉對達利數百張示愛畫作有什麼樣的回應，許多照片中有著兩人的親密與快樂，但我不確定，面對這樣狂熱的愛與崇拜，卡拉到底覺得幸不幸福。

關於卡拉的傳聞很多，貪婪浮華、多情善交際，到晚年，仍在達利許可下擁有其他情人。但作為達利的中間商兼經紀人，她讓達利無後顧之憂地創作，擁抱他的才華與離經叛道，消化、包裝後，運用優秀的手腕推向世界舞台。達利曾說：「卡拉是唯一一個能將我從瘋狂和早亡中拯救出來的人。」他們是彼此無可取代的伴侶，事業、愛情皆然。

無論如何，過於炙熱的愛，要有點距離才不會被燙傷。一九六九年，達利買下位於普波爾的老城堡，整修後送給卡拉，據說兩人固然會互訪，但立下但書，除非有卡拉的書面邀請，達利不能擅自前往 Gala Dalí Castle Púbol。

＊＊＊

吃完冰棒後，我慢慢在城堡裡閒逛，城堡規模不大，客廳有幾幅陳舊精緻的掛毯，房間有西洋棋、唱機與黑膠唱片，車庫停著高級轎車，裝設素樸典雅，不若達利經典作品紅唇沙發那般的誇飾法，像是一對富裕平凡夫妻的家，只有角落的畫具、幾幅卡拉繪像、花園的長腳大象雕塑隱現達利與卡拉的身影。

走過靜謐的房間，夏日樹影在屋外忽明忽暗，我看到許多關於卡拉的敘事與照片，以及達利透過畫筆對她的再詮釋。不知是否刻意，卡拉仍未在這個空

二〇一四年是達利逝世二十五週年暨達利戲劇博物館開館二十三週年，費格拉斯舉辦盛大的化妝遊行。

間留下太多個人表述，一處天花板有據說是卡拉親繪的小星星，但在這屋裡，她依舊是個安靜、神祕的女人，宛如天花板一角的肖像畫，是位遙遠的天使，或達利個人的上帝。

卡拉成就了達利，但相對於高調的丈夫，她對自身的描述卻是如此稀少，抑或透露過多世俗情緒，她便少了幾分謬思女神的靈性。

卡拉在這裡度過一九七一到一九八○的每個夏天。她於一九八二年過世，達利於當年遷入。一九八四年，一把從臥室燒起來的火差點毀了城堡與達利的命，在那之後，達利被朋友移往費格拉斯的達利戲劇博物館，在那裡度過餘生。

城堡的墓室原本留了一個達利的位置，但達利最後葬在達利戲劇博物館，與卡拉相隔三十公里。

費格拉斯的達利戲劇博物館，上頭的蛋是達利創作中的經典意象。

旅人啊 X

這是X第二次來到巴塞隆納，上次他在這裡戀愛，這次，他失戀了。

X是法國人，卻不想當法國人，「French people are very self-ego, I don't like them.」，他說得好似自己是局外人。於是X交往過的對象涵蓋荷蘭、德國與阿拉伯，「若我們結婚，我就要移民去她們的國家」，但這幾段戀情都沒有結果。

這次，他愛上一個西班牙女孩。女孩有著漂亮的棕色長捲髮與同色的靈活眼睛，她和X一樣都彈吉他，X認為她懂他的音樂。

兩人在西班牙旅行一陣子後回到巴塞隆納，女孩希望X留下，但X是個旅人，他選擇繼續往前走。他到了義大利與希臘，跨過海來到土耳其，在伊斯坦堡，他寫了幾封長長的mail給女孩，說他忘不了她。

「在巴塞隆納等我好嗎？」他買了機票飛回女孩的城市，但女孩說她不愛了：「我無法跟那麼飄泊的人在一起。」

這是三天前的事。「My heart is broken.」X說。他原本打算土耳其後繼續往東走，但現在整個計畫全亂。

他要我教他寫幾個困難的中文字，我教他寫龍、龜還有鬱，他把鬱寫了好幾遍，「我要學起來，這是我現在的心情。」

我問他最長的法文是什麼，他寫下「anticonstitutionnellement」，意思是違憲。二十五個字母他塗改了兩次終於拼對，「I express myself with guitar. I seldom write now.」他笑著辯解。

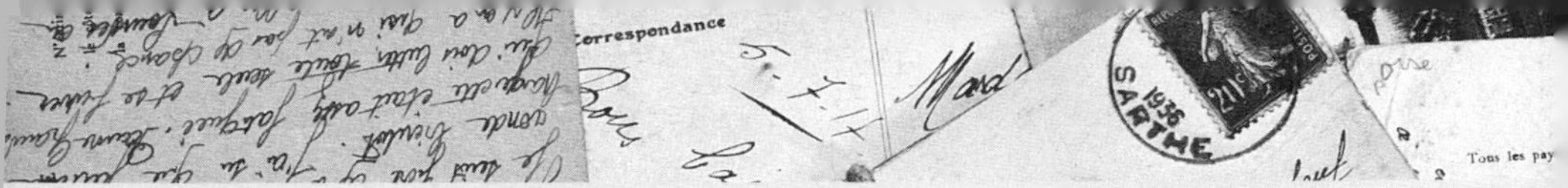

X問了許多關於台灣的問題，好奇台灣人的生活、信仰，風俗習慣。他要我再多教幾個中文字，他在紙上照樣摹寫，結構筆畫順序顛來倒去，方塊字寫成抽象畫，我們邊寫邊笑成一團。最後，他寫得最好看的是筆劃最多的「鬱」，「大概我很有共鳴吧。」他又寫了幾個鬱，很快就把一張紙填滿。

填滿一紙的鬱。

9 法國

法國・索村

一九〇公里的薰衣草之路

我很喜歡日本作家時雨澤惠一的小說《奇諾之旅》，主角奇諾居住在一片廣袤大陸，國與國間由漫長道路聯通。在她居住的國家，滿十二歲的孩子要動手術將腦中「小孩」的成分取出，變成真正的大人。不想接受手術的她，騎著會說話的摩托車漢密斯離開故鄉，到各國旅行。她以抽離的視角旁觀旅途中發生的一切，盡量不干涉、不介入，無論發生什麼事，一定會在入境的第三天離開。

《奇諾之旅》是第一本啟發我旅行想像的作品。後來，當自己真正上路，比起開車，我更喜歡騎機車，享受風颳過臉頰的力道，感覺周遭的色彩與聲音，那是赤裸裸的自由。

＊＊＊

南法的空氣很乾淨，騎機車很舒服，五〇 c.c. 的小車沿著 D28 公路離開亞維儂（Avignon），車箱裝著一條麵包、一罐汽水、

走過一片薰衣草田。

一包零食，心情興奮得像是要去郊遊似的。

老實說，看薰衣草原本一點也不在我的計畫內。抵達亞維儂時是八月，只扼腕錯過藝術季，至於薰衣草，以為花季已經結束，因此原本連想都沒想過。來到亞維儂詢問處拿地圖，看到一旁掛著的薰衣草海報，熱情的櫃檯阿姨遞來幾本華人旅行社廣告：「索村（Sault）的薰衣草還沒收割完，可以去看看喔！」

原來南法的薰衣草季從六月開始，先是瓦倫索（Valensole），然後一路向北。七月是最美的季節，在亞維儂聖貝內澤斷橋（Pont Saint-Bénezet）畔就可以看到漂亮的薰衣草。距離瓦倫索西北方約九十公里的索村是薰衣草花田的終點，八月初收割完畢，我剛好趕上薰衣草季的尾巴。半日索村薰衣草團要價五十歐元，只含接送。若還想加碼曾受封「法國最美小鎮」、電影《美好的一年》的拍攝地戈爾代（Gordes），以及因院前薰衣草田聲名大噪的塞農克修道院（Abbaye de Sénanque），已經是我許多天的旅費。掂量已經很輕的荷包，我把傳單通通放回架上，跑回櫃檯：「有沒有更便宜的方法？」

櫃檯阿姨給我一張公車時刻表，班次太稀少，錯過一班恐得在當地住一天。睡前掙扎是否放棄，手機亂滑一陣，突然看到租機車看薰衣草的訊息，坐起查資料畫張簡單地圖，設定Google map，隔天早上九點，我站在亞維儂唯一一間出租機車的Provence Bike門口，驗駕照、刷七百歐元押金與三十歐元租金，租期二十四小時，油箱滿去滿還，老闆手腳俐落地辦完手續、挑車，半小時後，就上路了。

＊＊＊

我的路線很貪心，去程直奔索村，回程經過紅土之城胡西庸（Roussillon）、戈爾代、塞農克修道院、以及以石灰岩地質及湧泉聞名的水泉村（Fontaine de Vaucluse）。

法國郊區的主要路口多半設計成圓環，清楚標示每條路通往的目的地與剩餘距離，很有效率地省下等紅綠燈的時間。機車速限四十五公里，測試了一下，車油門催到底也只能超速十公里，平坦道路穿過幾個寧靜的小鎮，厚厚雲層遮住陽光的熱氣，路上只有我一個人。

上次像這樣暢快地騎車，是兩年前的環島旅行，依舊炎熱的十一月天，台二十六線一路逆風，抵達最南點時最先看到的不是海，是數台遊覽車的觀光客擠在小小的觀海平台上百頭鑽動。從縣道二〇〇轉一九九一路向東，大雨時下時停，第四天，在上蘇花公路前最後一間機車店門口，機車突然熄火，原因是前一天的大雨把電腦系統淋壞，得送回車廠修。善良的旅伴和我一起把車託運回嘉義，搭火車、客運加上步行完成接下來的旅程。東北角，我們遇到強烈鋒面與冷到骨子裡

1

2

3

1 久違的摩托車之旅，一路薰衣草香。**2** 以石灰岩地質及湧泉聞名的水泉村。**3** 曾受封「法國最美小鎮」的戈爾代。

索村周遭美麗的薰衣草田

的雨，開始慶幸自己是縮在溫暖的客運裡經過台二線，「冥冥中自有安排」這話，總在每一次的旅行中被再三印證。

回憶與風景交錯，愈來愈濃的薰衣草氣息、開始無力的機車引擎，翻過海拔一千公尺高點，索村到了。

路邊有很多還未收割的薰衣草田，將車熄火，四周只剩蜜蜂嗡嗡的聲音。我找一棵樹坐下，面對隨風搖曳的紫色，拆開麵包。

聽到我在環球，一半的人羨慕地說：這生活好浪漫；一半的人問：一直旅行，妳不累嗎？

抵達歐洲後，我出現旅行倦怠症，這是一種很奢侈的病，若旅行初始過度刺激，對事物的胃口跟著眼界一起被養大，更易催化這類病發。

在西班牙與南法，我總覺山太緩，水太和平，思念巴塔哥尼亞高原刀刻斧鑿般的銳利山頭、從一望無際空曠平原

塞農克修道院前，剛收割的薰衣草飄出濃郁香氣。

吹來的冷風。台灣各地已大量複製歐美生活與食物，讓我對教堂、城堡、童話風小屋只能維持半刻新奇，看著櫥窗裡的法式甜點，反而思念起嘉義的豆漿豆花。因為這種倦怠，我在歐洲移動得很慢，時常在旅社四處找人閒聊瞎扯，拖到中午才出門。

旅途過半，開始精打細算愈來愈少的存款。在號稱浪漫的歐洲，我急匆匆離開博物館趕赴超市搶打烊前的出清麵包；在隨時要中暑的高溫走上幾公里只為省一段車票錢；找尋便宜好吃的食材、搜刮各種省錢資訊；晚餐高峰時段，在眾人爭奪瓦斯爐時及時將鍋子放上最後一個爐位；洗個熱水不太穩的澡，希望被單夠乾淨、去夜店晚歸的室友們不要回來後吵嚷不休……當旅行成為生活的全部，才發現這一切都挺現實的。

但此時此刻，或許是不同旅行方式的刺激，重新跨上機車，發動引擎那瞬，我又重新成為浪漫的信徒。

＊＊＊

索村的城鎮中心很迷你，穿過各類薰衣草乾燥花、香包、精油、護手霜、明信片、冰淇淋等林林總總小攤販，站在廣場的觀景台，陽光穿破雲層，遠處收割機傳來微弱的隆隆聲響，每股風都帶來一陣香。

戈爾代與胡西庸都是山城，前者的米白街道與石板路，讓我想起西班牙的托雷多（Toledo）。在紅土上建城的胡西庸，視覺效果更迷人些，這裡原本是全法最大的赭礦產地，上世紀末禁採，列入自然保護區。為了維護整體性，新建建築都需刷上紅漆。雲層在天空中飛快流動，光影時明時暗，整座城的色調似也隨著陽光變換，陰天是沉穩的赭紅，陽光灑落，瞬間變成奔放的亮紅色。

無論有沒有薰衣草，塞農克修道院都一樣美。羅馬風格的修道院於一一四八年由院長與十二

胡西庸的紅土房屋前
豔麗紅花正綻放。

位修士創建，後來的僧侶在院外種薰衣草、養蜂維持生計。薰衣草田躍上普羅旺斯的明信片後，大批遊客湧進山谷，卻不致減損它的莊嚴。走進大門，厚重的石牆將嘻笑聲區隔在外，彷彿瞬間吸去世間百般雜念，讓人與整個空間一起安靜下來。

水泉村的水源是法國最大湧泉 River Sorgue，清澈見底，周遭石灰岩山脈環抱，法國夏日將近九點天黑，給我多一點彈性時間。離開時，上弦月已半掛在天上，火紅夕陽在重重雲靄間落到山的另一端。油箱幾近見底，我關掉引擎，順著蜿蜒山路往下滑，幸好機車爭氣地讓我撐到加油站門口，平安回到亞維儂。

這天騎了一九一公里，直到躺在床上，我似乎還聞得到薰衣草香。

騎到水泉村，已經將近天黑。

垃圾袋裡的麵包

法國・亞維儂

「嗳，妳知道嗎？麵包店和超市晚上打烊後，都會把賣剩的東西丟在門口，我們昨天去翻垃圾袋，裡面有好多麵包。」

C和L都曾用很低的預算旅遊，搭便車、食宿交換、在路邊公園四處露營，也明白哪裡可以找到免費食物。

記得在某個環歐的背包客部落格裡看過這樣的描述，但當L把黑色大垃圾袋打開，露出裡頭滿滿的麵包時，還是覺得不可思議。

「妳會介意嗎？」C掰開一塊全麥麵包送入嘴裡，這家店是亞維儂大街上人氣很旺的麵包店，這塊麵包，印象中要五歐元。

「不會。」這是連續把法國麵包當三餐吃的第十天，每天到超市帶一條〇・三九歐元的麵包，切成三份，夾特價火腿、生菜、水果店放在門口出清的過熟水果，胃是滿了，但潛意識，很餓很餓。

我們翻著垃圾袋，袋子裡是小小一口就要〇・八歐元的巧克力可頌，一個兩歐元的羅宋麵包，四歐元的三明治。有的三明治散了，裡頭番茄與醬汁灑了出來，弄得下層麵包濕濕軟軟的。幾小時前一個可以抵我三餐成本的麵包，鐵門拉下後變成垃圾。

「這袋子只裝麵包，沒別的垃圾，其實很乾淨的。」L挑出沒被醬汁沾濕的麵包塞進塑膠袋，全遞給我。他們吃全素，拿了兩個很扎實的穀類麵包。「法國人自尊高，很多街友拉不下臉拿這些麵包，但這都是食物，明明都還好好的，只是從架子上改放到馬路邊而已啊！」

「有什麼好料嗎？」一個一頭亂髮，雙頰凹陷的男子靠了過來。他是G，匈牙利人，丟了在義大利的打工後一路北上找工作。一個城市找不到，逃票搭火車到下一個城市等機會。他到亞維儂四天，也將近四天沒吃東西，那晚找到遊民之家洗熱水澡喝杯咖啡，機構人員告訴他在主要道路上等待社工安置，他等了兩個小時，什麼人都沒來。

他在袋裡翻出一個燻雞漢堡，沒幾口就吃乾抹淨。

這袋麵包讓我一路吃到里昂，里昂車站有間幾年前展店到台灣，紅到要排隊的麵包店。我透過櫥窗看著各式甜派與馬卡龍，看著懷抱一袋袋麵包點心的人們，試著把他們的臉與G大口吃著漢堡的模樣重疊，想著那晚的聊天，交換食物與住宿的情報，填飽肚腹與遮風避雨。最基本的，關於如何生存這件事。

街邊的垃圾袋裡，裝滿打烊後淘汰的麵包。

二十頭大象重的愛情

法國・巴黎

在橋上掛鎖的習俗不知是從何時何地開始的，人們相信，和愛人一起將寫著兩人名字的鎖繫上橋，把鑰匙丟進河中，就能天荒地老，永不分離。

巴黎的藝術橋（**Pontdes Arts**）橫跨塞納河，銜接法蘭西學會與羅浮宮中央廣場，一八〇二年，拿破崙一世政府在此建築一座仿英格蘭風格的九拱金屬人行橋，也是巴黎第一座金屬橋。這座橋多災多難，兩百年間，橋樑結構在兩次世界大戰砲火與船隻碰撞下受損，一九七七年封閉，一九七九年被駁船迎頭撞上，坍了六十公尺。

一九八一年，橋樑重修，保持舊橋外觀，但將原有的九拱減至七拱，給船隻更大的通行空間。一九八四年新橋揭幕，不知什麼時候，情侶們開始在橋上掛鎖。

先是當地人，然後遊客紛紛跟進，據統計，藝術橋上的鎖在二〇一四年已達七十萬個，重達九十三公噸，相當於二十頭大象的重量。橋的護欄鐵網被鎖頭壓得歪曲變形。由於鐵網上已無空間可掛，密密麻麻的鎖一個疊上一個，這幾年，遊客轉往其他鐵橋掛鎖，巴黎聖母院附近的大主教橋（**Pont de l'Archevêché**），護欄已被被層層疊疊的鎖頭覆蓋。

二十頭大象對一座人行鐵橋而言是不可承受之重，丟進塞納河裡的上萬把鑰匙更影響河流生態。除有民間團體連署呼籲停止掛鎖，法國官方也推出電子愛情鎖。不過人們依舊偏好以實質信物固守飄渺的愛情，橋上的第二十一頭大象在各國戀侶餵養下迅速成長。

二〇一四年六月，橋樑的安全護欄垮了二・四公尺，近千個鎖連同護欄掉進塞納河中。法國媒體戲稱，鐵橋是被人們的愛情壓垮的[註12]。

沿著藝術橋往羅浮宮方向走，橋上可見賣鎖小販與尋覓位置掛鎖的情侶。壓壞的護欄目前以木板替代，上頭寫滿愛情宣言。

兩個台灣女孩迎面走來，一個拿著相機猛拍，另一個冷著臉催促：「有什麼好拍？我跟我前男友也掛過，沒兩個月就分手了。」

所以，這些企求能永遠鎖住愛情的戀人們，現在都到哪去了？是帶著孩子回來尋找自己當年掛的鎖？已白髮蒼蒼，偶爾來這回顧當年的浪漫歲月？一起旅行到下個國度，在那裡的橋掛上新鎖？真正到了婚姻關卡，才遲疑該不該和這人共度此生？

或二十頭大象重的愛情終究抵不過時間消磨，那些山盟海誓就像垮進塞納河裡的鎖，被河水匆匆帶走。他們步上紅毯，但交換戒指的不是當時掛鎖的人。他們帶新歡掛上新的鎖。被不知情的小三拉來掛鎖。

也有可能，他們現已相看兩厭，卻被家庭、孩子、共有財產等種種生活交織的複雜大鎖束縛得分離不開。某天經過藝術橋，他們或許開始後悔，當時在橋上掛了鎖，是多麼愚蠢的決定。

註12：二〇一五年六月，巴黎政府考量沉重的愛情鎖有害橋樑結構，已造成公共安全問題，遂從藝術橋開始移除約一百萬個鎖頭，並禁止民眾掛鎖。

1

2

1、**2** 藝術橋上的鎖頭，一度有二十頭大象重。

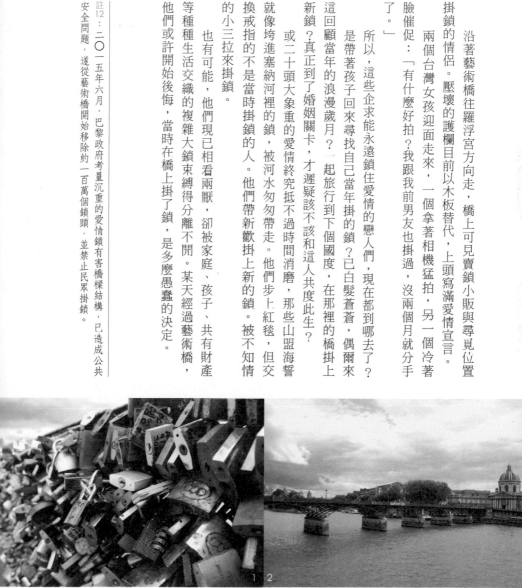

巴黎鐵塔

法國・巴黎

我對歐洲旅行的想法很天真，打算從馬德里一路沙發衝浪[註13]到格陵蘭，沒有既定行程，沙發主在哪裡，就去哪裡。但這並沒有想像中簡單，夏天是歐洲人的旅行季節，我的 request 很臨時，又希望能找女性或家庭沙發主，結果大家不是沙發已滿，就是自己也在度假。到了南法，眼看去巴黎的日子一天天接近，沙發衝浪一直沒有回音，心裡有點著急。

我在亞維儂也沒找到沙發，第一天晚上，我揹著所有行李，淋雨小跑步衝進市區一間還不錯的 hostel，一晚二十四歐，瞬間花光一天的旅費。混宿四人房下鋪是位秀氣的中國女生 Cindy，來南法度假一個週末看薰衣草。聽到我在找巴黎住宿，她冒出一句：「那妳可以來住我家。」

「啊？」我愣住。Cindy 解釋，她在巴黎工作，公司補助她一筆錢，讓她在市區租一間小公寓。我去的那幾天她正好輪休長假回國，家裡沒人，歡迎我去住。這話一出，我更傻眼。換作是我，哪會答應讓認識不到十分鐘的陌生人住進家裡，更別說這段期間我在一萬公里遠的地球另一端。萬一對方是壞人呢？萬一她把我家搬空呢？「反正空著也是空著，妳就來吧。我家附近有地鐵站，離景點近，很方便的。」Cindy 幫我下了結論。

到了巴黎，我打電話給已經回到老家的 Cindy，依著她的指示，抱著半信半疑的心，來到一棟很像電影《愛在日落巴黎時》男主角 Jesse 的小公寓，在門墊下找到鑰匙。接下來一週，我就在這十五坪大的漂亮小公寓裡住下。

直到那時，我才真正體會 Cindy 口中的「方便」。公寓位於巴黎第六區，離地鐵站只有三分鐘，旁邊有便宜超市，距艾菲爾鐵塔只有兩公里。到巴黎第一天傍晚，我慢慢散步到艾菲爾鐵塔，看著在戰神公園野餐的人們，夜色漸深，暈黃的鐵塔愈來愈明亮，一陣白光閃耀，漂亮的燈光秀讓大家紛紛鼓掌。

艾菲爾鐵塔是我對巴黎很深刻的記憶，無關浪漫，是種被信任的感動。

謝謝妳相信初次見面的我。

註13：沙發衝浪（couchsurfing）是種「交換借宿」的概念，在沙發衝浪網站註冊會員、填寫個人資料並認證身分後，願意提供住處空間給旅人的沙發主（host）與想找當地人家借宿的衝浪客（surfer）就能在網站上搜尋彼此，發出邀約或徵詢（request），並在沙發衝浪後給彼此評價。每個會員既能是沙發主，也能是衝浪客，在主客互動過程中，認識不同生活、文化與價值觀，結交新朋友。

巴黎鐵塔，是段關於被信任的記憶。

旅人啊 C&L

第一次和L擁抱，最先感受到她懷胎六月隆起的肚子，接著是溫暖有力的手臂，還有大大的笑容。

L是唯一一位在南法回我訊息的沙發衝浪主人，她的沙發有客人了，但她問我有沒有空碰個面。「我的partner是台灣人，我想他應該很想念說中文。」就算已經有了愛的結晶，她還是稱另一半partner，不只是男友，還是朋友，更是夥伴。

他們兩人帶著我騎腳踏車逛小小的古城，我原本擔心L的肚子，但看她的矯健身手，看來不必多問。慢慢騎到廣場，幾個街頭藝人正準備演出，她跳下車，「這音樂很棒，我們就在這聊天吧！」

我們坐在廣場地上聊天，L很早就開始背包旅行，和哥哥一起搭便車走過大半個歐洲，只有大方向，沒有目的地，有時和車主聊開，他們就在那地方多留幾晚。逛小鎮或在農場幫忙，他們或許沒踏上旅遊書上的名勝景點，卻熟悉那地方陽光的暖度，田裡現摘作物的滋味，人們談笑的聲音。在許多旅行之後，她決定去澳洲打工度假。

打工第九個月，她遇見來自台灣的C。C大學讀機械，這是他第一次遠行。愛騎單車的他，在旅行第四個月遇見L，兩人從沿海大城市騎到最內陸的愛麗斯泉（Alice Springs）。旅行是考驗情侶的最佳方式，在許許多多磨合後，他們決定一起走一輩子。

回到L的故鄉法國，這時兩人間多了個小生命。他們在亞維儂租了小小的公寓落腳，雖暫時不能旅行，但L把公寓開放給沙發客，與肚裡的寶寶一起聽著人們的旅行故事。

愛情之外，還有很多事考驗這對年輕的爸媽。C的工作簽證、居留權，還有當務之急的經濟收入。他們樂觀地說，想帶著孩子一起當街頭藝人，C有武術與太極的底子，在歐洲，只要懂得呈現，這樣的一技之長是可以賺錢的。

他們要將孩子取名諾亞，被上帝選中的虔敬子民，當世上的罪惡隨著洪水淹沒，他帶著一家八口以及方舟上載運的生物在洪水中漂流三百個晝夜，接過象徵和平的橄欖枝，在劃過天邊的彩虹下，見證舊世界的結束，新世界的開始，一如他們即將展開的新人生。

一位朋友的孩子幾天前出生，看他們夫妻倆抱著孩子的照片，想起C和L。日子當然辛苦，但若兩人都樂在其中，這苦也不苦了。希望他們一切都好。

夕陽下的亞維儂聖貝內澤斷橋。

法瑞邊境

我和在智利認識，同樣在環球旅行的台灣背包客 Apple 在里昂會合，前往法、瑞邊界的 Saint Jean de Tholome，拜訪 Apple 的朋友 Yannick。這個人口不滿千人的小鎮，放眼望去是一片綠意與低頭吃草的牛羊。Yannick 家有片菜園，蔬果自給自足，我們在他家的原木裝潢廚房開伙，擺了滿桌火腿與蔬菜水果，在入夜驟降的氣溫中蘸著融化起司吃光。

這裡離日內瓦只有四十多分鐘車程，Yannick 說，每天大概有六、七萬名法國人到日內瓦通勤上班，領優渥的薪水，到消費相對較低的法國花用。

Yannick 載我們去日內瓦一日遊，那時剛好是一年一度的日內瓦煙火秀，到處都是人，著名的大噴泉地標也因煙火事前準備工作而暫停運作。我們對煙火沒那麼好奇，對 Yannick 口中的祕密景點倒很有興趣。

老轎車沿著泥土小路往上開，到了路的盡頭，我們下車沿著堆滿落葉的小徑上行。轉過一片樹林，丘陵頂端是幾個十字架，視線一寬，腳下是綿延田野、散落的小屋與一汪汪小水塘。

「歡迎來到我家。」Yannick 笑得像個大男孩，我們在收攏的暮色中看著逐漸亮起的燈火，感覺自己真的回到了家。

美麗的日內瓦舊城區。

德國

德國．斯特洛賓

Prost!

八月中旬來到德國，意味無法參與德國每年最盛大的節日啤酒節（Oktoberfest，原意十月節，每年九月下旬到十月第一個週日），卻有機會一探巴伐利亞的夏末慶典——斯特洛賓（Straubing）的沃土節（Gäubodenvolksfest）。

從慕尼黑透過 BlaBlaCar 共乘[註14]到雷根斯堡（Regensburg），駕駛是位建築師，另兩位乘客是中學老師 Marie 及大學生 Susan。一聊才發現，其實並非每位德國人都熱衷慕尼黑啤酒節，覺得消費太高、遊客太多，得排隊老半天才能等到帳蓬的座位。每年八月中到九月中旬，巴伐利亞地區的夏季、秋季活動同樣不缺啤酒與遊樂設施，更適合全家出遊。

去雷根斯堡，是為拜訪在智利阿塔卡馬沙漠巧遇，在德國邊工作邊求學的台灣女孩P。吃了道地德國豬腳、好吃的冰淇淋，卻遠不及能用久違的中文暢所欲言的喜悅。她說，等未婚夫下

遊樂園搭配有點復古風味的看板，與穿傳統服飾的居民擦肩，好像走進穿越劇。

班，可以帶我們去Gäubodenvolksfest。長長的德文單字於我總難以消化，過了會才意會過來，這是Marie在車上聊到的夏季慶典。

沃士節的歷史可以溯及一八一二年，當時的巴伐利亞國王馬克西米連一世（Maximilian I. Joseph）發起這個以農業為主題的慶典，也成為該地區一年一度的重要聚會。慶典多在八月中旬舉辦，老少皆宜，現場有旋轉木馬、雲霄飛車等大型遊樂設施，另架起六個大帳篷，提供兩萬五千個座位，供應特別釀製、斯特洛賓地區限定的啤酒。

慶典第一天由兩千位穿著傳統服裝的居民騎馬、乘馬車走上街頭，載歌載舞，盛大遊行為活動開場。往後的十天，許多店家拉下鐵門享受快樂時光，在斯特洛賓，沃士節被稱作「第五季節」。

進到會場，觸目所及都是身著傳統服飾「Tracht」的居民，男生穿上皮革短褲，女生則是上半身有馬甲視覺效果的洋裝，展露好身材。宛如從廣袤平原中突然出現的遊樂園搭配有點復古風味的看板，若不是大家手上的相機、手機，還以為自己穿越半個世紀。

入夜前是親子時光，鬼屋、水槍、摩天輪前滿滿都是小孩，胸前掛著用彩色糖霜裝飾的心型薑餅項鍊。帳篷裡還沒開喝，座位挺多，我們點烤魚搭配順口的啤酒。酒精催化下，看似拘謹的德國人舉手投足愈來愈豪邁，在一句句「Prost」聲中，乾掉一升又一升的啤酒。

從烤架上轉動的巨大肉塊到起司牽絲的披薩、莓果甜餡餅，除了啤酒，現場有各式各樣的餐點。我吃了馬肉香腸，只覺胡椒味壓過肉味，口感難以形容。會場一角展售耕耘機，像是提醒這狂歡的淵源與主題。

入夜，主帳篷熱鬧起來，樂團炒熱氣氛，前段「搖滾區」已有人跳上桌椅跟著節奏搖擺。臉頰紅撲撲的男女四處找人乾杯，電吉他飆起高音，眾人搭起肩，跟著輕快節奏繞場，像是國小時玩的火車遊戲。

晚上九點半，會場放起煙火，十點準時散場。燦爛花火點亮滿夜空，沒有狂歡後的落寞，取而代之是沉澱後的平靜。這是出發後第六個滿月，橫跨兩個海洋、大半個地球，旅路上的際遇，卻像是已活過了幾個人生。

我心裡對自己乾杯，Prost。

註14：共乘在歐洲，尤其西歐，是很普遍又節能省碳的概念。歐洲大眾交通運輸票價昂貴，若獨自開車，油錢不划算。BlaBlaCar 是法國的拼車服務網站，服務已拓展到多國，駕駛可到網站登入起訖地、空位、時間、路程、乘客可攜帶的行李限制、價格等，讓有意共乘的乘客搜尋並連繫。安全考量，網站會要求雙方提供有效電話號碼認證。對駕駛而言，有人可以分攤油錢，減少負擔；對乘客而言，可以相對低的價格前往目的地，更重要的是可以沿途聊天交流，是很棒的旅行移動方式。

1

2

3

1、2、3 在斯特洛賓，沃土節被稱作「第五季節」，有狂歡有啤酒，盡情享受夏末時光。

建於十九世紀晚期的新天鵝堡，是迪士尼城堡的藍本

往睡美人的城堡

德國・慕尼黑

在西班牙看太多高第與達利，花費嚴重超支。沙發衝浪沒有回音，查完訂房網站，發現啤酒節前夕，德國慕尼黑市區的住宿全從二十歐起跳，占去一日旅費的八成。因此，在德國五天六夜，一天住朋友家，一天住 **hostel** 洗澡兼為所有電子產品充電，三天睡慕尼黑車站，露宿街頭一晚。

第一天抵達慕尼黑是凌晨兩點半，睡車站成為不得不的選擇。後來在寧芬堡附近找到便宜的百人 **bunk bed hostel**，但實在離市區太遠，若要省電車票錢，得走半個多小時到地鐵，因此又回到火車站。

所以我知道車站哪裡能睡得最舒服，是編號一二〇〇開頭那排的行李置物櫃，那裡還算通風，燈光被櫃子擋住，最裡頭那塊地板不知為何特別暖。警察早上五點半會準時把所有在車站過夜的旅客搖醒，但我在置物櫃區安穩睡到早上七點。星巴克有免費 wifi，付費公廁可稍作梳洗，八月的慕尼黑已轉涼，入夜只有十一度，不必擔心熱醒，鑽進睡袋，暖暖的溫度正好睡。

在德國的日子，我以慕尼黑為中心點移動，前往雷根斯堡、國王湖與迪士尼睡美人卡通裡城堡靈感來源的新天鵝堡。睡車站也有一個好處，就是可以準時趕上最早班的火車。

原本的打算，是第一天先去貝希特斯加登（Berchtesgaden）看國王湖，搭火車到富森（Fussen）住一晚，隔天參觀新天鵝堡。結果離開國王湖前下大雨，返回貝希特斯加登的船班大塞車，公車也嚴重脫班。趕到火車站時，到富森的末班火車已離開半個多小時。只好搭回慕尼黑再想辦法。

回到慕尼黑時已入夜，又餓又累。到詢問處問是否有到富森的夜班火車，心想若能搭上夜車，既能省下時間，又能好好睡一覺，一如既往。但我錯就錯在沒事先查好兩地距離，慕尼黑到富森要多久，我完全沒概念。

詢問處告訴我一班晚上十一點從慕尼黑發車，早上六點多到富森的火車，看起來非常完美，一早到富森還有空吃早餐，搭第一班公車到新天鵝堡的售票處。但我又犯了第二個錯，沒看清楚這列火車要在考夫博依倫（Kaufbeuren）轉車，掏錢買票前，也沒利用最後一次機會搞清楚，從慕尼黑到富森，其實只要短短三個多小時。

於是我拿了票、揹著所有行李匆匆跑上火車，倒頭就睡。一個小時後，午夜十二點，我帶著模糊的腦袋連人帶行李被趕下車，車站的門在我身後鎖上，稀少的乘客各自坐進停車場的車回家，最後，我獨自站在連聽都沒聽過的陌生小鎮考夫博依倫，手機和行動電源都沒有電，車站沒有 wifi，我打不開 google 地圖。

朝看起來是市區的方向走，一間近車站的啤酒屋透出燈光，遠遠就聽見酒客吵鬧的聲音。但過了啤酒屋就是萬籟俱寂，宛如清醒與沉睡的分界線。

路過一間旅館，敲門許久無人應門，繞到另一頭才發現寫著 close。找不到警局，路上沒有行人，連可以遮風避雨的屋簷也沒有。路過一間間緊閉的民宅、漆黑的公園，站在教堂前許久，我縮回敲門的手。

夢遊般走回車站，路上一輛車也沒有，啤酒屋斷續飄來叫囂聲。德國的部分小鎮車站沒有圍牆，我走上月台，風很大，鐵椅如冰，腳踏車車棚地上的垃圾與牆角異臭讓我打消在此露宿的念頭。

走到車站旁的超市 Lidl，ATM 旁靠牆有兩排推車，我把所有的行李用身上的腳踏車鎖鎖在推車上，背包抱在懷中，把睡袋靠牆鋪好，鑽進裡面，把拉鍊拉到底蓋過頭。會不會被搶、會不會有醉漢來騷擾，擔心完這些問題前，就累得深深入睡。

＊＊＊

一個呵氣般短促的「嘟」聲，我猛地掀開睡袋坐起，天微微亮，身邊背包、錢包都還好好的。我鬆了一口氣，感謝老天讓自己一夜好眠，無人打擾。

下一秒，我發現那聲「嘟」是火車汽笛，鬧鐘沒叫，我竟錯過清晨第一班往富森的火車。

＊＊＊

最後，我用很灰姑娘的方式抵達睡美人的城堡。

遊客非常多，買票、買食物、甚至上瑪麗恩橋眺望新天鵝堡，都要排長長的隊。熱鬧擁擠之程度，無論睡美人再怎麼睏，也鐵定會失眠。

德國旅程中最如童話般離奇的片段，就是往睡美人城堡的這一晚。

9
英國

本初子午線

英國・倫敦

比起赤道，本初子午線的遊客喧鬧多了。

人類對這兩條地球最重要假想線的對待方式，就是都在偏誤的地方矗立紀念碑。由於當年測量技術未臻成熟，真正的赤道距離現今的赤道公園（La Mitad del Mundo）約二百公尺，後來當地人在該處蓋了 **Intiñan Solar** 博物館；真止的本初子午線則距格林威治天文臺東方約一百公尺，在一個垃圾桶旁邊。雖然如此，我還是在兩個紀念碑前開心地拍照，既然是觀光客，就把精密定位經緯度這件事交給科學家，我跟隨觀光客的腳步就好。

慢慢在綠意盎然的格林威治公園裡閒晃，心裡突然有點失落。本初子午線是個中點，來到這裡，代表這趟旅行已經過半，再半年就要回家。比起啟程的計數，回家的倒數，感覺總是比較快。

「離開這裡，妳會比現在更好嗎？」前幾天突然在舊 twitter 裡翻到這句文字，感覺很奇特，這是自己半年前糾結的問題，現在回頭看，反而有點陌生。

老實說，我已經很久沒有去想這件事了。於是在前往地鐵的路上，我再度將這個問題好好思索一遍。

以物質而言，現在的生活絕對稱不上好。在戶頭只出不進的情況下，我為省錢耗費極大心力。搶特價票、搶超商折扣、睡夜車機場、捨交通工具改為步行、襪子破了再縫、鞋底掉了又黏，為幾塊錢比價再三、討價還價。現在錙銖必較的那些雞毛小事，以往有收入時根本不是問題。

現在擁有的，是選擇該如何生存的自由。選擇起床時間、外出路線、該以何種方式移動、與人或不與人攀談，並在考量風險後，選擇安全或冒險。生活頂多受機票與交通工具的啟程時間所囿，但若願意（或能負擔高額改票手續費），還是可以任意放棄或修改行程。現在做的每分選擇，都是讓自己能繼續生存下去，而比起以往生活上的種種選擇，這顯得單純許多。

在這半年，我看的日出日落，是工作那四年總和的五倍不止。

傍時是記者寫稿的忙碌巔峰，前四年的工作生涯，我在上班日看到夕陽的經驗屈指可數，就算有也是在趕赴某新聞現場的路上順便為之。也因疲倦，假日的早晨多半在床上昏睡。但我現在可以為了日出早起、耗費幾小時跋涉只為一片好的日落視野。我有大把時間可揮霍，以精神層面而言，真是前所未有的富足。

現在的我過得比以前好嗎？我還是有點無法回答這個問題，但至少，安於現在的生活，心情平安自適，比起以前勉能自足但內心鬱結的生活，應該是好吧。

是這樣吧。

1 格林威治天文臺的本初子午線。**2** 厄瓜多赤道公園的紀念碑。

英國．倫敦

查令十字路

我爸有句口頭禪：「什麼都能省，買書的錢不能省。」家裡經濟不寬裕，但從有記憶開始，每個房間觸目所及都是大量的書。有從第一集到一百五十多集的小牛頓，那是爸爸從二手書店一本一本如拼圖般買回來的；有精裝本偉人傳記、百科全書與各式各樣的歷史、偵探、懸疑與武俠小說，印刻著每階段成長的記憶。閱讀像把錨，能將靈魂迅速靜定在一個定點，二十多年後的現在，我仍覺得書是該被實實在在捧著的，是翻閱時發出刮擦聲，手指偶爾被銳利書頁畫開一條口子的。直至今日，我仍無法好好看完一本電子書，我能在觸控螢幕上畫重點、寫註記，模擬翻頁時喇叭甚至還能傳出紙張的聲音，但感覺就是不對。

大學時代，每次上台北會去重慶南路走一趟，挑選一個角落磨耗一下午。二〇一二年，儒林書店吹熄燈號的那個冬天，我和旅伴規劃了以台灣四極點與五間獨立書店為主題的環島，剛好趕上其中一間暫停營業前的告別。接下來的日子，愈來愈多書店另闢一角賣起咖啡輕食。「想單靠賣書賺錢，太難了。」一位開書店的朋友誠實又感慨地說。就氣氛而論，書與咖啡相輔相成，就商業考量，兩者如今互利共生。

去台北辦智利簽證那次，我路過重慶南路的雲五大樓，牆上黯淡卻依舊工整的「臺灣商務印書館」下，原本書架的位置現在吊掛批發服飾，大聲公喊著單調重複的「封館出清」。

＊＊＊

能以一條書店路貫串城市中心，倫敦人真的很幸福。從特拉法加廣場（Trafalgar Square）出發，一路沿查令十字路往大英博物館方向走，櫥窗裡擺著迷人的舊書與令人目不轉睛的古地圖。推開大門，肺裡立刻填滿文字與時光的氣息。

在倫敦的日子，我花掉大把時間在查令十字路的書店鑽進鑽出，看著書架上嶄新發亮的暢銷書、書頁薄如蟬翼，似乎一不小心就會碎裂的二手古董書。二十世紀末期，一間間專業或特色書店像是隱藏在查令十字街與周邊巷弄的珍珠，歐洲最大的女性書店「銀月」（Silver Moon Bookshop）、全歐首家犯罪偵探小說店「一級謀殺」（Murder One）、大型連鎖書店「水石」（Waterstone's）、「黑井」（Blackwell's）和「疆界」（Borders）。但到了二十一世紀，書店一間間消失在地圖上，當我照著一篇二〇〇六年的遊記按文索驥，銀月、一級謀殺、水石，都從那些地址消失了，餐廳、咖啡店與服飾店悄悄重整書店街的樣貌，只有一九〇三年至今的福依爾（Foyles）屹立不搖，以更嶄新壯大的模樣在隔壁開張，除了多到令人迷路的書，還有藝廊、展演廳與占據整層的咖啡館。

一九七〇年讓查令十字路聲名大噪的《查令十字路84號》，作者海倫・漢芙（Helene Hanff）

1

2

3

1、**2** 查令十字路與周圍巷弄有許多特色書店，但近年來陸續一間間消失在地圖上，由餐廳取而代之。**3** 紅色公車駛過國會大廈前。

與古書銷售商 Marks & Company 老闆法蘭克・鐸爾（Frank Doel）間橫跨大西洋的魚雁往返如今已難復見。寫信已變成一種懷舊行為，當能透過臉書輕易且迅速地給每個路過手指的動態按讚，Line 訊息不到一秒就能抵達大洋彼端的時代，當人們連打字都不必，一個貼圖能輕易抽換千言萬語的時代，有誰還想提筆寫信呢？二〇一四年，真正的查令十字路八十四號是間餐廳，隔年五月，它租給一間麥當勞，旁邊牆上有塊銅黃色的「84, Charing Cross Road」銅牌供遊客拍照。

再過半世紀，或許大笨鐘、西敏寺與白金漢宮仍屹立不搖，那些從櫥窗透出暈黃燈光的老書店，恐怕已通通不在了。

＊＊＊

我花了半個下午在福依爾看《冰與火之歌》，另外半個下午耗在「書籤」（Bookmarks）。那時加薩走廊戰火正烈，這間左派書店在櫥窗掛出「I love Gaza」的T恤，下面是馬克思和切・格瓦拉的小頭像。我埋進一本談華人移工的書裡，以異鄉人的心境讀來特別有感覺。

一抬頭已超過打烊時間十分鐘，店員老神在在坐在櫃檯為書編碼，沒催也沒趕人。我走到櫃檯前，問一個在心裡憋很久的問題：「你覺得實體書店會是夕陽產業嗎？」

店員抬起眼：「實體書店的經營很困難，但我不認為它是個夕陽產業。」他推推眼鏡，似乎已經看穿我的問題，「我們不賣咖啡、討喜的小飾品或可愛但與書店理念無關的東西。我們做出自己的特色，選書眼光獨到，在市場有區隔性，擁有固定客群。不過我們還是會把書籍放上網路販賣，這確實提升書籍的銷量。」

他又把視線放回手上在整理的書，然後說：「我們現在可以用很多不同的電子載具閱讀，但再先進的載具也無法取代把一本真正的書拿在手裡，翻閱、隨意瀏覽或字句剖析、丟在一旁或夾上書籤的感覺。我相信，很多人和我的想法一樣。」

英國・倫敦

冷雨中的嘉年華

對諾丁丘嘉年華會（Notting Hill Carnival）的第一印象，是《國家地理雜誌》攝影展的一張照片。一位古銅色肌膚，上身是緊身馬甲，下身是靛紫色大蓬裙的美麗女孩，一面舞動身軀，一面朝鏡頭嬌豔微笑。由於選擇南極船，我放棄參加今年的巴西嘉年華，查了這屆諾丁丘嘉年華會的時間點，我剛好在倫敦，這場全世界第二大、規模僅次於巴西的嘉年華會，成為我在英國最期待的活動。

諾丁丘嘉年華會的歷史可追溯到一九六五年，由加勒比海移民主導，原意是要化解種族對立，現已是結合遊行、音樂、美食的歐洲大型藝術節之一。嘉年華會向來在八月底的銀行節（Bank Holiday）以及其前一天的週日舉行。第一天是適合闔家參與的「孩童日」，週一則是「成人日」。光看名稱，就知道兩者的尺度差在哪裡。

雖然參加成人日，外頭的天氣卻完全不適合成人尺度的打扮。我知道英國很常下雨，卻不知道會在八月天下起這麼冷的雨。看到跟著花車前後盛裝打扮的性感舞者，裹著大衣、圍巾的我，都幫他們冷起來了。

或許那些熱情舞步可以驅走寒氣，濕漉漉的柏油路面倒映著遊行隊伍的華麗裝束，加勒比海、獅子王或中國風。穿著雨衣、撐著傘的遊客愈聚愈多，一位舞者滑步向前，送上一個飛吻。小吃攤瀰漫熱氣，烤架上是噴香的牙買加烤雞「Jerk Chicken」，喝茫的年輕男女淋雨在轉角跟著電音與 RAP 貼著身軀舞動。一個啤酒罐飛過空中，「空」地砸中路邊一戶門廊，某個人家的草坪上有人蹲在地上嘔吐。

人群很悶熱，人群外又好冷。我在音樂與色彩漩渦裡迷路好一陣子，終於看到電影《新娘百分百》裡的那間藍色書店。店門是關的，外頭擺滿酒瓶。

隔天地鐵報的頭版標題是「Washout weather makes for the chilliest August bank holiday EVER」，嘉年華那天的氣溫是十七度，是有史以來最冷的諾丁丘嘉年華與銀行節假期。

在英國的冷雨裡補足巴西錯過的遺憾，熱烈、狂放又脫序，這冷雨中的嘉年華。

陣陣冷雨中，舞者的熱情舞步驅走寒氣。

過場

巨石陣

我對巨石陣（Stonehenge）的第一印象是那張 Windows XP 桌布，掛著幾絲白雲的藍天空、碧綠草地，還有上頭圍繞成圈的巨石。那時對外星人很著迷，看了很多外星文明的書，發現人類只要發現一個不可解的古文明奇蹟，就會出現「那是外星人蓋的」解釋，金字塔如是、復活節島石像如是，巨石陣亦如是。

買第一台 XP 系統的電腦時，我立刻將桌面換成巨石陣的照片。考古學家認為它可能是天文日曆、神廟或墓地，二〇一四年，科學家在石陣附近挖出新時代晚期的遺址，推測這裡可能曾是人類活動的重要中心。不管哪種說法，巨石陣就像是一個安靜的謎題，佇立在英格蘭南部的細雨裡。

從倫敦搭巴士到埃姆斯伯里（Amesbury），再走兩公里到巨石陣。天空灰灰暗暗，細雨陣陣，巨石在眼前一點一點浮出視線，似乎比電腦螢幕裡的蒼老些。買了票，慢慢走進 Windows 桌布裡，看著厚沉的巨石與陰鬱天空，想像夏至早晨的陽光沿著軸線升起，年復一年，在巨石上描摹五千個時間的樣子。

轉入索爾茲伯里市區，索爾茲伯里大教堂的尖頂像是刺穿了天幕，雨水一陣陣落下來。

英國．索爾茲伯里

Hop on the bus!

從倫敦往巨石陣的交通相當不便（也因此造就旅行團的蓬勃），由於返程時已無從埃姆斯伯里回倫敦的巴士，只得從巨石陣搭接駁車到索爾茲伯里（Salisbury），轉 National Express 巴士回倫敦。

下車後遍尋不著乘車處 Millstream Coach Park，眼看這回倫敦的末班車剩不到十分鐘就要發車，焦急地在公車站到處問人，在那等車的多半是外地旅客，紛紛搖頭。

正轉身要問旁邊的店家，一位穿巴士公司 reds 制服的大叔從後方叫住我，「Hop on the bus! 我會帶妳到離 Millstream Coach Park 最近的地方。」

原來是旅客們幫我問了公車司機，司機大叔好心載我一程。發車前，他打電話給住在 Millstream Coach Park 旁的朋友：「我的巴士上有位年輕女士要搭 National Express 回倫敦，幫我盯著巴士，別讓它跑了，我立刻就來。」

Millstream Coach Park 離公車站確實有段距離，發車前一分鐘，公車繞進公園讓我在乘車處旁下車，車上的乘客也不以為意，和司機大叔一起揮手祝我 have a nice trip。

謝謝你們，索爾茲伯里車站的熱心旅客與 reds 87 號巴士的司機大叔，人向來是旅途最美的風景。

9 格陵蘭

格陵蘭・伊盧利薩特

北極圈的沙發衝浪

「不好意思，妳得從機場走路來我家，我沒有車，無法載妳……」格陵蘭的沙發主 Claus 說，「在沒有聯外道路的伊盧利薩特（Ilulissat），每個家庭都有一艘船，但幾乎沒人有車。」

＊＊＊

我在歐洲的原計畫，是一路沙發衝浪從西班牙北上，但因只找女性或家庭沙發主，機會減半，加上遇到度假季節，從西班牙到冰島一路被回絕，生平第一次成功的沙發衝浪，竟是在北極圈。

伊盧利薩特位於北緯六十九度，是格陵蘭第三大城，有四千五百多位居民、超過四千五百隻雪橇狗。我發訊息給沙發衝浪網站上不論男女共十三位沙發主，Claus 是唯一回覆我的人。

冰島首都雷克雅維克（Reykjavik）每天都有往返伊盧利薩特的航班，而且是國內線，小飛機的飛行時間兩個多小時。當飛機穿破雲層，一大片冰原在眼前展開時，我終於理解 Claus 所說，這樣的地形根本無法建構道路，想對外通聯，只能靠船班、飛機、冬季的狗拉雪橇及緊急時的昂貴直升機。

飛機逐漸降低高度，轟然螺旋槳引擎聲中，海面的浮冰愈來愈近，漁船相對下無比渺小。愈來愈強的寒氣穿透窗玻璃，一絲絲往臉上襲來。

與其說是機場，陽春的伊盧利薩特機場更像個有行李轉盤的公車站。和同機的日本旅客道別，我將行李上肩，一步步往四公里外的鎮上走，沒多久就在近零度的氣溫中出了一身汗。

「要去鎮上嗎？我順路載妳吧！」一輛畫著旅行社 logo 的廂型車在我身邊停下，駕駛是瑞典人 Ane，她單手把我的大背包甩上車，「我以前當背包客環歐，完全懂希望有人停下來載妳一程的

沿著藍線步道，海面漂著大塊浮冰。

感覺！」她把我載到小鎮中心，雖是旅遊旺季，鎮上只有三三兩兩的居民，遊客大概都躲進有暖氣的旅館裡了。

到旅行社確認完後天的艾奇冰川（Eqip Sermia）團，距離 Claus 下班還有一點時間，我在路上閒晃，這被稱做 Greenland 的世界最大島沒有綠意，取而代之的是苔原與點綴其間的彩色房屋。路邊有個鮮紅色的耶誕老人雪橇和大郵筒，讓遊客寫信給耶誕老人。在二〇〇三年「世界耶誕老人大會」投票中，有大半國境位於北極圈內的格陵蘭，當選正宗耶誕老人故鄉。不過隔年，格陵蘭政府刪減耶誕老人基金會的資金，想得到回信的大小孩子，得自己負擔郵資。

＊＊＊

五點，我抵達 Claus 家門口，應門的男子兩鬢斑白，透過厚厚的鏡片打量我。

格陵蘭民房的地板下都有暖氣系統，這天算「溫暖」的日子，不須使用。Claus 把空氣床

伊盧利薩特色彩繽紛的民房。

墊拖到客廳，躺在上面，可以看到廚房牆上掛著的三把獵槍，Claus 說，這是打野味用的。

他白小就是個旅人，出生丹麥，跟著父親的工作四處搬遷，最特別的經歷是二〇〇五年在益智節目「誰是大富翁」（*Who wants to be a Millicnaire*）中贏得一百萬丹麥克朗（約合台幣四百六十萬元）的首獎。他捐出半數獎金給一個學校組織，剩下的錢買輛車、結婚，然後開始旅行，他笑道：「算算所有開銷，結婚最花錢。」一走過近四十個國家，還曾在肯亞教過書，他結束旅行，也回到一個人。最後，他到童年時曾短居，卻沒想過會在此落腳的格陵蘭，在伊盧利薩特擔任中學老師，教丹麥英文（**Danish English**）。

Claus 的待客之道有點像老師與學生，希望我能在五天的短暫造訪時間內充分體驗格陵蘭文化。剛卸下背包，他就邀我到美術館 **Ilulissat Kunstmuseum** 參加一位極地攝影師的攝影展開幕，還從學校借回介紹因紐特人（Inuit）文化的 DVD 給我看。晚上我們一起下廚，廚房有兩個冰箱，一個裝一般食材，另一個是冷凍櫃，裡頭是滿滿結冰的格陵蘭鱈魚。鱈魚解凍煎熟後撒上番茄與碎洋蔥、加白醬與檸檬片，搭配格陵蘭自產，口感彈牙的水煮馬鈴薯，那鮮嫩滋味迄今難忘。

北極圈的凍寒氣候種不了什麼作物，加上交通不便，貨物進口成本驚人。超市的蘋果一公斤逼近台幣百元，蔬菜更是天價。這裡的居民大都趁打折時搶購食材搬回家冷凍，當然，最划算的，還是自己出海捕魚。伊盧利薩特的碼頭泊滿漁船，三五好友一起出海，漁獲均分，吃不完的冰起來，解凍還是一樣好吃。在台灣價格高不可攀的格陵蘭鱈魚，我在 Claus 家吃到飽，吃不完的餵給他養的貓。在這裡，進口貓食的成本比鱈魚還貴。Claus 原要帶我出海，結果一連多日風向氣候不允許，只能留憾。

＊＊＊

格陵蘭語中，伊盧利薩特的意思是冰川。從 Claus 家的陽台放眼望去，海面浮著從雅各布港冰川（**Jakobshavn Glacier**）漂來的大塊浮冰。從冰川崩落到離開伊盧利薩特冰峽灣，為時約一年半。小鎮依難度等級規劃紅、黃、藍三種健行路線，一公里到五．五公里不等，讓人體驗沿著海岸線在大冰山旁行走的感覺。雖然地上都有很明確的路線標誌，Claus 仍堅持陪我走路程最長的藍線。

Claus 是歷史迷，沿途跟我從中世紀戰爭說到丹麥史，有時腳步一拐，帶我找據說是古老先民的墓碑。沿路是美麗的苔原，毛茸茸的北極棉隨風擺盪，鏡子般的海面映照層層浮冰與天上的厚重雲層，一個多小時後，Claus 停下腳步，在路邊石頭坐下，扭開隨身的保溫瓶遞給我一杯熱茶，海面傳來輕輕的冰塊叮咚撞擊聲。

「這是氣候暖化的見證。」Claus 指著灰灰髒髒的冰塊。這幾年，格陵蘭的氣候明顯更不穩定，出現罕見的狂風驟雨，夏季氣溫甚至曾超過二十度，有的魚已離開慣常出沒的海域。怪異的天氣也造成森林大火頻仍，黑色煤灰黏在冰上，造成吸熱速度加劇，讓冰山化得更快。我想起前一天站在艾奇冰川前，看著旅遊廣告上寫每五分鐘、現在實則無時無刻在崩解退縮的冰山，氣候暖化議題具體又現實地攤在眼前。

他為我添滿茶，聊起班上幾位來自 Sermermiut 聚落的因紐特學生與家庭，丹麥政府給因紐特原住民每年約六億台幣的補助，優厚福利仍難扭轉當地的家暴與酗酒問題。對年輕人而言，發達資訊反而加深孤絕感，電腦前動動手指就能看到的寬闊視界，現實生活中得以耗時又不便的方式對外往來。家庭有能力的孩子到首府努克（Nuuk）或丹麥念書，留在家鄉的年輕人常感覺未來茫茫。永晝永夜造成的身心失調與單調的生活環境，讓格陵蘭的自殺率居高不下，近年，青少年的自殺率也慢慢攀升。

我們心嚮往之的海角天涯，其實也是一群人急欲離開的地方。

Claus 好奇問著台灣原住民文化與兩岸關係，我努力用英文解釋。出來旅行後，我發現許多人都將國家歷史刻進心底，尤其大陸背包客，不僅自己的歷史，連台灣史也能說得鉅細靡遺。在台灣，我只將歷史死背，在考卷釋放後即忘得乾淨，直到來到半個地球之外，我突然無比在意台灣的過往與國際角色，在 Claus 的朋友說我是從「中國」來時，極力說明台灣與中國政治、經濟、社會及文化的差異，也在一次次梳理述說中，慢慢發現自己對故鄉的認同，慢慢找到自己的定位。

＊＊＊

除了冰川，伊盧利薩特另兩項特色是雪橇犬與極光。在伊盧利薩特的日子只有一天放晴，每晚忍著零下的氣溫站在陽台外，仰頭搜尋極光的影子，卻因雲層太厚，沒有一晚成功。Claus 總敲敲陽台玻璃門，要我進屋喝熱茶，「極光有什麼稀罕？我都看膩了。」

而在放晴的那天，我獨自走到鎮上的制高點看夕陽，晚上十一點，暈黃的日光靜靜浮在漂滿冰塊的海上。我看著緩緩下墜的太陽，回想從南極圈到北極圈的旅程，回想這幾天單純的生活，不必趕車、不必急於移動，只有緩慢的散步、看風景、聊天與定時的吃飯和睡眠。當初迫切追尋一個冒險人生，想與台灣拉開一個夠遠的距離，直到真正歷經顛沛，真正來到一個遙遠的他鄉，才明白平實人生何嘗不是種幸福。

***

又是重新打包行李移動的日子，這次沒能搭到便車，我大口吸吐著冰冷空氣，一路走回機場。螺旋槳小飛機一個盤旋，讓我最後一次複習冰山小鎮的模樣，飛機穿過雲層，窗外一輪環狀彩虹，像是格陵蘭的道別禮物。

回到冰島，在機場連上 wifi，發現 Claus 將我送他的台灣明信片貼在冰箱上，拍照 tag 我。手機跳出他的訊息：「平安抵達冰島了嗎？」

「到了，歡迎來台灣玩，be my guest。」我微笑回覆，因為 Claus，冰點的格陵蘭夏天有了暖度。

1 巨大的艾奇冰川。**2** 在伊盧利薩特，每個家庭都有一艘船。**3** 嬉鬧著回家的格陵蘭孩子。

旅伴

格陵蘭・伊盧利薩特

艾奇冰川團的乘客幾乎都是夫妻或情侶，度假，度蜜月，或帶著岳父母一大家子旅行。

這對夫妻坐在我斜對面，兩人皆兩鬢斑白。太太看起來沒什麼精神，一路上話不多，坐在靠窗的位子上定定看著窗外。縱使搭了五小時的船抵達冰河，她也只在甲板轉兩圈，拍幾張照，便又回到那個靠窗的位子，靜靜看著外頭。先生則像個好奇寶寶，拿著小 DV，上船後東摸摸西拍拍，看看前檯的點心，和導遊聊幾句。

這天的天氣好極了，幾乎每個人都捧杯熱茶在艙外看風景，先生也不例外。但無論如何，他的活動範圍永遠以那扇窗口為圓心，太太只要一抬眼，就能找到他。

夫妻倆隔著窗玻璃，先生不時指指海上的冰塊、岩壁上的瀑布，把剛錄到的好鏡頭秀給太太看，擠眉弄眼加手勢，無聲地解說照片內容。看太太倦了，他對窗內扮個鬼臉，進船艙為她添杯熱茶，理理她的大衣領口，給她一個吻，讓她在他的肩頭沉沉睡去。

返程時風浪轉強，冰河周圍漂著大大小小的浮冰，船隻穿行時濺起大片水花，甲板上的人們被冰水淋了一身。背靠著窗玻璃看風景的先生，第一件事不是拍掉身上的水珠，是連忙拿手帕把身後的玻璃抹乾淨。

和契合的人一起旅行，一方走倦了，另一人緩下腳步，當對方的眼睛，繼續為她帶來這世界的美麗風景。能找到這樣的旅伴，何其幸福。

走倦了，讓我當妳的眼睛。

旅人啊 L

來自菲律賓的L皮膚黝黑，一雙大眼。名字叫 Leo，是拉丁文裡的「獅子」，開口時卻羞怯地像個男孩。他不會說丹麥文，英文字彙量不多，每當詞不達意，他便不好意思地笑起來，露出一口整齊白牙。

這是L在北極圈的第三年。在家鄉打了幾年工，他和同齡的朋友一樣攢下每一分錢，換一張飛往異鄉的機票。家裡的弟弟妹妹要念書，老舊的房子要整修，他是長子，要負起責任。

L頭一次出國就是飛到格陵蘭工作，在機場，他提著少少行李望著看不太懂的告示牌暈頭轉向，直到現在，他仍搞不清楚自己到底是怎麼轉三趟機、花將近兩天半來到這個苦寒之地。一出機場，他被外頭的低溫給嚇著，在這裡，他穿上生平第一件冬衣。

L找到餐廳廚師的工作，他喜歡這裡的簡單生活、比菲律賓優渥數倍的薪水，但因語言限制，他總是格外沉默。Claus 喜歡他的菜，和他聊過幾次後帶他加入伊盧利薩特的丹麥瓶式撞球俱樂部 Billiard Klubben，教他打丹麥瓶式撞球。L很快就上手，排名愈來愈前面，這個充滿菸味的小空間給他一種歸屬感，笑容也多了。

這個傍晚，四位男士打一局撞球，L拿到第二名。我鼓掌，他低下頭，露出不好意思的笑。

我想起在南極船遇見的菲律賓籍服務員A，笑起來同樣是一口整齊的白牙，當船身在八級風浪中震盪時，他的身體始終能優雅地跟著船的搖擺節奏，一滴不濺地將熱湯與咖啡送上桌。

我常坐在餐廳的角落看書寫日記，A不時會過來和我聊兩句，要我幫忙把他的名字與各式各樣的語詞寫成中文。他偶爾聊到工作的辛苦，但仍覺得這是他心目中最棒的工作。在南半球的

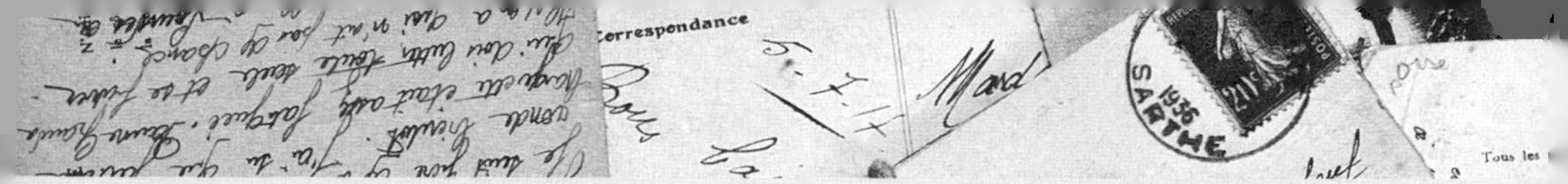

夏天，他隨船去南極，輪到北半球入夏，船會接另一群旅客去北歐。他們忙完工作，有機會上岸當幾小時的觀光客。一起長大的朋友，沒有人像他一樣去過南極也遊過北歐。他最喜歡挪威，喜歡那裡的富足、安定與秩序。

我向L說起A的故事，L笑得很燦爛。「我最期待伊盧利薩特的夏天，因為會有高級郵輪靠岸，船上有些菲律賓籍船員。只有在這時候，我才有機會用家鄉方言和人說上話。」

L問我去過哪些國家，我打開手機上的世界地圖，一句句慢慢說，他一字字努力聽。最後，他吸了口氣，笑道：這樣的旅行，我想都不敢想。

我說，你走了一條更勇敢的路。

離開那天，我背著沉重背包，以烏龜速度慢慢走到四公里外的機場。路上遇到正要上班的L，他揮揮手，「妳要去哪？」

「我要離開了。」我說。L沒聽清，趨前又問一次：「妳要去哪？要幫妳拿背包嗎？」

「我要離開伊盧利薩特了，待會兒的飛機回冰島。」

「這樣啊，」L頓了頓，「妳什麼時候要回家。」

「再半年吧。」

「很好啊，」L說，「我不知道什麼時候才能回家。」他咧嘴露出笑容，「see you again。」

我明白自己是不太可能再回到這裡了，但看著L的笑，我無法把這話說出口，只好也回了個笑容，「see you again。」

加油，在世界另一端努力的旅人。

專注打丹麥瓶式撞球的 Leo。

9 冰島

冰島・雷克雅維克

Blóðga

冰島首都雷克雅維克的十二度夏天，下了整天冷雨，陽光好不容易在傍晚露臉。我裹著厚外套站在碼頭拍照，按下快門後，透過長鏡頭，看到畫面中站在堤岸邊釣魚的兩個小男生向我揮手：「嘿！要跟我們一起釣魚嗎？」

有何不可？我走上堤岸，兩個男孩的腳下已躺了五、六條魚，皆已開膛剖肚，魚肉作為釣起下一條同伴的餌食。

他們很放心地把釣竿交給我，教我如何握好握柄、放鬆釣線，讓魚餌沉入水中。我從沒釣過魚，也沒想到第一次釣魚會是在冰島，雙手緊緊握住沾著黏膩魚血與內臟的握柄，只怕一不小心手滑丟了釣竿。

兩個男孩都叫 **Bjartur**，圓臉男孩剛滿十四歲，高個子男孩還要再等兩個月。「妳從台灣來啊！這麼遠！」兩人有位在香港念書的共同朋友，對中國、香港、台灣的地理位置甚至歷史都不陌生。香港朋友還給圓臉 **Bjartur** 起了個中文名字貝貝，聽起來挺女孩子氣，但圓臉 **Bjartur** 挺滿意，自我介紹時自稱 **Bjartur B**，和高個男孩有所區隔。

這裡的魚群很多，餌放下去不到兩分鐘就感到釣線一陣緊繃。圓臉 **Bjartur** 手不在釣竿上，光看線就知道有沒有魚上鉤。我慌忙收線，有時太急，有時太緩，釣鉤空空如也。

「要有耐心。」圓臉 **Bjartur** 說，「Sometimes you gain, sometimes you lose.」（人生有得有失）他的談吐感覺很超齡。他們在岸邊處理剛捕到的魚，熟練地以小刀劃開魚肚，翻出內臟丟進海裡餵魚與海鷗，魚肉以清水簡單清洗，塞進保鮮盒裡，為晚餐加菜。

圓臉 Bjartur 第一次釣魚是十一歲，那天他捕到一條手臂長的鮭魚，從此讓他愛上釣魚。他細數著冰島各種魚類的名稱，最常釣到的是鮭魚與鱈魚。「現釣上來的魚最適合蒸或水煮，記得別加調味料，擠一小片檸檬，最多一小撮鹽就很好吃了。」

等待的時間很長，他們細數著冰島每一個適合釣魚的地點，鹹水魚與淡水魚的不同。有的地方河水清澈透明，乾淨到可以生飲。高個 Bjartur 曾和爸媽在一個他想不起名字的湖畔露營釣魚，那天晚上沒有月光，星空極為清澈，他們一家三口架好釣竿，坐在湖畔等待。初秋的夜晚很冷，湖水平靜無波，突然北極光鋪天蓋地點亮整片夜空，鏡面般的湖水倒映極光的光彩，頭頂與腳下全是光帶舞動，像是掉進一個奇幻迷離的世界。

另外三個男孩帶著釣竿與魚網走來，倒出幾條魚、水母與海星。「台灣小孩下課後都在做什麼？」他們問。

「打球、補習，也很多人去網咖打電動。」

「我們沒有補習，但我們也喜歡打電動。」他們笑說，「不過我們更喜歡釣魚，because it's...more real.」

冰島的孩子放假時似乎都往外跑，從他們旅行過的國家數目，他們的父母大概沒受冰島經濟破產影響。他們聽到我在環球，好奇地重複許多人問過千百遍的問題，妳準備旅行多久？去過幾個國家？最喜歡哪裡？旅行一年要花很多錢吧？

我笑著回答已講過千百遍的答案，他們接著問我喜不喜歡冰島、冰島文很難吧？

對啊，冰島文感覺像是隨機排列組合的一長串字母，超難的。

他們教我念冰島文的繞口令，連續打舌發出一長串的 rr，大意大概是「你數不數得清我說的這句子裡有幾個 r」，我本來就不太會打舌，念得亂七八糟，回敬「四十四隻石獅子」，他們也是一陣ㄗㄔㄕ纏雜不清。就這樣邊聊天邊等待，看著北緯六十四度的太陽緩緩往海平面移動。

過了快一小時，男孩們準備收工回家吃晚餐，釣竿又是一陣晃動，「趕快收線！」我急收釣線，這次釣鉤上掛著一條小魚。「是條綠青鱈（Ufsi）！」他們教我不用刀子殺魚的方法，把食指穿過魚鰓，出力往外勾，魚血濺在我臉上與外套上。

「Blóðga!」（流血啦！）他們喊，「You're close to an Icelander.」（妳開始像個冰島人了。）

「以滿載而歸結束一天，真是太棒了。」臨走前，他們祝我以後能釣到更多魚。

我笑著向他們揮手，這真是個北國夏天的完美句點，我在冰島的第一天。

在碼頭邊釣魚的孩子們。

極光

冰島．亞庫來利

十二天後，我對冰島的印象無關冰與火，是湊巧遇上的秋季第一場暴雨。連綿不斷的細雨，與無比威力、讓已夠低的體感溫度再降攝氏五度的狂風，造成相機螢幕因過於溼冷而故障。心心念念想看北極光，但從冰島到格陵蘭北極圈，再回到冰島，每晚天空總是烏雲滿布，連絲月光都透不出來。

雷克雅維克有個極光博物館，記載各國的極光傳說。因紐特人認為，極光是鬼神引導死者靈魂上天堂的火炬；古羅馬時代認為極光是刀光劍影；希臘人認為是女神；在瘟疫橫行的中古歐洲，人民認為極光是災難預兆，嚇得哀嚎不止；中國《山海經．大荒北經》中的「燭龍」據說就是極光。看到極光會幸福的傳說到底是從那來的呢？我問了 Claus 和幾個我認識的北歐人，得到差不多的答案：「啊～不知道耶，但似乎大家都這麼說。」

和台灣女孩 Rebecca、馬來西亞女孩 Wynn 與 Summer 一起租車環島，前晚入住斯蒂基斯霍爾米（Stykkisholmur）港邊的旅館，晚餐後看看極光預報只有二，收起相機去洗衣、洗澡。未料剛抹上洗髮精，外頭有人大叫「northern

風很大，撼動放置相機的推車，拍出的極光也有狂風的樣貌。

light」，接著一陣乒乓亂響，所有人抓起攝影與保暖家私往外衝。隨便沖了頭跑出淋浴間，迎頭遇上大夥帶著心滿意足神情與漂亮照片回來，說著極光多麼美麗，心情更是鬱悶地無以復加。

這天是唯一沒有雨的日子，看看極光預報頗為樂觀，清晨在亞庫來利（Akureyi）處處光害的市區拍到些許疑似極光，傍晚與旅伴們早早結束行程，開回亞庫來利繼續等待。晚餐吃到一半，同住 Guesthouse 的德國女孩探進廚房：「妳們要看北極光的話，外頭就是了。」我們四人碗盤一丟，抓起相機，一開門，狂風就狠狠地把我們往後推。

肉眼所見的極光像是條白霧般的雲氣，從山頭往民宿方向接近，顏色逐漸增豔、加強，像是在天空飄舞的淺綠絲綢。位於丘陵頂的民宿周圍毫無遮蔽物，狂風颳得我鼻水直流。抖著手站在外頭一個小時，全身凍得不得了，心頭卻無比澎湃。

極光忽強忽弱，我屋內屋外跑進跑出。風很大，撼動充作腳架的推車，拍出的極光也有狂風的樣貌。凌晨兩點，我最後一次走進狂風橫掃的屋外，月亮下山了，眼前一片閃爍的星空，之下是絲絲朦朧的光帶，綠色、藍色、紫紅色在山巔、樹上、小屋上款擺。

心怦怦地跳，頓時忘了拿起手裡的相機，站在滿天舞動的色彩下，我真心相信，看到極光，是會幸福的。

飛越火山

冰島．巴達本加火山

電影《白日夢冒險王》（The Secret Life of Walter Mitty）中，追著攝影師 Sean 來到冰島的 Walter Mitty 正好遇見火山爆發，他跳上居民的車，滾滾火山灰在後頭追趕，抵達安全處時整輛車蒙了厚厚一層灰。除了 Walter Mitty 在環島公路溜滑板的耍帥橋段，這幕宛如重現二〇一一年艾雅法拉冰蓋（Eyjafjallajokull）火山爆發的場景，也是令人印象深刻的經典畫面之一。當時在電影院看得熱血沸騰，沒想到，遇見火山爆發這檔事真的進入我的現實旅程裡。

這次在北歐待十八天，冰島十三天，格陵蘭五天，被朋友虧要去當白日夢冒險王。沒想到，距離出發一週，冰島的巴達本加（Bárðarbunga）火山熔岩活動加劇，周遭地震不斷，關閉部分領空，航空紅色警戒。

這也未免太剛好！若去程飛不了冰島，我可能會錯過這輩子難得去格陵蘭的機會；若回程被卡在冰島，接下來中東的行程全數延誤。每天刷新冰島火山訊息，祈禱再祈禱，千萬別出什麼狀況。

八月二十九日，距出發前一小時，火山爆發了。幸好規模不大，飛機延遲一個半小時後還是飛上了天，順利降落時，我又在心裡千百遍祈禱這十八天別再有什麼大噴發。

除了天氣變數，到冰島後另一個要解決的狀況，是麻煩的交通問題。冰島號稱世界地理教室，這個台灣面積三倍大的島國，集歐洲最大冰河、頻繁活動的火山、瀑布、間歇泉、地熱、峽灣等地形於一身，很多旅客會選擇環島一周，一口氣集滿所有美景。最划算的環島方法是四到五人租車，冰島的私人巴士公司也推出不同路線的巴士套票或環島 pass，給不會開車或湊不上人數租車的旅客另種選擇。

不過冰島入秋後天氣更加不穩定，加上旅客變少，九月中旬後私營巴士路線停開，只剩班次有限、行車時間冗長的公營巴士銜接各城鎮，且夏、秋季的班表也不同。我抵達冰島的時間正卡在夏、秋交替，該年度的環島巴士在九月七日後陸續結束，找人湊團租車成為環島旅行的唯一解。透過背包客棧發現 Rebecca 她們正準備租車順時針環島，聯繫後時間剛好湊得上，便一起走一段。可惜我比她們早三天離開，只能環半島，十四號抵達第三大城埃伊爾斯塔濟（Egilsstaðir），就要直接回首都雷克雅維克搭機。

埃伊爾斯塔濟到雷克雅維克有陸、空兩種方式，自動排除印象中一定很貴的飛機，公營巴士網站上卻遲不見秋季班表。抵達冰島第一天，首要之務是搞定這段交通，詢問處的大姊幫我打電話問巴士公司，抄了一份從埃伊爾斯塔濟到亞庫來利轉車回雷克雅維克的班表，雖然為時十四小時又走了回頭路，但別無選擇。環島出發前兩天，把所有交通接駁順過一次，公營巴士網站上竟查不到大姊給我的那份巴士時刻。冒雨再跑一趟詢問處，另位大姊幫我查了半天，依舊查無此車。從埃伊爾斯塔濟到雷克雅維克一定得花兩天，要在亞庫來利住一晚，才能接隔天清早的車回雷克雅維克。

失神地在一片慘澹冷雨中走回 hostel，正想要不要就把 road trip 在亞庫來利結束算了，路過 BSI 車站，不死心再去這裡的詢問處問一次，答案依舊沒有，櫃檯的姊姊卻熱心打開 Air Iceland 的網站，「妳回程時間是週日，說不定會有特價喔！」

網頁一開，果然，週日傍晚有個幾乎是機票原價對折的促銷，飛行時間一小時，含稅含行李，甚至比公車票便宜一些。我彷彿得救，立刻訂下機票，千謝萬謝櫃台姊姊，雖然還是淋著雨回去，但似乎沒那麼冷了。

巴達本加火山在這半個月仍舊持續噴發，但因規模不大，旅遊業者順勢推出火山 tour。旅客可以從雷克雅維克、米湖等地搭直升機、小飛機近距離觀察火山噴發，也可從米湖搭吉普車上山。一趟飛行要價不菲，但並不是每次火山爆發的規模都能這般「剛好」到可以作為遊覽景點，相關的 tour 非常熱門。

這一生一次的難得機會，旅伴們不想錯過，我則猶豫很久。畢竟剛在格陵蘭花了一大筆錢看冰河，出門在外七個月，已經無法像剛出發一般什麼都「once in a lifetime」樣樣嘗試。但看著其他在冰島旅行的背包客們PO出壯觀的爆發照，又是心癢難搔。心想交給上天決定吧，有位子就搭，沒位子就算了。

結果原定搭機的那天全數滿團，有點遺憾卻又鬆了一口氣。三位旅伴報了隔天的團，先載我到埃伊爾斯塔濟機場，她們再開三小時的車回米湖搭機。

在埃伊爾斯塔濟悠悠閒閒逛到傍晚，和當地民眾擠進小小的機艙回雷克雅維克。正閉眼補眠，突然被旁邊好大一陣騷動驚醒。坐在走道的乘客紛紛站起身往窗子方向擠，跟著他們視線一看，不得了，下方火紅岩漿滾動，在火山口繞出燒得金紅的圓圈，順山勢往下流淌。太陽剛下山，天空一片深沉的靛藍色，襯得岩漿格外醒目，這是國家地理頻道吧！

飛機駕駛不知是為了閃避火山煙霧還是深諳乘客心理，小繞一圈，剛好讓左右側乘客把火山看個清楚。Wow 聲此起彼落，客機瞬間變成觀光機。一降落，大家第一件事就是連上機場 wifi 傳照片，「I feel like I am Walter Mitty!」。

電影歸電影，對冰島人而言，火山爆發可不像演戲般謝幕後就曲終人散。四年前，艾雅法拉冰蓋火山大爆發，造成歐洲近三十國關閉或限制空域，六萬多架次航班取消，七百多萬旅客滯歐，包括千餘台灣旅客，觀光業總損失高達台幣五〇八億元。火山灰隨風飄散，不僅航空業，快遞農產業也大受影響。火山熱氣將上方的艾雅法拉冰蓋融出兩公里長裂縫，雪水讓冰島南部河流上升三米，淹沒道路，地貌也因洪水改變，後續效應直至今日仍威力猶存。但冰島人也拿境內一百三十座火山沒輒，只能在紀念品杯墊上畫架飛過火山的飛機，「Oops! Iceland did it again」，幽自己一默，正如冰島紅白藍三色，象徵火山、冰雪與大西洋顏色的冰島國旗，繼續與大自然和平共處。

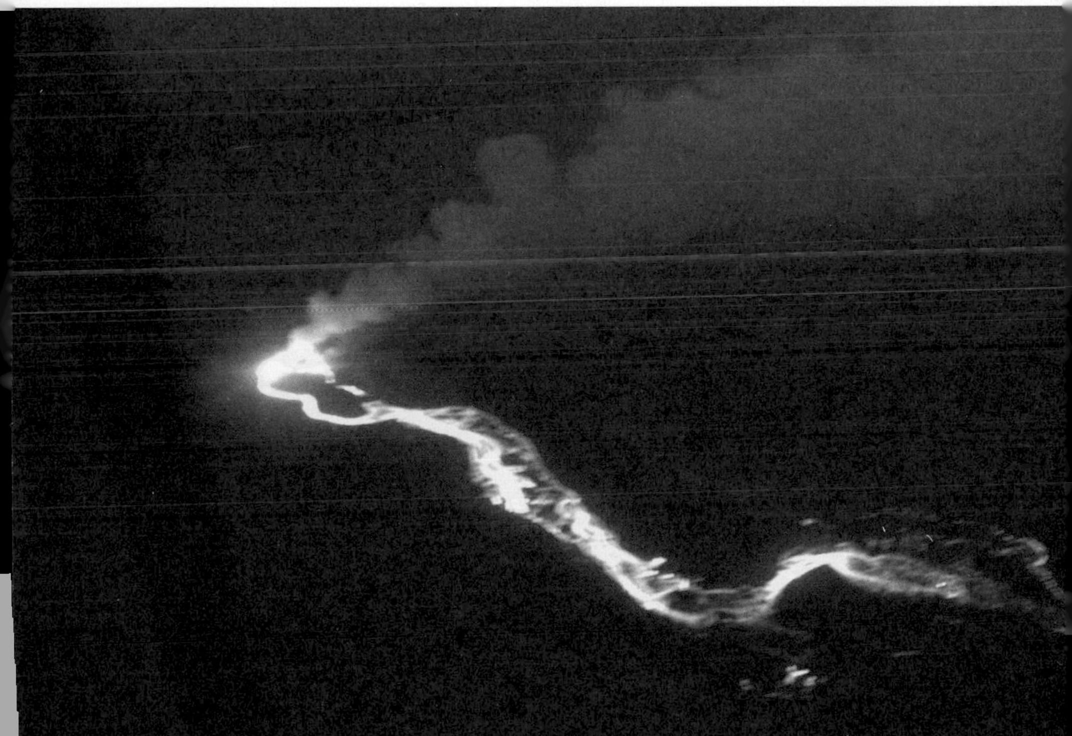

流淌的岩漿有如一頭火龍。

66.5°N → 30°N

PART 5

神與人
蜜與血

God and Mortal

土耳其

格雷梅

熱氣球緩緩浮出谷地，宛如地表冒出的一個個彩色氣泡，當氣球昇到最高點，晨曦也從山陵後方透出，將崎嶇的石灰岩地表染成玫瑰色。

到卡帕多奇亞（Cappadocia）的格雷梅（Göreme）搭熱氣球，就像祕魯要去馬丘比丘、美國要看百老匯、英國去大笨鐘、法國登巴黎鐵塔一樣，似乎是某種約定俗成，到某個地方必看、必去、必做的清單。隨著「一生必去的X個景點」與相關遊記推波助瀾，更在有意無意間左右旅人的選擇。

在清單上打勾時的感動強度，與為了完成這項目標做的努力程度成正比。走四天印加古道抵達馬丘比丘、在寒風中等待兩小時終於搭到熱氣球的感動，絕對大於搭地鐵去看大笨鐘。

跟著約定俗成也沒什麼不好，對旅行後期已開始漫無目的的我而言，有個明確的大目標是好事。有了這些旅途的連綴點，才會有前往目標中發生的，那些精彩的過程。

土耳其．馬爾丁

無聲的美好

在土東小城馬爾丁（Mardin）的市集巴扎（Bazaar）遇見 Ergincl，他指指我的相機，請我為他與旁邊的鄰居大媽拍照。在 LCD 螢幕看見自己的瞬間，他笑得燦爛無比，遞給我一張印著他家地址與 e-mail 的名片，請我把照片寄給他。

這之間，他沒有說半句話，只打著簡單但清楚的手勢配合表情與眼神傳達訊息，我以為他不諳英文，面對不懂半句土耳其語的我，肢體語言是最有效率的溝通方式。

下午逛進馬爾丁著名的室內市集 Kayseriye，肩膀被人拍了一下，一轉身，Ergincl 笑臉盈盈地站在眼前。他逕自拿走我手上的地圖，仔細看著我圈起來的景點，再次比手畫腳。

Mardin Kalesi，他指著上方，雙腳反覆踩踏。這地方是馬爾丁的制高點，要爬點坡。涵括一棟清真寺在內的美麗建築 Zinciriye，他比比 Mardin Kalesi，右手作出向下拐彎手勢。Zinciriye 離 Mardin Kalesi 不遠，下山時可以順道看看。Mardin Muzesi，他指向西北方，比畫出階梯的手勢。博物館也有點高度，得爬樓梯。PTT（Posta Telgraf Teşkilatı，土耳其的郵局縮寫），他指向東北角，作出打電話和寫字手勢，最後還豎起大拇指。土耳其郵局同時承攬郵政與電信業務，馬爾丁郵局的前身是十七世紀商隊驛站，建築雕刻細緻，被譽為土耳其最華麗的郵局，大拇指的意思大概是特別推薦吧。Ulu 清真寺，他指著市集門口，再指指左方。清真寺在市集對面，出門左拐就看得到了。

每次比完手勢，Ergincl 都定定看著我確定我是否完全理解。假如我露出困惑表情，他就再比一次。看到這裡，我開始覺得奇怪，就算完全不通英文，以往幫我指路的人們難免方言母語與手勢夾雜，像他這樣一語不發，只管打手勢的人我倒是第一次遇見。沒過多久，一位老伯上前解開我的疑惑。

他是 Ergincl 的爸爸 Musa，會說一點點英文。他說，Ergincl 是聾啞人，假如我覺得 Ergincl 指的路哪裡不夠清楚，儘管問他。

旅行以來問了千百次路，有熱心幫忙到底、甚至帶我前往目的地的；裝作聽不懂，正眼都不瞧我的；拿出手機打開 google 地圖幫忙尋找，甚至協助撥電話問路的……遍嘗人情冷暖。聽不見也無法言語，卻主動上前幫忙的 Ergincl，讓我當下先是震驚，接著是感動。且從他對地圖的熟悉程度，應該不是頭一次為旅客指點迷津。

Ergincl 對爸爸笑了笑，指指我的相機。我找出早上幫他拍的照片，Musa 看著也笑了。

Ergincl 拉著我參觀他們家的服裝店，指這指那比手畫腳解說。喜歡入鏡的他拉著爸爸一起拍照，靦腆的 Musa 拗不過孩子，推託半天終於拍了兩張。害羞不想拍照的他，卻請我臨走前特別拍張服飾店招牌的特寫。

店名是 Ergin Bebe，以 Ergincl 的名字命名，Musa 對孩子的疼愛，就寫在這塊招牌上了。

回到 hostel 第一件事就是趕緊把照片寄給這對可愛的父子。向來喜歡拍照，能拍下讓人感到幸福的照片，更是再好不過。

雖然 Ergincl 聽不見我的道謝，但希望父子倆打開 mail 的瞬間，能露出和照片一樣燦爛的笑容。

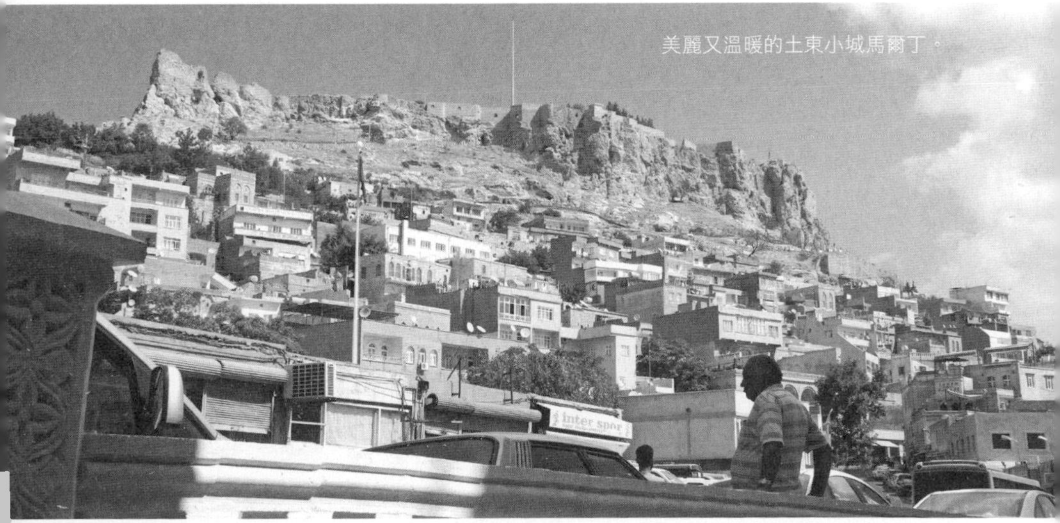

美麗又溫暖的土東小城馬爾丁。

1

2

📍土耳其・內姆魯特山

請載我一程

下午四點半，一個人快步走在往人頭山山頂的車道上。車道又平又寬，但海拔兩千公尺的高度、偶爾飄下的雨與陣陣冷風，才走十五分鐘，我就明白自己無法在天黑前抵達人頭山頂。

西元前六十二年，統治今日土耳其安納托利亞東南部阿德亞曼（Adıyaman）省的國王 Antiochus 為自己在海拔二二五〇米的內姆魯特山（Nemrut Dağı）建造墳墓，墓的兩側各有高達九公尺的座像，包括宙斯、太陽神阿波羅、大力士赫克拉斯、提基女神與獅子、老鷹等，當然也少不了國王自己。歲月摧殘加上地震，雕像的頭部斷落，龜裂崩散，只剩無頭的身體仍挺挺坐在長年颳著冷風的山上，彷彿象徵王朝的起落，令人有些感傷。

這些人頭雕像讓內姆魯特山多了「人頭山」的暱稱，山頂展望極佳，除三百六十度毫無遮蔽的壯闊山景，還能看到在陽光下閃閃發光的幼發拉底河。這幾年，人頭山成為熱門景點，但因交通不便，多數人會選擇跟團看日出、日落，看雕像在變幻的天光下由棕色轉為赭紅色。馬拉蒂亞（Malatya）、阿德亞曼、卡赫塔（Kâhta）或尚勒烏爾法（Şanlıurfa）都有各式各樣的團可以選擇，當地的民宿也不遺餘力地推銷自家行程或接駁服務。

考量交通不便，原本要在尚勒烏爾法報日落團，但一天 tour 抵五天的住宿費，覺得實在錢包很痛。在付錢前一晚，也正環球中的背包客友人傳來自行搭車上人頭山的訊息，加上前陣子剛自行前往人頭山的另位朋友幫忙，我到旅行社取消預約，在老闆「It's hard to go there on your own」的話聲中轉頭離開。

1 又稱「人頭山」的的內姆魯特山。
2 往人頭山的道路蜿蜒。

這趟上山，從尚勒烏爾法出發到阿德亞曼轉車，經卡赫塔上到距人頭山入口最近的卡拉杜特（Karadut），於人頭山國家公園入口處旁的旅店 Cesme Pension 打地鋪，再往上走五・五公里到人頭山。一路上的交通都依靠坐滿才發、沒有特定時間表的小巴 dolmuş。

卡赫塔是人頭山的入口城鎮，旅宿業者亂報車班資訊、哄抬價格，無所不用其極狠削遊客的事蹟，連《寂寞星球》都記上一筆。往阿德亞曼的 dolmuş 上和一位在尚勒烏爾法工作，回阿德亞曼探望父母的土耳其大哥聊開，熱心的他，一下車就幫我確認接下來的交通，在哪轉車、車資等詳細資訊全幫我問得鉅細靡遺，離開前還特別提醒我要小心。

搭上往卡赫塔的 dolmuş，一位自稱在伊斯坦堡做生意，回卡赫塔探親的大叔穆斯塔法看我零錢換不開，掏錢幫我付了車資。正想著其實卡赫塔人其實挺熱心，小聊一會兒，提到自己要上人頭山後就看到他拿起電話打不停。車開到卡赫塔的 Nemrut Kommagene Hotel，車門突然一開，一位戴墨鏡的小個頭男子探進頭，衝著我說「我有往人頭山的接駁資訊，需要的話，找我就對了。」

這位大叔相當眼熟，不就是背包客棧棧友分享過、向住客積極推銷費用可觀、品質可議旅行團的 Nemrut Kommagene Hotel 老闆嗎？搖手請 dolmuş 司機繼續開，到達長途巴士總站 otogar 斜對面的雜貨店，看到寫著卡赫塔—卡拉杜特的 dolmuş 已經等在原地，正鬆口氣卸下背包，車掌小弟卻突然拿著手機走來，說有我的電話。

「Hello, are you Joyce?」電話那頭是卡拉杜特的 Karadut Pension 老闆，前一天曾寄 e-mail 問過住宿事宜，因報價一晚四十土耳其里拉（約四百五十元台幣，含早晚餐）超出預算，最後選擇不住。但重點是，我完全沒和他提過我的行程，他怎麼知道我在卡赫塔？

從阿德亞曼到卡赫塔，知道我叫 Joyce 的就只有那位在小巴上小聊的穆斯塔法先生，看來他那幾通電話是在通風報信。這種被監視的感覺超不舒服，Karadut Pension 老闆還滔滔說著自家房間有多棒，我冷冷回已找好住宿，直接掛斷電話。隔天，路過 Karadut Pension 時順口問了價錢，其實二十里拉就有含早餐的房間，不知情的遊客又被削了一頓。

坐進 dolmuş 裡，正想著幸好過了兩關，沒想到，還是被擺了一道。說好一點三十分發車的 dolmuş，直到兩點半還在等乘客坐滿。司機永遠都說「再等五分鐘」，但我都睡了一覺醒來，車子還在原地。兩點四十分，dolmuş 終於塞進最後一個人，搖搖晃晃出發，但車子開始在沿途小鎮間進進出出，接人載貨卸貨，四十多公里的路開了一個半小時，早超過我原定開始步行上山的三點半。

「我們很快就到了，再五分鐘！」三個「五分鐘」後，司機終於露出真面目：「往人頭山的路很難走，妳現在走上山來不及啦！給我五十里拉（約台幣六百七十元），直接載妳到山頂。」

這簡直土匪。

「放我下來！」我寧可看不到夕陽，錢也不給這種人賺。

司機在 Cesme Pension 門口把我背包丟下車，這間旅社有床位也有營地，當天空無一人。向老闆講定付十里拉露營的錢，在大廳借宿一晚，我匆匆安頓好背包，開始往山上走，這時已是四點十五分。

往人頭山頂的路是平直大馬路，根本不是 dolmuş 司機形容的崎嶇小路。但走不了多久，看 GPS 估算自己的行走速度，我就明白自己無法在日落前到達山頂。但除了繼續往上走，似乎別無他法。走了十五分鐘，一輛小轎車在旁邊停下來，車窗搖下，是張亞洲臉孔，「妳要走上山頂？瘋了嗎？趕快上車！」

停下車的大哥叫羅，來自南韓，被公司外派到土耳其半年多。喜歡登山攝影的他，在南韓就已爬遍各大山脈，來到地景特殊的土耳其更是如魚得水，一休假就開車四處登山旅遊。這是他第三次來到人頭山，這裡的夕陽美景讓他看不厭。

二十分鐘後來到山頂，今天天氣不好，濃霧籠罩，人頭雕塑像在陰鬱天空背景下很是哀傷。山頂的風很強，我們裹著大衣，拉緊毛帽，聊著旅行、爬山和拍照。

聊到獨自旅行的困擾之一就是總是只能自拍，我們交換相機為彼此拍照，難得記憶卡裡的照片有多一些自己的影子。

大霧茫茫，正覺夕陽無望，準備下山，一陣大風颳來，原本的霧氣變成腳下的流雲，如海浪般沿著下方的山脈稜線滾動，從雲隙間透出的光線將天空染成奇異的橘黃色。

我們又快步走回山頂，再一陣風吹過，太陽的蒼白輪廓像是空中淡淡的浮水印，不同厚度的雲層透出不同色調的光，粉紅、澄黃、金色、紫色。雲海的破口，隱隱透出遠方的幼發拉底河。

人頭山的日升日落向來出名，但今天太陽不是主角，這般非典型夕陽令遊客們忘了身後的人頭像。

流動的雲霧中，前方的山脈若隱若現。

一個小時後，我們在輕快的英文老歌聲中開車下山，羅開車送我回旅社，將車上所有水果、餅乾、水與乾糧全都搬進屋裡，以土耳其文夾雜英文再三交代老闆多加關照。「妳明天還要搭便車上山看日出嗎？」我點頭，他嘆氣，回車上翻出一個強力 LED 手電筒塞進我手裡。羅離開後，旅社老闆把我在地上鋪好的睡袋移到儲藏室的舊床墊上，燒了熱水讓我提去廁所洗澡，確實有多些關照。

睡了幾小時，凌晨四點半再度出發，沿著同條大馬路往山頂前進。沒想像中冷，天上閃爍著淡淡的星星，LED 手電筒光束是整條路唯一的照明。二十分鐘後，看日出的車輛開始上山，其中一輛在我身旁停下來：「需要幫忙嗎？」

他是 Eric，美國人，這趟來土耳其就是為了人頭山。為了這趟旅程，他在美國便精心計畫，聯繫好卡赫塔的業者，希望可以包車看人頭山的日落。沒想到昨天天公不作美，雲層籠罩山頭，業者告訴他鐵定看不到日落，直接將原本的日落行程改為日出。「妳昨天上山了嗎？有看到夕陽嗎？」他問。「呃……雖然沒有太陽，但光線變化超美的……」我老實作答。Eric 看著我手機裡的照片，轉頭向司機抱怨：「昨天為什麼要取消啊？」接著抱怨到山頂。

羅大哥好心將我載上山。

山頂的冷風不是開玩笑的，Eric 六十好幾，睡眠不足加上高度驟升，短短幾百公尺的坡道讓他喘不過氣。今天依舊雲霧籠罩，離步道不到十公尺的人頭像都看不清楚。捱到早上七點，天色大亮，四周還是一片朦朧，許多遊客紛紛下山。「今天看來是沒日出了。」Eric 的語氣難掩失望，「我受不了，上面太冷了，妳要跟我一起下山嗎？」

「我再多待一會好了。」就以往的經驗，太陽出來後一會，霧氣就會散開。果然，Eric 下山後十五分鐘，一絲陽光破雲而出，所有霧氣像是變魔術般在十分鐘內散得乾乾淨淨，前方是起伏山脈、閃閃發亮的幼發拉底河，後方是被陽光點亮的人頭像。

等待的代價是找不到便車下山，往下走了一小時，一對土耳其情侶揮手要我上車。透過 google 翻譯溝通，原來他們看完日出後待在山上喝咖啡，才有機會把我撿上車。

從旅社到卡拉杜特的步行距離約三公里，到了村裡還得再走三公里，才能在聯外道路與主要大馬路的交岔口搭上回阿德亞曼的車。在熱烈的直射陽光下走到卡拉杜特，我又忍不住伸出拇指。

這次停車的是在土耳其中部格雷梅經營洞穴屋旅館的 Susan，開著小貨卡載三位美國朋友遊土東、土南，對搭便車旅行這檔事很習以為常的他們，在小貨卡後方清出剛好能讓我容身的空位。Susan 一踩油門，除了半途停車撿起一隻在馬路中央迷路的烏龜，直接把我載到巴士站門口。

躺在高速行駛的小貨卡後車廂，看著藍天白雲下愈來愈遠的人頭山，四周無限延伸的遼闊山景，心情像是寫完一張困難的考卷，有些乏卻又無比輕鬆。謝謝停下來幫助我的每一個人，讓我對人頭山的記憶，不只是漂亮的日出日落。

土耳其

關於土耳其男

抵達土耳其前，向曾到土耳其旅遊的背包客們討教注意事項，他們總要我小心這裡的男人。部分土耳其男對女性的言語或肢體騷擾，以及讓一些女孩失財失身的愛情騙子，這些老鼠屎壞了這國家熱情好客的形象。

在伊斯坦堡，舊城區街頭「Where are you from?」的問句，有八成是做生意或搭訕的發語詞。一旦搭上話，這些穿著光鮮、英文流利加上深邃輪廓與一雙電眼的土耳其男便把妳捧得像是女王，甜言蜜語連發，連天上星星也願摘下。但事實上，這些大都是要讓妳買索價過高的地毯、紀念品，甚至討個便宜女友的爛梗，當擺明「我就是沒錢買東西」，他們或立刻換張冷臉找下個目標，或趁著握手道別機會多摸幾把小手，甚至合照時摟腰搭肩手還往胸部伸，臉頰湊近學歐洲人吻頰禮，就是想盡辦法占點便宜（經與當地人求證，土耳其根本沒吻頰禮這回事）。

在伊斯坦堡第二天下大雨，回 hostel 半路被一位自稱在德國、比利時居住多年的土耳其男纏上，用文法差到聽不太懂的英文滔滔不絕自誇拿到德國某知名大學的經濟碩士學位，在校如何豐功偉業、多麼喜歡與人交友，甚至一路跟著我上電車。電車上擁擠濕滑，他藉機伸手要扶我的肩，我閃過說不必，頭上就有可靠的吊環可以抓握，他大概看出我臉上的厭惡，問道「妳不喜歡我嗎？」真不知當時在客氣什麼，只說我累了想一個人靜靜。他又繼續滔滔不絕，最後露出真面目表示自己幾年前返鄉做導遊，願不願意明天與他同遊博斯普魯斯海峽，他不跟漂亮女孩收費。

心中厭惡達到最高點，立刻在下一站下車，自此遇到這類「妳從哪來、一個人嗎、哪間旅館」的問句，我乾脆裝聽不懂英文，或露出無名指戴著的假婚戒，說自己和老公帶著三個小孩一起旅遊，他們頂多再撐兩句就會閉嘴離開。

但這只對會說英文的土耳其男奏效。

在馬爾丁，晚上停電，回民宿後想起忘了買隔天早餐，帶著手電筒出門到附近的麵包店。馬爾丁的房子大都沿丘陵而建，每道通往住所的向上階梯都長得相像。回程時拐錯彎上錯樓梯，正覺不對，身後突然傳來腳步聲，一位大鬍子土男向我打招呼，接著是串聽不懂的土耳其話。我以為擋到他路，退到旁邊人家的露臺上讓他先過，結果他也停下腳步，擋在露臺口看著我。

這視線讓我心裡發毛，用英文向他說借過，他不為所動，土語滔滔不絕，最後拿出手機，終於說了個我懂的單字「telephone」。我跨前一步，說我沒電話號碼，請你挪步我要下樓，不料他伸手抓我手臂，當下大喊「no!」揮開他的手連奔帶跑衝下樓梯，回到依舊漆黑的大街。

在尚勒烏爾法，卸下行李出門吃晚餐，突然肩膀被人拍一下，一位高瘦土男又是土耳其語不絕，見我沒反應只管快步前進，他竟幾個跨步攔在我身前，拿出手上手機猛指，看來又是個想要電話的傢伙。我說「no telephone」，他伸手抓我肩膀，想起多年前台灣女生在尚勒烏爾法遇害的新聞，心裡又驚又怕，掙脫他手跑進前方理髮店，才見他離開。

雖然路上還是遇到不少熱心助人的土耳其男，但少數老鼠屎，依舊破壞了我對人的信任。

在土耳其最後一週在安塔利亞（Antalya），晚上在舊城區吃完晚餐，慢慢沿著點著黃色燈光的小巷道逛回民宿。巷道兩側都是紀念品店與地毯小販，一路上的「Hello? Korea? Japan?

China?」大大破壞我的逛街心情。路過一間紀念品店前，斜靠在門口椅子上的一位男子笑著看我，用輕佻的語句發話：「Hey~I'm looking for a Chinese girlfriend!」

路上受的悶氣一次爆發，我轉頭大罵：「Go xxxx yourself!!!!!」土耳其男愣住了，旁邊逛街的遊客也愣住了。

這時才想到「他該不會衝上來打我吧？」趕緊拐進旁邊的巷弄裡快步離開。

總覺得退一步海闊天空，再怎麼糟的狀況，若沒踩到我的底線，往往咬牙一忍就過。旅行路上難免遇到不順遂，但無數抱怨不滿大都悶在心裡百轉千迴，當街開罵，還是生平第一次。

為什麼土耳其男會吃定亞洲女孩，就是因太多人對騷擾忍氣吞聲，讓他們有得寸進尺的空間。遇到糾纏不清，讓妳感到不舒服的爛人，請勇敢說 no 或求救，這裡沒人認識妳，保護自己，比顧形象重要。

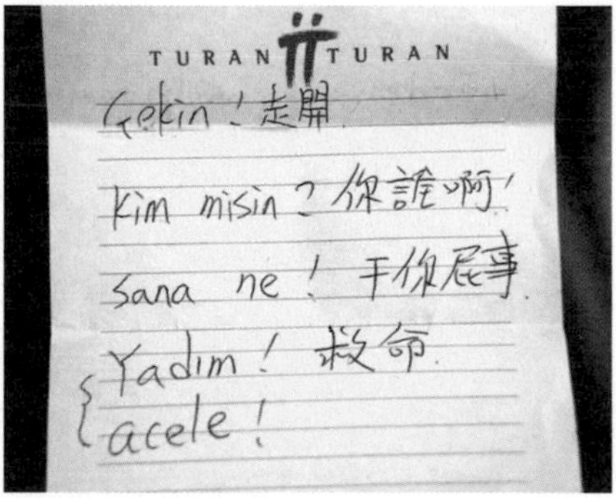

土耳其友人提供的自保用語。

約旦&埃及

約旦・佩特拉

沙漠裡的求愛

我在佩特拉（Petra）古城的入口小鎮 Wadi Musa，遇見也在環球旅行的日本背包客 Sho 和 Eiko。他們和我一樣，頂著沙漠的乾燥與日夜溫差來到約旦，只為一睹那座電影《法櫃奇兵》中，閃現玫瑰光澤的卡茲尼神殿（Al-Khazneh）。

名列世界七大奇蹟之一的佩特拉古城，北通大馬士革、西是加薩走廊、橫跨東部沙漠可抵波斯灣、往南航行可到印度洋與紅海，不僅曾是交通要塞，還是商旅樞紐。學者相信，蓬勃商業與文化交流，和龐大的古城規模、融合希臘與埃及風格的石造建築有相當關係。

佩特拉是誰建造、如何建造，迄今眾說紛紜。能確定的是，時至今日，它還是約旦的金雞母。上萬名遊客穿過蜿蜒狹窄的蛇道，一・五公里後，眼前視野一寬，像是歌劇舞台的布幕「唰」一下拉開，宛如自岩石而生的卡茲尼神殿佇立眼前。站在二十層樓高的石殿之下，相信我們臉上的驚嘆表情，和千年前來自世界各地的商賈沒兩樣。

我買了兩日票，第一天走主步道，沿路參觀卡茲尼神殿、山壁上雕鑿的墳墓 Street of Facades、The Colonnade Street 遺跡，再往上走到修道院（Monastery）。第二天走支步道去 The High Place of Sacrifice，再補完前一天沒走過的區域。

第一天傍晚，曬了整天太陽，走了大半座古城後，我在街頭尋找後天可以帶我去粉紅沙漠瓦地倫（Wadi Rum）的團，一個黝黑精壯的男子叫住我，「需要幫忙嗎？」

他叫 Jesse，自稱是佩特拉的解說員，也在親戚的旅行社幫忙。他報給我一個不錯的瓦地倫團價，要我考慮一會兒，他會在一間茶館和朋友喝茶，若我想參加他的團，就去茶館找他。

經過土耳其的遭遇，我對這類在觀光區主動上前搭訕推銷的男子沒什麼好感。我搖頭婉拒，但兩小時後，當我吃完飯步出小吃店，又看到 Jesse 與 Sho、Eiko 在聊天。「Joyce，要不要跟我們去喝茶看夜景？妳的朋友已經答應了。」Jesse 看到我，露出一口整齊白牙向我招手，Eiko 和 Sho 向我點點頭，但 Sho 的表情似隱隱有種想拒絕但不知該如何說起的無奈。

「不要有壓力、不要有壓力，我們是朋友，這是朋友的聚會，不會向你們收錢。」Jesse 看穿我們的想法，撥電話招來一輛計程車，Jesse 要司機先開到他家，他將茶壺、茶葉、一桶水與幾個坐墊丟進後車廂，車子發動前，一位高瘦的男子突然擠進後座，他自稱 Ali，是 Jesse 的表弟，想跟我們一起看夜景。

每位阿拉伯人似乎都有非常多表哥表弟堂叔阿姨，Ali 與 Jesse 長得一點都不像，但在我們開口問話前，Ali 率先自我介紹，他在餐廳當服務生，對亞洲文化很感興趣，聽表哥說有一群亞洲朋友想看夜景（咦？到底是誰提議去看夜景？），他也跟著一起去。

這種誤上賊船的感覺在計程車停在一條沒有燈的山徑旁時感受更強烈，但 Jesse 和 Ali 把茶壺、坐墊等一一搬下車，吆喝著請我們幫忙拿，若是要劫財，要我們拿這些東西做什麼呢？

我們摸黑走上一段長階梯，在一個平台停下。Jesse 丟下茶具，要我和 Sho 一組、他和 Eiko 一組去撿柴火，雙眼適應黑暗後，我們就著稀淡的月光，看到自己身處山頂的一座遺址中，腳下是 Wadi Musa。

「該不會被搶劫吧？我一直覺得怪怪的。」Sho 和我的想法一樣，但一來不知道路，二來沒有交通工具，我們最後還是撿了兩手柴火回到平台。Ali 已經把座墊鋪平，Jesse 劃亮火柴升火，一壺滾水很快就在柴堆上沸騰。他就著火光教我們挑選柴薪，濕柴當然不行，新生枝枒水分多，燃燒時容易生煙，也不夠好……聽著聽著，那種「會不會被抓來賣」的擔憂似乎淡了些。

站在卡茲尼神殿前，完全能理解
為何它會被列為七大奇蹟。

Jesse 和 Ali 一搭一搭說著佩特拉的歷史，據信這裡原本是游牧商賈納巴特人的首都，進可攻、退可守的隱蔽谷地一度成為金融貿易大城。為了彰顯商業樞紐的氣勢，納巴特人在古城入口處興建卡茲尼神殿，這神殿不是用蓋的，是從粉色砂岩裡一點一點雕鑿出來的。雕石頭不像蓋房子有修正餘地，只要一分出錯，就會造成無法挽回的後果，小則建築歪一個角，嚴重可能造成整座神殿崩毀。無論究竟是納巴特人培養出一位天才建築師，還是他們重金聘請外國人才來蓋神殿，這建築都是當之無愧的世界奇蹟。

經過幾個王朝興衰、紅海貿易興盛，加上領土西至土耳其、向東最遠延伸到印度的薩珊波斯帝國崛起，佩特拉失去經貿地位，居民紛紛外移，十九世紀的瑞士探險家進入這座荒廢古城時，只剩少數游牧民族貝督因人在這一帶活動。

Jesse 說，政府開發佩特拉後，原本住在洞窟裡的貝督因人多半移居到都市或附近的小村落，住在普通有水有電的房子裡。如今在古城內戴著阿拉伯頭巾，販售飾品或說服旅客騎驢上山的年輕男子，雖自稱自己是貝督因人，其實有不少只是穿貝督因服裝的一般阿拉伯人。他們天花亂墜說著貝督因四處流浪，住在帳篷或山洞中的爛漫游牧生活，進而以藉口體驗貝督因生活，花言巧語把女孩騙到郊外的洞窟調情。一夜歡好後，隔天就如人間蒸發。

「千萬別相信貝督因男人。」跳動的火光中，Jesse 看著我和 Eiko，非常誠懇地提出建議。沙漠中的夜晚很冷，他為我們再添一杯甜茶，順手遞一杯給剛小解回來的 Sho。我們啜著濃甜的熱茶，望著腳下 Wadi Musa 閃現的燈火。

＊＊＊

這個夜晚確實像是個朋友聚會，由於 Sho 明天一早要搭車前往瓦地倫，Jesse 早早叫計程車把我們送回旅社，還順道帶我們去朋友的麵包店買隔天午餐。道別前，他約我和 Eiko 隔天一起吃烤肉，他想帶我們去一個祕密景點，俗稱「小佩特拉」的 Al-Beidha，可以看到類似「Petra by night」的美景。

「誒，他們感覺很熱情耶。」Jesse 與 Ali 離開後，我們三人鬆一口氣，也懷疑是不是自己錯怪好人。Sho 先去睡，我和 Eiko 討論起「Petra by night」。

「Petra by night」是約旦政府想出的觀光噱頭，在每週一、三、四從沿蛇道擺放一千五百根蠟燭，終點卡茲尼神殿被燭光點亮，赭紅與橘黃的光線與陰影在巨大神殿上跳動，很有氣氛。這代價是十七約旦第納爾，約合台幣七百六十元，比我在約旦一天的花費還要多。我和 Eiko 都喜歡拍照，也一樣能省則省，考慮半天，決定再相信 Jesse 一次。

隔天晚上，Jesse 和 Ali 準時出現在旅館門口，計程車載著我們與烤肉、pita 烤餅一路往郊區開，約半小時後，車子在一個天然洞窟前停下來，Jesse 和 Ali 快手快腳拿下食物，和昨天一樣，車子就開走了。

在手電筒燈光照明下，Jesse 和 Ali 將十多根蠟燭放進洞壁的鐵製燭台點亮，整座洞穴融入一片燭光裡。吃飽飯，Jesse 帶著 Eiko 爬到洞窟上，Ali 帶我去一個說是可以俯瞰小佩特拉的制高點，說是會有不同的風景。

腳下的沙鬆軟冰涼，很難走得快。Ali 突然拉住我的手說要帶著我走，我嚇一跳甩脫。到了那制高點，眼前是一間看似洞窟旅館的小丘，入口處擺著兩列蠟燭，和想像中全然不同。夜景沒什麼看頭，正想打道回府，Ali 突然湊近我的耳邊，低聲說：「我喜歡妳，我覺得妳很漂亮，當我女朋友好嗎？」

從土耳其到約旦，歷經無數搭訕後再聽到這種話，我只覺得全身雞皮疙瘩。我亮亮手上的假婚戒，「我結婚了，小孩兩歲大。」

「這有什麼關係？妳還是能有位約旦男友，很多外國女生都這麼做。」十位中東搭訕男中，有九個被拒絕後會搬出這樣的標準說詞。我掉頭往洞窟方向走，Ali 追上來劈頭就問：「妳回去幹嘛？我還有地方要帶妳去看。」

「我要回去找 Eiko。」我想起之前在里昂的類似經驗，上次脫身了，這次怎麼又會這麼大意，和旅伴分散呢？Ali 猛地拉住我，「不然給我一個吻，從來沒有女生吻過我，我想嘗試接吻的滋味。」

我想著待會還要回 Wadi Musa，忍著給他一巴掌的衝動，繼續往回走。Ali 在旁邊喋喋不休，說有不少外國女生和他們的約旦男友發生關係，尤其亞洲女生很放得開，Jesse 看到 Eiko，就覺得她很可愛，想找機會跟她獨處……

我努力抵抗腳下的沙，愈走愈快，Ali 試著抓住我的手，「妳生氣了嗎？」

「你們這種假好心的傢伙真的很可惡！」我想起 Jesse 提醒我們別相信貝督因男人的嘴臉，原來他們倆就是最大的惡人。

當我跑回洞穴，Jesse 正幫 Eiko 按摩，雙手沿肩膀、背部往下滑到腰，根本沒見過這樣的按摩法。Eiko 一臉驚懼，站起來走到門口，Jesse 和她說了差不多的話，她害怕遭遇不測，只能一直拒絕。Jesse 一直要她 relax，說要幫她按摩放鬆，手搭上去不

1

2

1 第一天晚上，我們當 Jesse 是好人。
2 小佩特拉的夜景，是這趟旅程最驚悚的回憶。

久，我就回來了。

接下來兩個小時，Jesse 和 Ali 一直說服我們當一夜女友，Eiko 拿出根本沒有 SIM 卡的手機威脅要報警，兩人才閉嘴。在「會不會遇害」與「自己怎麼那麼笨」這兩股情緒撕扯中，晚上十一點，計程車終於來了，司機一看我們的表情就知道發生了什麼事，最後把我們倆丟在鎮中心的圓環，揚長而去。

我原本還跟 Jesse 報了隔天的瓦地倫團，一下車，就立刻報了另一間更早出發的，清晨就頭也不回地離開 Wadi Musa。對於要多留兩天的 Eiko，只能提醒她要小心。

後來上網一查，確實有小佩特拉這座小型古城，我們那天看到的夜景應該是該處的旅宿 Little Petra Bedouin Camp。心懷不軌的男人會藉口帶外國女性遊客到那一帶的天然洞窟看夜景，再軟硬兼施要求發生關係。

或許是伊斯蘭教兩性間有嚴格分際，加上外國影片中開放大方的女性形象影響，我們這些非屬伊斯蘭教的「開放」外國遊客就成為他們一夜情的意淫對象。還好我和 Eiko 運氣好，毫髮無傷脫身。

這宛如電影般的沙漠求愛一點也不浪漫。這是整趟旅途中，最令我毛骨悚然的經驗。

1 佩特拉裡的貝督因人演奏傳統樂器。**2** 佩特拉古城裡有許多騎駱駝或驢兒生意的貝督因或阿拉伯人。

鬼打牆印度簽

埃及．開羅

又為印度簽證耗去一個上午，依舊空手而歸。已在埃及多拖三天，無窮無盡的等待讓人喪氣。

由於印度簽證僅有六個月效期，我出發九個月才抵達印度，只能在國外辦簽。網路上資訊顯示，在埃及申請印簽大約一週多一點可辦成，清晨到開羅，我一大早就帶著申請文件，到印度駐埃使館等開門。

沒想到這開啟一串的惡夢，印度駐埃使館每天受理逾百文件，窗口只有一位大媽收件，狹小辦公室容不下潮水般湧入的申請人，只能先抽號碼牌，大家擠在樓梯間等，等到叫號進辦公室，再一輪近一小時的等待，把申請文件送交窗口，等一小時後主管批示過關，再繳交規費。平均而論，從抽號碼牌到得知簽證結果，需耗費三小時。

第一次申辦，窗口承辦大媽要我先補詳盡行程表，明天再來。隔天又重覆三小時等待，這回要我先等一週「確認是否准許申請」。一週後人在七百公里外亞斯文（Aswan），打電話回使館卻始終無人接聽。夜車趕回開羅，在使館呆坐一個半小時終於叫號，承辦大媽瞥我一眼，說：「大使還沒空審妳的件。」

忍氣吞聲強調只是個單純觀光客，簽證效期有限，在開羅時間也有限，無法一直等下去。大媽要我到旁邊坐，又坐了一小時，頭戴棒球帽的大使出現，幾分鐘翻翻我的申請表算是審完，這回要我補銀行存款證明。

刻不容緩立刻到使館對門的列印店，一頁彩色列印要價十埃磅（四十台幣），幾乎可抵我兩餐。趕在使館關門前補件，又枯坐半小時，一邊辦公小間的大叔招手要我過去。「這次可以拿到簽證嗎？」我急問。「可以可以。不過明天是印度國定假口，後天是伊斯蘭週末，妳三天後早上十點再來。」

三天後，早上九點半到使館，警衛要我抽號碼牌排隊。「但你們工作人員請我今早十點來領簽證。」「請抽號碼牌排隊。」「就是那位坐在辦公小間裡的先生和我談的，可以麻煩幫我問問他嗎？」「請抽號碼牌排隊。」

十一點，窗口大媽把號碼牌扔還給我，「我們顧問沒准妳件。」「不是要我今天來領簽證嗎？怎麼又變沒准件？」我把號碼牌推回去，指著辦公小間方向。「不然妳自己去跟他談。」大媽滿臉不耐。

辦公小間的大叔幫我敲了顧問的門，年輕顧問挺和氣，問了行程，翻翻文件，面露難色。「嗯……妳的職業欄寫記者，我們給記者的是採訪簽證……」「我目前留職停薪，純旅遊，跟工作完全沒有關係。」顧問把文件又從頭翻到尾，「嗯……我給妳 J-Tourism visa（記者旅遊簽證），妳明天再來。」

吸口氣吞下千百句抱怨，要是問題出在我的職業，為何不一開始就表明我的簽證會審比較久？讓我三天兩頭跑回開羅，在埃及的所有行程都卡在一紙印度簽打轉？為何不一次告知我要準備哪些文件，非要我每跑一趟就補一份，一次耗掉一整個上午？為什麼當初寫申請表要那麼老實，不乾脆在職業欄填個 N/A 省事？

申請表又進了大使辦公室，中午十一點多，他探頭出來宣告：「妳再等四天。」「顧問說我明天可以領件。」埃及第十七天，光在開羅就瞎耗八天，再等就不必去以色列。「妳四天後來。」大使又把門關上。

辦公小間的大叔像是我的最後一根浮木，幫忙撥分機給顧問。低聲下氣請顧問再跟大使溝通一下，我站回窗口等待答覆。

十多分鐘後，這回等待時間變成三天，在十坪大辦公室鬼打牆似跑了一上午，實在沒有精力再爭。三天是最後底線，到不了印度，大不了待在尼泊爾，走兩條登山路線，剩下時間在波卡拉（Pokhara）的湖畔發呆。

世界這麼大，總是有地方去的。

埃及．開羅

亡者之城

埃及首都開羅的公墓群 Qarafa，又名亡者之城，地下埋著無以計數的亡魂，地上住著約一百萬名活人。

從十四世紀開始，富人與官員在此建造華麗的家族墓地，並雇用守墓人看管。他們為守墓人建造居所，院落、大門、圍牆、屋宇與墓室俱全。七百年來，埃及人的薪水跟不上人口爆炸的速度，買不起房子的貧民選擇「以看墓換屋」，與「墓主」比鄰而居。這幾年，更多貧民搬進公墓裡與主墳共居，死人城裡有公車、超商、清真寺，也有水菸館與咖啡店。

我沿著亡者之城外緣走，每一條巷道都布滿垃圾與塵埃，看不出哪條是進去的路。我在路邊一間商店買了罐水，順道問老闆該怎麼進去。

「從那棟房子旁進去比較好。」老闆指著一個鋼筋外露，看似還沒蓋好的屋頂。這裡和南美的貧民區一樣，放眼都是蓋到一半的房屋，居民住在底層。聽說這樣稅金會比較便宜。

老闆也是亡者之城的住民，平常和哥哥在城外開雜貨店，有時去旁邊的薩拉丁城堡兼差導覽，說得一口流利英文。他揮手招來兒子為我帶路，指指我的斜背包，「看好妳的財物」。

小巷入口有一群雞咯咯叫，一名老婦坐在門口盯著我瞧，左眼黯淡無光。斑駁掉漆的窗口晾著花紋繁複的布，一群孩子向我衝來，又大叫跑開，遠方傳來打鐵的聲音。再往內走，大馬路尖銳的車聲與喇叭聲像是被一道看不見的牆區隔在外，一方方墓地安靜陳列，有的簡單樸素，有的雕刻華麗達兩層樓高，湊近看，還可勉強分辨上頭的名字。富有死人的長眠之所，勝過貧窮活人的安身之地。

開羅的空氣汙染很嚴重，血紅夕陽在灰濛濛的天空中散著詭譎的光芒。接近黃昏，在外打工的男人多半還未返家，城裡大多是戴著頭巾的婦女、在墓群間嬉戲的孩子與坐在門口一動也不動，如歲月殘影般的老婦。一位穿著阿拉伯長袍的老人提著兩手的菜走進院落，向我點了點頭。

埃及政府近年為亡者之城接上水電，默許它的擴張。但這依舊無助解決開羅的住房問題。Qarafa 占地僅六平方公里，墳地無法轉讓，這裡很快又會飽和。人們當然希望搬家，倒不是因為忌諱，而是求更好的生活品質。

和雜貨店老闆道別前，我問他，和死人住在一起，你不怕嗎？

他說，生活已經夠難，煩惱死有何用。在埃及人的觀念裡，死人與活人是共存的，親人離世後，依舊在家族占有一席之地，埃及人不畏懼死亡，也不視作禁忌。他眨眨眼，引用電影《神鬼傳奇》的台詞，「dead is the beginning.」

生終有死，向死而生。

埃及・亞斯文

找妳三包番茄醬

傍晚五點半，誤點半小時的火車終於慢慢駛進路克索（Luxor）車站月台，所有人以逃難般速度往車門擠，想下車的人跨越不了車門，要上車的人也上不了車，埃及人的字典裡似乎沒有退讓這詞，就像街上駕駛永遠只按喇叭不踩剎車，縱使乘客與行李全卡成一團，大家似乎就只知道往前擠，人體填滿狹小車門的每一縫隙，然後在車廂走道再次重複進退不得的情境。歷經一陣埃及式的混亂，二十分鐘後，火車開了，大家各就各位。

三等車廂的人與行囊密集到無以復加，濃烈的體味、食物味、霉味與不透氣空間裡特有的滯悶氣味混成一團，實在擠不進車，只好改往二等廂走，一位老伯脫了鞋獨霸兩張座椅沉睡，冷氣空調蓋不住他的腳臭。找到一個空間把背包與自己塞好，身旁的埃及大叔緊盯我的一舉一動，阿拉伯文連珠炮發，縱使以翻譯 app 說明我不懂阿拉伯文依舊無效。大叔遞來餅乾水果，接著指指我的水罐打手勢詢問是否能喝一口，飲畢繼續熱切地望著我的舉措，拿出手機自拍順道將我入鏡，好不尷尬。

打開手機看亞斯文資料，大叔指著上頭 hTC 再指指自己的 Samsung 呵呵笑；拿出筆電寫文章，大叔湊近看我打字，正想他怎麼好一陣沒動靜，結果他維持頭半懸空的姿勢睡著；好景不常，安靜不到半小時，大叔醒轉，開始與旁邊站著的埃及小夥子討論我到底從哪來，從不斷出現的 China 來看，他們認定我是中國人。

下車前大叔不忘掏出 Samsung 手機，連連比劃詢問是否有臉書或電話號碼，忍住想翻白眼的衝動連連搖手表示沒有，大叔終於放棄。天哪，這三小時的車程比在路克索西岸走半天還累。

亞斯文月台，再次逃難似地下車，眾人忽略地下道，直接穿越鐵軌到對面出口。我沒膽效法，慢慢排開人潮往地下道前進，一位不知從哪冒出，目測約十五、六歲的男孩上前阿拉伯文連發，指引已經夠清楚的方向，走到地下道盡頭，還伸手要為我拿背包。怎麼可能讓背包進他手中？我好聲好氣說「please leave me alone」，他跨步拉住我衣袖，右手伸到我臉前，這次我終於聽懂他口中吐出的單字了，是「money」。

真的忍無可忍，甩開他手用高十度音量大吼「不要碰我」！男孩正如多數吃硬不吃軟的埃及無賴縮手跳開，一旁來來往往的乘客爆出看好戲似的笑聲。在埃及一週，沒有一天不是帶著要和人吵架似的臉色面對死纏不放的掮客，這次可好，連要小費也開始動手動腳。

＊＊＊

革命與戰爭讓埃及街頭的觀光客幾乎銷聲匿跡，景點的門票幾乎全數上漲，兩週前進古夫金字塔的門票是一百埃磅，現在漲到兩百埃磅（二〇一四年十月，一埃磅＝四．三台幣），稀少的遊客得加倍分攤這裡的觀光收入。

一天前在路克索帝王谷，門票五十埃磅，裡面的圖坦卡門墓另要五十埃磅。我進入墳墓時，狹小的墓室只有我與一名管理員。他打開圖坦卡門棺木前的圍欄，招招手示意我進去。啪一聲，他扭開手電筒，強力燈光對著圖坦卡門的木乃伊：「妳靠近看看。」我站在原地，望著強光下法老臉上的皺褶，若他地下有知，不知道會怎麼想。

他見我不感興趣，關起手電筒，伸手向我要小費。我不置可否，快步往出口走去，與另一對情侶在傾斜的甬道中錯身，墓室中立刻傳來管理員的聲音：「你們靠近看看……」下一個陵墓內有精美石棺，棺木上的雕刻高於視線水平，管理員提議大家可以踩上旁邊的石雕，看得比較清楚。一位遊客老兄還真站上去了，管理員一路追討小費到門口。

＊＊＊

亞斯文，尼羅河最美的轉彎處，河上點綴風帆。美麗與混亂並存的埃及，令人又愛又恨。

快步離開車站，甩掉糾纏的掮客，在警察協助下找到一間差強人意的旅館，已是汗流浹背。去超商買一瓶三埃磅的水，付五埃磅紙鈔，收銀老伯丟回一埃磅銅板與三包麥當勞薯條附贈的小包番茄醬。我問：「我的一埃磅呢？」老伯指著番茄醬答道：「這裡。」

心中一把火起，又無奈地想笑：「我不要番茄醬，我要我的一埃磅。」老伯板著臉：「我沒零錢！」我指著隔壁收銀機：「那裡明明就有。」老伯勃然大怒：「我沒有、我就是沒有！」

我只好拿回我的五埃磅，移到隔壁收銀機結帳。

＊＊＊

在埃及，有一種觀念叫做喜捨。富人將財物施捨給窮人理所當然，窮人向富人索取財富也不足為怪。這點

小錢不算什麼，我不耐的是投機者的態度。看不清對方真情還是假意的無力感、一味消費古蹟卻疏於保護的行徑、連買瓶水也不老實找錢的作為。每當小販搭訕時問我：「妳喜歡埃及嗎？」

我總無言以對。

1 著名的吉薩金字塔群，是騙子與掮客的一級戰區。**2** 埃及火車有分一到三等，二等車擠滿人，三等更不用說。

埃及．塞加拉

金字塔下一杯茶

第五次申請印度簽證被拒那天，我獨自搭車到位於開羅南方約三十公里的塞加拉（Saqqara），那裡屹立比吉薩（Giza）金字塔群更古老的階梯金字塔（Pyramid of Djoser），建於西元前二十七世紀，六層階梯狀建築，有近二十層樓高。

金字塔中沉睡著埃及古王朝第三王朝法老左塞爾（Djoser），他曾夢見自己不斷爬樓梯，一路往天空的方向去。醒後，他喚來大祭司印和闐為他蓋一座「延伸到天上的墳墓」，智慧過人的印和闐，用柱子分散巨大石塊的重量，一階階往上加高，建造一個以房間、廊道構築的迷宮。深受法老信賴的印和闐，名字被刻在金字塔法老雕像的基座上，左塞爾就算到另一個世界，也要帶著他去。

有一陣子，我時常做爬樓梯的夢，在昏暗積水的空間裡上上下下，周遭色調泛黃幽微，怎麼也走不到目的。後來查資料，向上爬樓梯，是種力求上進的心理投射，向下則反應不順利的人生。出國後，大概是跳脫人生軌道，我再也沒做過樓梯夢。看到階梯金字塔的典故時，卻瞬時起了雞皮疙瘩。

從開羅到塞加拉沒有直達車，得先搭地鐵到吉薩站，乘公車到 Marishay，轉小巴到塞加拉，再招三輪摩托車或步行前往，以吉薩市區的交通混亂程度，單程恐得超過兩小時。

吉薩車站外沒有站牌，我和人們一起站在馬路邊攔車，滿載的公車呼嘯而過，過站不停，手心裡寫著 Marishay、Saqqara 阿拉伯文拼字的紙條逐漸被汗水浸軟。

歷經拖延一早上仍一無所獲的印度使館之旅，其實我也明白，巴士一轉再轉，到金字塔時一定關門了，但不知道是與自己賭氣，還是與連續退我五次件的印度使館賭氣，我就是要去。

最後，幾位埃及年輕人幫我攔下一輛公車，我抓住車門旁的把手，和大家一樣半吊在車門外。幾站後，車內出現鬆動跡象，一位老人問明我的目的地，將我一把拉進車內，接近 Marishay 時，又拉拉背包提醒我下車。

耗費三個多小時來到金字塔，幾位遊客迎面走來，揮著手對我說「關門啦！關門啦！」一輛遊覽車駛過，捲起一片沙塵。

無力與疲憊一下子湧上，我望著椰棗樹間露出的金字塔尖頂，怔怔落下淚來。

＊＊＊

「Hi, what's your name?」我匆忙抹抹臉頰，一位打赤腳、穿制服的男孩從身後的的泥土小路冒出來，旁邊跟著一位更小的男孩。

「Joyce.」我回答。他笑笑，小心地發音：「Nice to meet you.」

「Nice to meet you, too.」他又繼續問我從哪來、來埃及幾天、喜不喜歡埃及，生硬的句子感覺像在背誦課文，卻單純得很可愛。

「妳想喝茶嗎？」我點頭，男孩領著我到小路盡頭漆成鮮亮黃色的兩層樓房，空蕩蕩的客廳，裡頭擠的女眷與小孩恐怕比家具擺設還多。大家雙眼圓睜，紛紛探頭想把這位「外國人」看仔細。

這家的曾祖母看到我，笑開了。她一手牽著曾孫女，一手牽著我到外面院子的地毯坐下。拉過旁邊的鼓，唱起輕快的歌謠。「這是歡迎曲。」男孩挨在我耳邊說。大家紛紛往戶外移，年輕的祖母端出一碗椰棗，指指上頭，示意是從那棵結實纍纍的椰棗樹落下來的。她幫我剝開、去籽，遞到我嘴邊。我眼眶一熱，張嘴吃了，連續幾天閉門羹後，這素不相識的一家人，竟對我張開雙臂。

小女孩們端出熱茶與一包糖，我想起空蕩蕩的客廳，不好意思加糖，女孩們拿起湯匙幫我舀了一大杓。我們喝茶吃椰棗，由小男孩當翻譯，祖母示意我幫大家拍照，眾人手指在液晶螢幕上指指畫畫，無比好奇。

＊＊＊

後來這家的爸爸到家，他是階梯金字塔的解說員。他邀我住一天，但我已報名隔天黑白沙漠的團。最後，他與男孩帶我去搭車，揮揮手：「歡迎妳隨時回來。」

＊＊＊

第六趟走進印度駐埃及使館，大使終於同意給我單次進出的印度「記者觀光簽」（Journalist Tourist Visa），要價五百五十三埃磅，比一般兩百八十埃磅的觀光簽證貴一倍，由於窗口大媽沒零錢找，實收五百五十五埃磅。

她接著說：「簽證今天發不出來，妳明天再領件。」我把臉貼近窗口，忍住想大叫的衝動，一字一字對她說「我・今・天・要・走」。

大媽閉上嘴，一小時後，我終於把貼上簽證的護照揣在懷裡。門口警衛向我道恭喜，我泫然欲泣向他揮手，大步離開使館，頭也不回。

＊＊＊

最後，我沒能回到塞加拉，那杯茶的熱度卻留在心裡。境遇下到階梯谷底時，總有這樣的暖意一把將我拉回來，無一例外。

埃及・黑白沙漠

希望你沒騙我

泥塵滿布的公路伴著長長的鐵軌，一片不見盡頭的荒漠景色與玻利維亞的波托西有點相似。但波多西的鐵軌載運白銀，這裡運的是煤炭，而鐵軌的盡頭，就是巴哈利亞綠洲（Bahariya Oasis）。

巴哈利亞綠洲以黑白沙漠的景觀聞名，黑沙漠的黑來自火山灰，白沙漠的白來自風化的白堊岩，潔白沙漠、奇岩怪石與傳說中的水晶山，加上直接睡在沙地上，望著整片星空入眠的白沙漠露營，是我在埃及十分期待的行程之一。

沒想到預計抵達埃及前一週，駐紮在白沙漠的軍隊遭人持槍掃射，死傷不少。軍方將黑白沙漠封閉二十天調查後才重新開放，但暫時禁止遊客在白沙漠露營。

由於印度簽證等太久，原以為無緣的黑白沙漠，竟然被我等到重新開放。為避免單獨一人到當地湊不到團的窘境，在開羅就先向一間口碑不錯，兼營黑白沙漠團的 hostel 訂好包往返交通、三餐與沙漠露營的行程，搭五小時車前往巴哈利亞綠洲。

受西奈半島戰事與掃射事件影響，這段日子真是旅遊業淡季中的淡季，整輛四輪傳動車被我一人全包。但一上車，司機兼導遊 Medohed 就告訴我壞消息，「白沙漠今天沒開放。」

覆滿火山灰的黑沙漠。

「怎麼會？」我有點驚訝，hostel老闆收下我錢時，完全沒提到這個狀況。

Medohed解釋，埃及與利比亞邊界是沙漠，沒有圍籬，只有有限的軍事駐點。載運私菸與槍械的車輛利用夜晚穿過邊界，晚上行進，白天在沙丘間躲藏，把走私品運到開羅轉手。白沙漠位於走私車輛必經之路，上月的攻擊事件後，軍隊每天都會清查沙漠全境，確認沒有問題後才對遊客開放。若有駕駛帶遊客私入白沙漠或偷偷露營過夜，不僅重罰，工作還可能不保。

好吧，這合理。雖然覺得很可惜，但只能自認倒楣。搭車在黑沙漠一帶逛了一下午，傍晚遇到也獨自旅遊的巴西女生L，一起看夕陽後交換一下旅行情報，她問：「妳有去白沙漠嗎？」「不是封閉了嗎？」我問，她竟答：「有開放呀，我整個下午都待在那。」一聽頓時傻眼，回車上後問Medohed，他一臉疑惑回答：「我確定是封閉的，她大概只去外圍吧。」

看他神情不像騙人，只好請他明天再幫我問問有無機會進白沙漠，抱著滿腹疑問紮營吃晚餐。營地位於黑沙漠的金字塔山山腳，Medohed熟練地把四輪傳動向背風面停好，架起大毛毯，讓車身與毛毯呈L型，剛好擋去兩側的冷風，加上一小堆柴火，就完全驅去沙漠中的夜寒。

吃飽喝足，裹在厚毛毯看著滿天星星闔眼睡著，但睡不到兩小時，半夜十二點，Medohed叫醒我：「My friend, my friend, wake up!」

Medohed說，剛剛有兩輛車先後經過營地，其中一輛還停了一會，雖然看起來不像是軍隊的車，但可能駕駛會向軍隊密報他帶遊客在沙漠中露營，現在他要拔營，載我回綠洲鎮中心的旅館過夜。

「什麼？不只白沙漠，黑沙漠也不能露營？」我從還迷迷糊糊的腦裡試著理出一點頭緒。

「對，我們不能在這露營！」那我豈不是莫名其妙地違規？Medohed快手快腳在十分鐘內把所有裝備塞進車裡，把我載回旅館。房間挺舒適，雖然心裡疑問重重，但這段日子來已對埃及人出爾反爾，邏輯天馬行空的做事態度見怪不怪，還是先睡再說。

隔天清早，Medohed 面色凝重地表示今天白沙漠還是沒開放，雖然有點懷疑，但也只能早餐後再到黑沙漠看一眼，回車站搭早上十一點的車回開羅。

等車時又遇到 L，請她把昨天照片給我看，照片著名的香菇雞地標，確實是在白沙漠內部拍的。到旁邊有出黑白沙漠團的旅館詢問，白沙漠天天開放，但須事先申請許可，由軍隊護衛才有辦法入內參觀。「我想妳應該是被騙，往返白沙漠要將近四小時，他只載妳一個人，隨口說說白沙漠沒開放，就省下這段油錢了。」旅館老闆同情地看著我：「獨自在這裡旅行的旅客難免會遇到這種狀況，希望妳下次遇到一個誠實的人。」

當下真有點想在巴哈利亞綠洲多待一晚去白沙漠，但現實已無法在埃及多待任何一天，只好帶著滿腹遺憾回開羅。

埃及觀光區的騙子之多、數量之密集，是我旅行至今前所未見。從假搭訕真推銷紀念品、假免費導遊真強索小費、埃磅變英鎊（都是 pound，匯率差十二倍，講價時一定要再三確認是 Egyptian pound 或 British pound）等基本騙術，說好的團費一口價到當地再逐項漫天加價、騎駱駝被載到沙漠中央後狂敲竹槓（這在吉薩金字塔周遭很常見）、變造提款機盜錄提款卡資料後再盜領……等都時有所聞。

除了被盜領，其實這些受騙損失的金錢不過幾十或幾百元，有時甚至是區區幾塊錢，但當這些受騙經驗逐漸累加，對人的信任也一點一滴被拆毀。

「Medohed 到底有沒有騙我呢？」我在車上反覆細想這兩天的情況，雖不排除 Medohed 是為了節省油錢對我說謊，但他這兩天對我頗為照顧，行事態度來看也覺得是個老實人，他會騙我嗎？

閉上因前一晚沒睡飽而酸澀的雙眼，在埃及已經受夠各種鳥事，再往壞處想只會讓心情更差，這有史以來參加過最詭異、最殘念的 local tour，就先歸因 Medohed 搞不清楚狀況吧。

希望你真的沒騙我。

埃及—約旦—以色列

二十四小時國境穿越

三週前，我從約旦搭渡輪到埃及，手上船票寫著午夜零點，沒想到晚上八點半辦完出關手續後就是一陣哇啦哇啦的阿拉伯文廣播，原本坐在椅子上吃捲餅的阿拉伯人全跳起來，抓著行李往船的方向衝。原本午夜才會到的渡輪，竟提早三個半小時出發。抵達埃及口岸努威巴（Nuweiba）港口時是凌晨一點，腰圍驚人的海關人員將我與同船的日本背包客帶到一間小辦公室，將我倆的護照攤在桌上，慢條斯理吃著宵夜，與三兩同事閒聊，吃飽喝足，再緩緩給我們兩個入境章。

很快就來到在埃及的最後一天早晨，我回望美麗的達哈巴（Dahab）海濱最後一眼，轉頭前往巴士站。我的口袋裡有兩張票，一張是今天下午兩點出發，從埃及到約旦的船票，一張是明天早上七點，從約旦前往以色列的 **JETT** 巴士。

接下來的二十四小時，我要從達哈巴搭巴士前往努威巴，接渡輪到約旦南端港口亞喀巴（Aqaba），再轉客運到約旦首都安曼（Amman），換巴士到以約關口胡笙橋（Allenby/King Hussein Bridge）。通關後，搭接駁小巴進以色列耶路撒冷（Jerusalem）。

選擇這樣複雜的交通，都是為了省錢。從開羅直飛以色列特拉維夫的機票大約台幣七千多元，從埃及搭船到約旦亞喀巴，因屬經濟特區，入境時免繳四十約幣（近台幣一千八百元）的簽證費。二十四小時內從胡笙橋離開約旦，免繳十約幣離境稅，十四天內再經由胡笙橋從以色列入境約旦，也沒有重新申請約簽的問題。運用約、以、埃三國的微妙邊境關係，渡輪、巴士票與各項雜支加總，開銷不到機票錢的一半。多出的那三千五百元，足夠讓我在埃及旅行六天有找。

中午十二點，坐在氣味紛呈的老舊巴士上，我決定聽天由命，不再思考有沒有機會銜接上這兩班交通工具。約旦和埃及的日子讓我學到，在這裡，擔心任何有關時間的問題，全是白費功夫。

＊＊＊

下午三點半，我站在人滿為患的努威巴港，和一起入關的中國情侶、法國女孩與環球旅行中的退休日本老伯已經聊到快沒話題。遠方海面出現一個小黑點，延誤一個半小時的渡輪以極緩慢的速度靠岸，日本老伯「嘿呵」伸個懶腰站起，大家擠成一小團，穿過阿拉伯長袍男子們的灼灼目光，以外國人禮遇優先上船。船上冷氣很強，大家各自找個位置坐好，不一會就在軟軟的絨椅上睡得東倒西歪。

被夕陽染成金橙色的紅海。

一覺醒來天色已暗，探頭往窗外一看，旁邊那港口有點眼熟……怎麼還是努威巴港！原來埃及人的約旦入境手續是上船後才辦理，現場只有兩位海關處理數百人的入境。直到晚上七點三十分，渡輪終於開了。

船上除了一個可以收埃磅找回約旦第納爾的小吃部，沒有其他亮點。我站在小吃部前探頭探腦，一位埃及大叔笑容可掬地塞給我一包餅乾。吃盡晚餐與零食，阿拉伯長袍男子與黑色罩袍女士們紛紛在沙發上、椅子上、地上各就各位，找到自己的舒適角落躺下，在紅海的輕柔搖晃中，我又打起瞌睡。

不知過了多久，中國情侶把我搖醒，「到了到了」。下船沒有外國人優先禮遇，我很怕託運的背包被人拿走，與旅伴穿過擁擠人潮下船。地上一片亂七八糟的吃剩食物塑膠袋、幾件不知從哪掉出來的外套、一綑地毯、還有認不出來的雜物，我遠遠瞥見我們的背包孤單躺在行李架上，三步併作兩步狂奔上前，心情宛如失而復得。

一看手錶，時間是晚上十一點，一面盤算到底有沒有車去安曼，一面將背包上肩。一位穿制服的約旦海關人員擠過來，朝我們大力揮手「Amman! To Amman?」

我點點頭，他像母雞帶小雞一樣將我們這群外國人逐一蒐集、整好隊，跟著他辦理入境。中國情侶決定包車前往瓦地倫沙漠，日本老伯決定先找旅館休息，海關大哥領著我和法國女孩擠過人群，一輛發往安曼的巴士神奇地在眼前排放柴油臭氣，我們塞進最後兩個位置，巴士緩緩發動。

＊＊＊

隔天早上六點三十分，巴士還塞在進入安曼市區的道路上。六點五十分，我們睡眼惺忪地被趕下車，身處一個混亂無比的廣場，再被推進一輛往 JETT 車站的接駁小巴。我絕望地想著這下鐵定錯過七點往胡笙橋的巴士，目光掃過車上的電子鐘……時間怎麼比手錶慢了一小時？

司機大哥提醒我約旦與埃及有一小時的時差，我這輩子從沒這麼感謝時差。

這多出來的神奇一小時，讓我好整以暇地買了車票，還有空用一份潛艇堡加咖啡讓自己真正清醒。搭上往胡笙橋的大巴，通過漫長嚴格的安檢、臭臉以色列海關的盤問，在換搭接駁車同時立刻感受以色列與周邊國家的可觀物價落差。中午十二點，我站在耶路撒冷舊城區，心情像是通過一個複雜的闖關遊戲，抵達美麗堡壘。

曾在四十年前搭便車環遊世界的阿伯級沙發衝浪主人 Ira，用「我完全能理解」的表請把我載回家裡。我把大背包卸下，拆開背包套，拿出我在埃及買的伴手禮。

等等，似乎少了什麼。

我穿著出發的登山鞋走完百內就壞了，一路用強力膠黏到祕魯終於壽終正寢。在庫斯科買的新登山鞋陪我一路到埃及，直到我在紅海浮潛時腳被珊瑚礁割傷，只能穿涼鞋，只好將它掛在背包上。上船前託運行李，我把登山鞋套上三層塑膠袋、在背包上綁了三個死結、外面罩上背包套，最外面還用長條魔鬼氈綑一圈。但現在，原本登山鞋所在位置只剩塑膠袋提把的死結和幾條飄盪的塑膠絲，整個袋子被人割走，這雙只有五個月緣分的登山鞋，再度離我遠去。

千算萬算不如天算，在物價高昂的耶路撒冷，省下的三千五百元拿來買新鞋仍不夠。

9 巴以之間

以色列・耶路撒冷

大屠殺紀念館

耶路撒冷的大屠殺紀念館（Yad Vashem）裡都是細細碎碎的聲音，這也在所難免，館內少說也有百多人，難免會有些腳步與談話聲。

Yad Vashem 是希伯來文，意味「有紀念、有名號」，來自聖經以賽亞第五十六章五節：「我必使他們在我殿中、在我牆內有紀念、有名號，比有兒女的更美。我必賜他們永遠的名，不能剪除。」紀念館的空間與陳設無處不在呼應這句經文，外形為稜柱體的三角形結構，代表半個大衛六芒星，紀念在大屠殺中死去的半數猶太人。長廊引領訪客進入十個展廳，從醜化猶太人的政治漫畫，一九三三年納粹黨執政，接著反猶太活動愈演愈烈，先是胸前別上黃色六芒星，然後集中營、無止盡的勞動、大規模屠殺、層疊的屍體，還有納粹知道大勢已去，強迫殘餘的猶太人走入隆冬之中的「死亡行軍」。來不及長大的一百多萬條猶太小生命，他們的姓名、年齡、出生地，則在「受難兒童紀念館」中逐一被誦讀。

紀念館展出二五〇〇項大屠殺受害者、倖存者的身邊之物，來不及寫完的信、缺角的照片、一束紮成辮子的長髮、熔成一團的銀器，這些擁有各自夢想、希冀、歡樂與悲傷的男女老幼，這些倉促被打斷終止的生命狀態，比起長長的死亡名單，更令人痛入心坎。

我細細看著展品，悲傷一點一點流入胸口。玻璃櫃內一件泛黃上衣拉住我目光，領口內側繡的一顆小小六芒星。這是縫紉班成員藏起針線，偷偷縫的印記。她當然明白被發現的話會有什麼後果，但比起死亡的風險，這顆熨貼在肌膚上小小星芒，是更強大的存活力量。宗教信仰能讓人傾軋而死，也能讓人因之而生。

＊＊＊

一九五〇年代起，紀念館啟動四萬四千名大屠殺倖存者的證詞錄音工作，由於多數倖存者年事已高，紀念館開始登門造訪大屠殺倖存者，進行錄影、錄音。半個世紀過去，兩鬢斑白的受訪者顫抖著聲音，說著那些逃難、凌虐、死亡與倖存。

「集中營的木頭鋪位極小，一開始擠著很不舒服，後來人愈來愈多，但似乎總能挪得出空間讓大家都躺進去，因為每個人都瘦骨嶙峋，原本一人的鋪位能擠三個。晚上翻身的時候，我能聽到骨頭與木板床間擠壓的喀啦聲，隔天一早，旁邊的人可能已經死了。」

「我的工作是清理毒氣室，在這一批人離開後，得在五到十分鐘把一切清理好，讓下一批進來的人不明白這裡發生過什麼事。我們清理小山般的身邊物，衣服、隨身物品、甚至炊具，但有些東西，是來不及清理乾淨的……」

「我們走過小鎮，窗戶裡偶爾會丟出一塊馬鈴薯或一條麵包，大家撲上去搶，後方傳來槍聲，但沒有人理會，我們太餓了，飢餓令人發瘋，壓倒對槍聲的恐懼。」

「最後，納粹開槍對我們掃射，我的朋友在我眼前倒下死了，我跟著趴倒在地，偷偷把他的血塗在臉上，最後，我活了下來。」

我想起兩個月前去的德國第一座集中營達豪（Dachau），那天看到的一切，都在大屠殺紀念館得到再一次的印證。集中營大門寫著「Arbeit Macht Frei」，意思是「勞動使人自由」。有什麼樣的屠殺手段，比給人一絲虛假的生存希望，讓他們受盡虐待、榨出每一分利用價值後死去更為殘忍？

＊＊＊

巨大屏幕播放黑白影像畫面，一車車乾瘦的屍骸被推進坑裡掩埋，墳墓 No.1 豎著牌子，標示死亡人數約一千人，No.2 兩千人，數字愈來愈含糊，最後寫著 unknown。

Hundreds are dead, thousands are dead, 戰爭時的死亡像是一種化零為整的概念，因為沒有足夠龐大的語彙，足以承載那些成千上萬戛然而止的生命、以及死亡數字數十倍的，幾個世代的眼淚。

納粹屠殺不僅是猶太人的傷痕，也是德國人的傷痕。和我在土耳其搭同班夜車的年輕德國女孩說，她到紐西蘭打工度假時，被人喊「納粹」。縱使她對納粹深惡欲絕，歷史的業障，仍像烙印般刻在德國人的身上。

＊＊＊

結束參觀前，館內擴音系統似乎出了點問題，「波」一聲加上沙沙幾響雜訊，所有音響裝置全數消音。

這時我才發現，館內所有的聲音都來自播放的影片與多媒體裝置，這裡依舊有百多人，但沒有交談、沒有窸窣的腳步聲，所有人靜默看著眼前的檔案。挑高空間裡，填滿這輩子見過最厚重的沉默。

大屠殺紀念館出口，是開闊的耶路撒冷谷地與天空。

海的樣子

巴勒斯坦・伯利恆

伯利恆的下午突然一陣傾盆大雨，躲進馬槽廣場旁的咖啡店，旁邊是耶穌誕生的馬槽教堂，後方是熱鬧的市場。一・五公里外，八公尺、比柏林圍牆還高的隔離牆區隔耶穌的生與死之地，馬槽教堂在巴勒斯坦，聖墓教堂在以色列。

雨愈下愈大，人們匆忙躲雨，市場小販談笑著、攬生意、和客人討價還價，清真寺的古蘭經禱文準時響起。這裡就是人們生活著的地方，和世界任何一個角落沒有區別。

＊＊＊

二〇一四年奧斯卡最佳外語片提名《奧瑪的抉擇》（*Omar*），講述以色列以阻絕恐怖攻擊為由築起隔離牆，卻將巴勒斯坦籍的奧瑪與心愛的女生、兩位情同手足的好友分隔兩地。奧瑪常冒險翻過隔離牆找愛人，也與好友組成反抗組織，槍殺一名以色列士兵，宣洩長期被欺凌壓榨的不滿，開啟一連串事件。

隔離牆上一篇篇血淚故事，
訴說戰爭的殘酷。

以巴之間的國仇家恨、生命與自由間的糾葛固然令人心酸，但最觸動我的，是組織中內鬼坦承背叛時的一段話：「大海離我家才十五公里，我卻沒有看過它……他們答應過我，要發給我一張紐西蘭簽證，讓我去一個有海洋、有大自然，還有正常生活的地方……」

那天在伯利恆遇到的阿里，也沒有見過海。

＊＊＊

搭二十一號公車從耶路撒冷的阿拉伯車站出發，先沿著隔離牆行駛，接著穿過檢查哨，轉進一個小村，左彎右拐，周遭突然人聲鼎沸起來，伯利恆市區到了。

這是以色列的「出國」，耶路撒冷進伯利恆多半不需要檢查。巴勒斯坦的「出國」又是另一回事，伯利恆回耶路撒冷，所有巴勒斯坦人下車受檢，行李逐一翻開，司機要我這位車上的唯一外國人坐好，持槍的以色列警察看到我的面孔，連護照都沒翻，就笑笑下車。

伯利恆當天的規劃，是參觀馬槽教堂、牛奶教堂、逛逛市集，步行到隔離牆，穿越檢查哨，

這裡就是人們生活的地方，和世界任何一個角落沒有差別。

搭乘以色列那端的二十四號公車回耶路撒冷。巴勒斯坦人對亞洲人好奇而友善，半路停在一間商店前買冰，店員見我獨自一人，著急連喊「Hello, hello」，攔下店裡會說英文的客人問明我的去處，為我指路，提醒我要小心。

大雨忽下忽停，我站在隔離牆前，以色列那面是純然的灰，巴勒斯坦這面卻滿布塗鴉，一幅塗鴉畫著一位包頭巾的婦女，銳利眼神直直望進行人眼裡，旁邊紅字寫著「我不是恐怖份子」（**I am not a terrorist**）。

＊＊＊

塗鴉之外，巴勒斯坦近年將隔離牆變成一個露天博物館，由巴勒斯坦女性寫下自己的故事，關於受苦、關於壓迫、關於堅強。

「我親戚在德國旅居三十年，娶了一位德國女孩。兩年前，他們一起返鄉，抵達以色列特拉維夫的機場時，太太備受禮遇，他雖然也持德國護照，卻被海關攔下來，因為他的護照上顯示他是巴勒斯坦人。夫妻倆又驚又怒，先生大喊『為什麼你們把我當牲畜般對待？』，這句話惹惱以色列軍官：『你就從約旦回約旦河西岸吧！』最後，他被遣送回德。」

「我的朋友艾德是位住在伯利恆的窮小子，兒子罹患肺疾，亟需藥物治療。某日，他得申請一張可以讓他兒子到城區公立醫院治療的許可，但地方健康部門拒絕讓他取得相關文件。他解釋兒子的病況危急，無人理會。艾德很失望，思考許久，他掏錢塞給承辦的文書人員，對方一下子殷勤起來，需要的醫療證明、所需文件轉眼就簽核完畢。艾德既喜又悲，喜的是兒子活了，悲的是他得以賄賂換回兒子的命。」

「我的人生都在耶路撒冷度過，我在學校當志工老師，我的朋友、我去的教堂、我的公寓全在那裡。但因我沒有耶路撒冷的身分證，現在高牆將我的人生隔離在另一端，我被困在伯利恆，人際關係夭亡了，我也覺得自己正一步步走向死亡。」

流離二千多年後，猶太人終於恢復自己的國家。「應許之地」的兌現，卻是巴勒斯坦人的苦難開端。

＊＊＊

沿著牆走到檢查哨，一片靜寂，門口守衛探出頭來：「今天檢查哨關閉，妳無法從這裡離開。」「為什麼？」我深吸一口氣，天色快暗了，得趕上最後一班回耶路撒冷的公車。「今天是以色列的節日，這個檢查哨休息。妳得搭計程車到市中心的公車站，搭二十一號公車回去。」

但檢查哨外連半輛計程車都沒有，我快步往市中心方向走，大概是檢查哨關閉，兩旁的紀念品店均拉下鐵門。好不容易看到一扇半開的門透出亮光，我探進頭，是間餐廳，四位男人在裡頭閒聊。「不好意思，這附近有計程車嗎？」

「還要再走一小段，妳知道路嗎？」四個男人打量著我，看起來像是老闆的大鬍子起身，嘴角拉出一個溫暖的笑容。「阿里剛好要搭計程車去公車站，你們一起走吧。」

阿里看起來四十多歲，是耶路撒冷一處機構的研究員，隔離牆築起後，耶路撒冷的他與妻兒，伯利恆的父母與弟弟，分隔在牆的兩頭。

二〇一三年，巴勒斯坦單方面宣布成立巴勒斯坦國，以色列不承認。巴勒斯坦有自己的護照，但全國唯一的機場設在加薩走廊，約旦河西岸的巴勒斯坦人想出國，得進入以色列或約旦搭飛機。光進入以約國境的困難度就可想而知，要拿到欲造訪國家的簽證，更是難上加難。

有近兩個台灣長、被國際法庭判為違建的隔離牆還在逐漸增長，或許巴勒斯坦人能翻過具象的高牆，制度與人權壓榨的高牆，卻讓他們形同被軟禁在自己的故鄉。

阿里不清楚台灣在哪，我說，那是一個四面環海的島嶼。

「海是什麼樣子？」阿里說，他只去過死海，但死海也不是海，只是一個內陸湖。他有一個兒子、三個女兒，以色列地中海畔的度假勝地他消費不起，但他很好奇，小說或電影裡描述的海，是不是真的那麼無邊無際。

我打開手機裡的旗津，說著所有關於海的記憶。他靜靜聽著，許久沒有答腔。

＊＊＊

我們和一位巴勒斯坦婦女共車到公車站。計程車上，阿里繼續聊，太太有以色列公民身分，他沒有，也不在意。

「以色列說，要給阿拉伯裔以色列公民一樣的醫療、教育權益與工作自由。」我說。

他皺眉，像是許多情緒在心裡打轉，許久才吐出一句：「但是，巴勒斯坦是我的家啊！」

來到公車站，二十一號公車已經緩緩啟動，阿里一把推回我塞給他的車錢，要我趕快去搭車。阿里的媽媽感冒了，不過他只能在家裡待一晚。明天凌晨，他得早起去隔離牆排隊安檢，回耶路撒冷上班。重重安全檢查，查身分證、搜身，有時在冬日清晨瑟縮著排兩、三小時長隊，還被以軍消遣刁難。

「Have a safe trip!」阿里對我喊，我跳上車，公車駛過檢查哨、沿著隔離牆行駛。眼前一亮，萬家燈火，耶路撒冷到了。

以色列・耶路撒冷

糖果雨

安檢門內是猶太少年的成年禮，哭牆下傳來歌聲與笑聲。一陣短促奇異的「啦啦啦」高喊，母親與姊妹把手中的糖果拋向孩子，孩子接住回擲，幾顆糖果掉進我外套的帽兜裡。

哭牆的祈禱區男女有別，女眷不允許進入男性區域，只能站在椅子上，靠著圍籬歡呼吶喊。男孩臉上掛著緊張的笑容，伸出手臂，讓長者用皮革綁帶將經文盒固定在手臂與額頭上，披上禱告披肩 Tallit，從約櫃中迎出經卷，偷偷瞄這端的母親與姊妹一眼，開始以希伯來文吟頌經文。

另一隊成年禮團隊在歌聲與鼓聲中走來，一把糖劈里啪啦落下，女眷們對我喊「Throw it back!」示意我將手中的糖果拋過圍籬。另一頭的男孩們大笑接住，一來一往，圍籬兩側下起五彩繽紛的糖果雨。

小男孩帶著純真笑容，丟出一顆糖果。

安檢門外，抗議以色列政府封鎖聖殿山的穆斯林婦女正對著以色列軍官高聲怒罵。胸前交叉兩列彈匣的軍官雙手抱胸，面無表情應對婦女的怒火。門裡門外，歡愉與肅殺。

＊＊＊

耶路撒冷老城一塊〇・一三五平方公里的區域，猶太人口中的聖殿山（Har HaBáyit），阿拉伯人口中的聖域（Haram al-Sharif），是世界上最具爭議的宗教聖地之一。在猶太歷史裡，這裡兩度築起聖殿，又兩度被摧毀。傳說中，第二聖殿被燒毀時，六位天使坐在西南側的牆上哭泣，淚水黏住石塊，留下這面五百公尺的西牆（Western Wall）。西牆是散居各地的猶太人朝聖之所，不少人祈禱時想起猶太人的流離歷史，撫著牆面落淚，中譯時，翻成較貼切實況的哭牆。

伊斯蘭歷史裡，猶太人被羅馬人放逐後，穆斯林在聖殿遺址北段興建圓頂清真寺與阿克薩清真寺。圓頂清真寺內保存的一塊大石，穆斯林認為先知穆罕默德踩著它升天，猶太人說先祖亞伯拉罕在此祭拜上帝。

以阿戰爭後，約旦控制哭牆十九年，禁止猶太人前往。以色列在一九六七年六日戰爭還以顏色，佔領老城，還拆除哭牆旁的摩洛哥區，給猶太人更大的祈禱空間。猶太教徒為主的以色列、穆斯林居多的巴勒斯坦，聖殿山主權爭議，成為兩者間最敏感的導火線。

抵達耶路撒冷前一週，這導火線引燃不可收拾的大火。聖殿山每天僅在短暫的固定時段開放遊客參觀，其餘讓穆斯林禱告。一名猶太活動人士卻率信徒參訪，並呼籲政府允許猶太教徒重返聖地進行禱告儀式，遭一名巴勒斯坦青年槍擊，聖殿山一度封鎖，重新開放後壓縮開放時間。不滿一平方公里的老城，加派一千名警力，鎮壓可能「暴動」的穆斯林。

對於神的愛，衝撞在一起時變成強烈的恨，上帝與阿拉，會怎麼說呢？

＊＊＊

在此同時，在埃及調停下，加薩走廊剛結束五十天的密集轟炸，以巴實施無限期停火。據以方表示，這場戰爭肇因於三位以色列孩子遭巴勒斯坦武裝份子殺害；外界的解讀，是主張和平談判的巴勒斯坦解放組織，與主張用武力殲滅以色列的巴勒斯坦武裝組織哈瑪斯協議共組聯合政府，以色列唯恐哈瑪斯持續坐大，因此猛攻哈瑪斯掌控的加薩走廊，試圖削弱其軍事能力。

不論真相為何，以巴血債血還的每一場戰事，總拉著市井小民陪葬。根據聯合國獨立小組的調查報告，這場五十天的轟炸造成近兩千兩百人死亡，半數為平民，哈瑪斯則說，死亡的平民中，有五百人為孩童。

在戰火連綿的加薩，或許是政治壓迫，或許是盡可能開枝散葉，國民生育率極高，十四歲以下的幼童人口高達百分之四十三・五。但也就是說，每顆落下的砲彈，有四成機會打中孩子。生理上，砲擊造成肢體、聽力受損；心理上，隨時失去親人恐懼，讓當地孩子的脾氣格外暴烈或黏人。看不見的傷，和新聞照片中嚇人的創口一樣痛。

＊＊＊

男孩的吟誦告一段落，最後一次祈禱後，眾人將經文迎回約櫃，代表男孩在宗教上成年。男孩走向母親，母親將手臂伸過圍籬，摟著兒子，在臉頰印下一吻。

看著眼前面頰紅潤，眼睛閃著光芒的猶太男孩，想起巴勒斯坦自治區與加薩走廊來不及長大的孩子。幾里之遙，這裡的孩子接糖，那裡的孩子接子彈。

成年禮後，孩子負起宗教責任，也要選擇自己的人生道路。武器或橄欖枝，戰爭或和平，在三教聖城耶路撒冷，兩個選項背後，有多麼複雜的情緒。

手心裡的糖開始融化，我拆開一顆送入口中，扎舌的甜味，慢慢在嘴裡散開。

以色列．耶路撒冷

「那男的開車撞進一群人，有人死了，然後……」

「這裡從沒塞成這樣，一定出事了。」

這是在耶路撒冷的最後一天，依原計畫，早上逛完老城與錫安山，在大馬士革門（Damascus Gate）附近吃午餐，搭下午一點的巴士回約旦首都安曼（Amman）。這幾天在 Ira 家沙發衝浪，他這天剛好有事去老城，要我把大背包放在他後車廂，他中午忙完剛好載我去車站。

Ira 是美籍猶太教徒，六十五歲的他，四十多年前與女友、朋友搭便車環遊世界兩年。走過四十多個國家，他決定在以色列定居，因他相信，終於回歸家園的猶太人，可以在這片應許之地建立最美好的國度。但這麼多年來，這片土地的戰火從沒有停過。

由於可以搭 Ira 的順風車，我取消在大馬士革門吃午餐的打算，去橄欖山（Mt. Olive）再俯望一眼隔離牆，在雅法門（Jaffa Gate）和 Ira 會合。往公車站短短幾百公尺的距離，卻只見長長的車龍靜止不動，已有人不耐地按起喇叭。

「是車禍嗎？」我問。「也許，但也可能是炸彈、自殺攻擊，或更糟。」Ira 回答。我一怔，在台灣，我們絕不會把塞車跟炸彈聯想在一塊。

Ira 跨越馬路中線迴轉。連試了兩、三條路，都無法駛近大馬士革門。他打開收音機，臉色愈來愈凝重，突然大聲喊道：「果然是恐怖攻擊！兇手開車衝撞輕軌道旁的人群，手法和十月底那次一樣，可是這男的這次還下車拿鐵棍攻擊，有十多個人受傷。」

他邊聽希伯來文廣播邊翻譯，住在東耶路撒冷的巴勒斯坦籍男子 Al-Akari 駕車撞進在 Shimon Hatzadik 街與輕軌 Highway 1 交叉口等車的人群，接著下車往 Moshe Zaks 街方向奔跑，沿途持鐵棒揮打路人。一名以色列邊境警察傷重不治，另有十多人受傷，男子隨後被警方擊斃。據信，他是巴勒斯坦武裝組織哈瑪斯的成員。

「看吧！這些自詡神聖，成天老喊著要解放巴勒斯坦、回歸家園的哈瑪斯，是如何殘酷地屠殺無辜！」Ira 激動地說，「不過到時國際輿論定又指向我們槍殺了一個無家可歸的巴勒斯坦人，而不是他如何血腥地殺死以色列平民。這個死在以色列人槍下的恐怖分子會被當成英雄看待，讓愈來愈多人起而效尤。一個巴勒斯坦人幾天前才開車撞進輕軌站，撞死一個三個月大猶太女嬰和二十六歲的年輕猶太女子，今天相同事件又再度重演。老天，這些恐怖分子希望以色列永遠在地圖上消失啊！」

Ira 連試了四、五個方向，都無法穿過車陣接近大馬士革門，只好把我載到最近的路口，要我抵達安曼時向他報平安。車輛沿著老城城牆，往大馬士革門方向一路壅塞，若今天中午按原計畫在那一帶吃午餐，會不會剛好碰到攻擊現場？我不敢想像。

一位年輕女子坐在長椅上看手機新聞，我走近問：「現在情況如何？」她抬頭望著我，淚水不斷從兩頰滑落，「那男的開車撞進一群人，有人死了，然後……」她說不下去了，睜得大大的眼滿是恐懼。下一個被車撞上的人，有可能是家人朋友，也有可能是她自己，誰知道呢？

到車站時已是一點四十分，巴士早開走了。那是當天的末班車，再來就要等到隔天早上六點。從耶路撒冷到約旦以色列間的胡笙橋關口僅三十公里，計程車司機開價三百五十謝克爾（Shekel），相當台幣二八一二元。

半走半攔便車到了高速公路匝道，找到一個想賺外快的當地人，談好三十謝克爾載我到以色列警哨，我再找計程車帶我過橋。胡笙橋是給外國遊客與巴勒斯坦人的關口，抵達海關前會先通過以方警哨，以色列人過不去，計程車司機也得持有官方證件才能載旅客通過。過了以色列海關，有僅此一家，別無選擇的 JETT bus（八・五約旦第納爾，台幣三百六十六元）載旅客過橋，通過約旦海關，還須自己轉搭巴士或分租計程車進安曼市區或其他城鎮，光過個橋，交通費就無比可觀，更別提連年調漲，簡直天價的以色列離境稅一百八十二謝克爾。

出約旦海關天色已暗，已沒有巴士到市區。和一位一起通關的大叔和計程車司機喊價，最後我們答應幫司機去海關的免稅商店買菸，換得每人九第納爾，依舊昂貴的車費。

「我是巴勒斯坦人。」大叔一上車便自我介紹，他叫艾法，在巴勒斯坦自治區的伯利恆出生，後來到奧地利工作，也在那有了家，但父母親戚仍大都住在伯利恆。他這次回來探望父母，接著要去約旦拜訪嫁到安曼的姊姊。

「一位巴勒斯坦男子今天中午開車撞進耶路撒冷市區的人群。」聊了彼此經歷與旅行後，我小心翼翼開啟另一個話題。

「是啊，死了一個警察，十多個人受傷。」艾法原本開朗的臉色陰鬱下來，「那個哈瑪斯的年輕人很敢，我欣賞他。以色列人奪走我們的家園，這群人自私、沒有憐憫心、沒有靈魂，該給他們一點教訓。

隔離牆築起後，我們家的土地就在以色列劃定的封閉區內，那塊地不能種植作物、不能蓋房子，一塊好地就這麼荒廢在那。多少巴勒斯坦家庭被分隔在牆的兩端？多少良田美地被強制徵收？多少人每天得花幾小時繞好大一圈，經過特定的檢查哨才能到隔離牆另一頭上班上學？而且這牆蓋在以巴停火線以東，又把一些好地與重要水源劃到以色列那邊，這簡直公然作賊！

最糟的是，巴勒斯坦人需要許可證才能通過隔離牆的檢查哨，我們得耗費大把時間、忍受以色列官員的百般刁難取得許可證，才能到我們的土地上耕種。多數醫療資源被阻隔在以色列那邊的東岸，許多西岸居民沒有二十四小時緊急醫療資源，救護車在檢查哨卡了數十分鐘仍過不來，因拿不到許可，無法過牆看病，病情惡化或病死的巴勒斯坦人每天都在增加。

以色列人把巴勒斯坦人與恐怖份子畫上等號，他們所做的一切都是要把我們趕得更遠，創造一個沒有巴勒斯坦人的巴勒斯坦。以色列蓋隔離牆前有問過我們的意見嗎？他們叫我們恐怖分子，他們對巴勒斯坦人的壓迫欺凌、泯滅人權，不是比槍砲更恐怖嗎？」

直到安曼市區，艾法都一語不發。下車時，我倆握了握手，艾法說：「不好意思說了這麼沉重的事，但希望妳了解，假如生活安定，沒有壓迫，沒有人會拿起武器。」

事件發生後的兩天，據媒體報導，以色列總理尼坦雅胡（**Benjamin Netanyahu**）向安全官員諮商恢復耶路撒冷平靜的可能措施，包括查封或摧毀 **Al-Akari** 住家。

聖經中流著奶與蜜之地，現在流著止不住的血。

因攻擊事件嚴重塞車的市區。

尼泊爾

尼泊爾．加德滿都

他們說，她是活女神

位於印度與中國間的尼泊爾，是印度教與佛教的過渡。街頭大小廟宇林立，宗教是人們的生活骨幹，其中一項從王室到民間都虔敬無比的信仰，是活女神庫瑪麗（Kumari）。

符合庫瑪麗遴選資格的女童介於三至七歲，從被選為女神那天起，她們離開家人，住進寺院，任期間雙腳不能落地，唯有在特殊慶典才能坐在神轎上外出巡城。若不慎受傷出血，或青春期初潮來臨，她們便須退位，回到世俗凡間。

又或許，在理解神的意義前，她已成為神。

庫瑪麗不只一人，地位最高的皇家庫瑪麗住在加德滿都杜巴廣場旁的庫瑪麗寺院（Kumari Bahal）。那是棟三層紅磚建築，內有三層庭院，佈滿細緻繁複的木雕，每天下午四點，庫瑪麗會從三樓窗口出現，聆聽信眾祈願。

加德滿都杜巴廣場。

我到達寺院時，庭院裡擠著三、四個旅行團，中央一株紅花開得正艷，幾十人圍在院子引頸望著小小的窗口，嘰嘰喳喳討論不停。被觀看，也是庫瑪麗的工作之一。

導遊在旁講解，庫瑪麗是尼泊爾王室保護神塔蕾珠女神的化身，由來傳說有多種版本，其中最廣為流傳的，是一位尼泊爾國王常與塔蕾珠女神擲骰子玩樂，女神告誡絕不能讓其他凡人看到自己身影，王后聽見宮室傳出國王與女性交談聲，某日好奇隨國王走入，看見女神面容。女神大怒而去，降諭不再現身保護國王和國家。經國王苦苦哀求，女神才允諾附身到尼瓦爾人釋迦族女孩身上，繼續庇佑國家。

就此，皇家祭司對釋迦族女童舉辦嚴格遴選，找出隱身其中的活女神。候選女童的體態須符合三十二種特徵，她們的頸項如海螺殼光滑，睫毛如母牛濃密，腿如小鹿健美，前胸如獅子，身形如榕樹挺拔；她們出生時的星象吉祥，身上沒有斑點胎記，牙齒整齊無缺，未曾流血，未曾生病。維基百科的註解中提到，在尼泊爾語中，庫瑪麗的意思是「處女」。

通過初選的女孩會被關入密閉房間中，地板中央置放水牛頭、撒上牛血，象徵被女神殺死的妖魔。整夜，戴著猙獰面具的人圍著女童跳舞，表現最鎮定的女童，即為庫瑪麗化身。

人群一陣騷動，一位穿著大紅外衣、配戴精緻首飾的女孩從窗口探出頭。庫瑪麗現身時是不能拍照的，大家睜大眼睛望著窗口，原本的嘈雜轉為細碎的低語聲，導遊們嘶聲提醒，活女神出現了，快許下你們的心願呦。

成熟裝扮與往鬢角延伸的深濃眼線掩蓋不了活女神的稚氣臉龐，但她沒有表情。庫瑪麗突然大哭或大笑，預示信徒將重病甚至死亡；抽泣或揉眼睛，信徒將生重病；發抖，信徒恐面臨牢獄之災；拍手，國王會發生不測；抓食供品或禮物，信徒會破財。同齡孩子再平常不過的舉動，在她身上意味災厄。

庫瑪麗如雕像般的臉龐靜靜望著底下人群，唯一流露情緒的，是她搭在窗台上的手。那雙手好小，沒有任何飾物，手指輕輕點著窗台，像是計數著時間。一會，那身大紅禮服退入陰影裡，接著雙手從窗沿抽回，人群發出一聲低低的、心滿意足的嘆息聲，緩緩往門口移動。

「她幾歲呀？」有人問。「八歲，她今年八歲。」

庫瑪麗身上那件大紅禮服、一枚金幣與每月六千到七千五百盧比退休金（約台幣兩千兩百元），是她們退休後能保留的財產。因長期足不沾地，退休庫瑪麗的第一項功課，是重新練習靠自己走出戶外。任期間只能與家人與指定玩伴接觸，也讓她們得重新融入正常的人際關係。同齡孩子對前任活女神的敬怕甚至排擠，讓她們歷經一段漫長的，從女神墮回凡間的艱辛歷程。她們連婚姻都遭逢阻礙，因傳說與庫瑪麗結婚會遭遇不幸。

近年，庫瑪麗的教育權數度被提出討論。一九九一年退位的庫瑪麗 **Rashmila Shakya** 在十八歲考上大學，成為第一位拿到大學學位的活女神。她在電腦軟體公司找到工作，並與作家合作寫下個人傳記《從女神到凡人》（*From Goddess to Mortal*）。帕坦地區前任庫瑪麗 **Samita Bajracharya** 任內透過家庭教師繼續學業，她退位後回到學校，經過一個月的調適期，慢慢回到一般十三歲女孩的生活。縱使重新適應社會的歷程不易，多數接受媒體訪問的庫瑪麗仍認為女神生活是一輩子難忘的經歷。畢竟那種世界因妳而轉的感覺，無論神與人都難以抵擋。

半小時內，又有兩批旅行團湧入寺院中，庫瑪麗也再度現身兩次。離開時，在寺院門口排排坐的婦人以滿手明信片擋住我的去路，「五十盧比一張！」明信片上印著的歷任庫瑪麗臉孔在我面前晃動，「三十盧比吧，二十盧比？」我搖搖頭，快步離開。

書寫這篇文章時，我怎麼也想不起庫瑪麗的臉，卻記得那雙輕輕點著窗台的手。那一刻，那是她身上最不女神的部分，一雙屬於一個凡人女孩的，好小好小的手。

從 Gokyo Ri 望向 Gokyo 第三湖，
湖水是寧靜的藍灰色。

呼吸

尼泊爾・垵其爾

很難描述被海拔八千公尺大山環繞的感覺，站在零度狂風中飄揚的風馬旗下轉一圈，Mt. Everest, Lhotse, Makalu, Kangchenjunga, Cho Oyu 的積雪在夕陽餘暉下由白轉金。這天一早便厚雲密佈，是大家都不看好會有夕陽的一天，站在海拔五三五七公尺的峰頂，每口空氣都如冰，西方的火燒雲燒得燦爛，染紅峰頂寥寥幾人的臉頰。

很難描述在海拔五千公尺缺氧昏迷的感覺，因為根本沒有任何感覺，在說出任何一字、做出任何反應、想起任何一人前，所有意識以海嘯前海水退去的速度抽離腦海，英國籍護士山友 Jenny 說我最後說得清楚的句子是「What day is today」，我卻記得我說出的最後一句話是「No helicopter」。因為按照保險程序，叫直升機前，我得先與保險公司的醫療人員通話，由他們評估後認為我的情況需要立即下撤，才能通知直升機上來接人。

沒有機會回顧這一生，沒有任何感到驕傲或後悔，沒有任何與愛人、與世界告別的餘地。

＊＊＊

Gokyo+EBC（Everest Base Camp，珠峰基地營）是珠峰徒步很熱門的路線。西向東，由擁有美麗高山湖景的 Gokyo 翻越陡峭的海拔五三六八公尺 Cho LaPass、抵達海拔五三六四公尺珠峰基地營，沿 Lobuche、Dingboche 一路回到盧卡拉（Lukla），最後從蓋在懸崖邊的世界最危險機場飛回加德滿都。抑或東往西走，不少體力允許者加攀擁有絕佳風景的五五五〇公尺卡拉帕塔（Kala Patthar）或六一八九公尺島峰，總程十五至二十七天，多數人會請雪巴嚮導、挑夫，也有人九天便獨自重裝走完 EBC。

我透過加德滿都旅行社幫我請一位挑夫兼嚮導，旅行社洽談時會附上一張制式行程表，但走的路線、長短、落腳處天天因天氣、徒步者的生理狀況變動，嚮導間也會相互討論行程。徒步頭四天，是我爬山以來狀況最好的一次，由於只須背輕裝，腳步輕盈許多。天空湛藍，預定穿越 Cho LaPass 的第七天卻傳來風雪預報，我的挑夫兼嚮導 Bhupal 建議把行程提前一天，第四天中午便從四四八〇公尺的 Phangga 上升到四七九〇的 Gokyo，下午還到五三五七的 Gokyo Ri 看夕陽。天氣不太好、冷風呼呼，但我一點都不累，還以為身體狀況還真在這一年間有所長進，或是每天吃的高山症藥的確相當有效。

每天早上，頭頂總固定有幾架直升機飛過，有時甚至數到十二架。Bhupal 說，紅色那種是救援直升機，但這不是想叫就叫得上來的，天氣、霧氣、風向不對，有人在山上挨兩天才等著直升機，但並不是每個人都能等。

第五天，一早走到 Gokyo 第四湖，當時有兩個選擇，一個往下走到四七〇〇公尺的 Thangnag，準備隔天翻越 Cho LaPass，另一選擇是到尼泊爾與西藏交界的 Gokyo 第五湖。想想時間很早，天氣很好，繼續往第五湖徒步的人挺多，好吧，那去第五湖。

地圖上看來很近、沒什麼大起伏的這段路，三小時就戳穿我自以為體力良好的假象。

到第五湖時下午一點，藍綠色的湖水半流動半結冰，曬著太陽卻冷得不得了。待沒多久離開，回程將近四分之三的道路被西面山壁的陰影遮住，沒有陽光照耀的路徑更是冷，讓我想起在冰島 Skogafoss 瀑布旁淋雨的那種冷度，但這次沒有轉著暖氣的遊覽車可以鑽進去躲，只能不斷不斷地往前走。到一半，呼吸開始出現雜音，熱水瓶裡的水一下子就喝光了，回到 Guest house 山屋時已精疲力竭。

隔天早上呼吸恢復順暢，步行往 Thangnag，沿途休息的時間卻愈來愈長，太陽愈曬愈冷，距山屋不到一公里，我再也站不起來，路過的美國人 Nick 和他兩位嚮導、挑夫輪流半攙半拖著我往前走，Bhupal 先趕去山屋丟下背包，回來把我背進山屋，一切像是隔著毛玻璃往外望，朦朦朧朧，我進了房間後說這裡太冷，我要到飯廳旁的火爐邊睡，然後覺得呼吸著卻吸不進氣，有人討論要不要叫直升機，我最後是說了「What day is today」還是「No helicopter」，真的搞不清楚。

然後就是隔天，我被塞進直升機，醒來時在醫院，血氧濃度八十三，試著拿手機撥 Skype，每個數字鍵都按不準。

陪我一起下山的 Jenny，知道我信用卡額度不足，還先借我七萬元台幣的醫藥費。她轉述，Bhupal 把我背到山屋後，立刻跑到四十分鐘腳程外她落腳的山屋求救。她跟著 Bhupal 回到 Thangnag，看到我的臉色白得像死人，離死人大概也不遠，叫都叫不醒，推打無反應。Bhupal、她和山屋老闆娘不斷用訊號微弱的手機聯繫加德滿都，第一晚風太大，隔天清晨霧太濃，直到隔天中午，直升機終於飛上來。

接著就是在加德滿都高山症醫院單人病房的三天，一深呼吸胸口便痛，走不了幾步就累。加德滿都每晚總會停電幾小時，我待在發電機二十四小時供電的病房，想著又要準備那些文件、要從哪裡生錢墊醫藥費與直升機費、又得和保險公司周旋……看著外頭漆黑又煙霧濛濛的夜空，然後睡著。

然後又是清晨，被護士喚醒、打針、餵藥，吸著山上每小時要價七十美金的純氧，吃平淡無味的醫院早餐配 HBO《駭客任務》。刷手機看 BBS 翻臉書、和朋友聊天，看著誰和誰在一起、誰求婚、誰結婚、誰生了小孩；誰買新車、誰吃著讓我好懷念的薑母鴨；某個熟悉的街景、某些話題娛樂兼具的選情議題、那些工作與生活的埋怨與確幸。這是離開台灣十個月以來第一次完整地好好想念台灣，鉅細靡遺想起過往的日子，以及那些以為永遠不會再想起的情景。

看完大家的新動態，翻出以前寫的文章，當時以為多糾結的煩惱，現在全都微不足道。

＊＊＊

我向來不是個乖巧溫順的女兒，也從未鉅細靡遺向父母報告所有旅途大小事。對我媽而言，「埃及計程車司機會騙錢」這般等級小事可能就會讓她驚憂不已，搬出所有她聽說過的旅人經驗連篇說上一小時，要我小心再小心。若讓她知道在智利遇人地震、差點在巴西被搶、厄瓜多背包被偷、冰島火山爆發、中東連遇騷擾、以色列險撞自殺攻擊，加上差點在尼泊爾魂歸西天，她大概要心臟病發。

出發登山前一天，我在媽睡前打給她，輕描淡寫說明行程，把五千公尺高山形容有如五十公尺丘陵，希望她少擔心些，趕快睡覺。

媽和我的身高體型很像，我們的衣服會交換穿，鞋子也是。她說她前幾天剛想到我，去佛光山幫我求平安。

她說，她那天穿了我的球鞋騎腳踏車去寺院，說：「菩薩啊，我女兒現在人在外國，我今天穿著女兒的鞋，就像帶著她一起來，希望您保佑她平平安安。」

我想，菩薩真的聽到我媽的願望，在海拔五千公尺，接近天空的地方，真有什麼力量幫忙著我，讓我轉危為安。

感謝許許多多幫忙我的人，給我高山症藥的旅人們，否則我的藥早在祕魯就吃完；沒放棄我，把我背到山屋的 Bhupal、半路扶我一把，幫我叫直升機下山的山友們，否則我大概會死在山上；發動在地人脈探望我、幫忙我的朋友；跨海越洋在電話那頭為我解決疑難雜症與打氣的家人，虛到連話都講不完整的我根本沒力氣跟銀行、信用卡或保險公司多說什麼。

能繼續活著真好，接下來一定要好好活著。

尼泊爾—印度

三百四十公里的跨界（上）

從波卡拉（Pokhara）到尼泊爾、印度邊界小鎮蘇那利（Sunali）的公路名為Siddhartha Highway，盤山而行的險峻路況讓車輛時速不到四十公里，比一般馬路還慢。尼泊爾的一般巴士（normal bus）是我旅行以來搭過最顛簸的大眾交通工具，高低不平的路面搭配毫無避震效果、不時熄火的車身，在震天響的尼泊爾音樂中顛簸過深切的溪谷與梯田。壞掉的窗戶鎖扣每十分鐘就被震開，十二月清晨的冷風從縫隙灌進來。

波卡拉每天有三班車到蘇那利，早上六點半是六百盧比的一般巴士，七點五十分是遊客巴士（tourist bus），六百五十盧比，八點半是直達藍毗尼（Lumbini），中停Bhairahawa的遊客巴士，八百盧比。一般巴士要在Mahendra Chowk換車到Bhairahawa，再花十五盧比搭到邊界。在波卡拉的兩天，天氣總是霧茫一片，早上五點十分從hostel出發，天還沒亮，費瓦湖的霧氣讓空氣濕冷沉重，走過沒有路燈的街道，偶爾幾束車燈或手電筒光線劃開黑暗，剪出早起路人與學生的影子。

半小時走到車站，距開車時間還早。用一杯熱奶茶讓自己清醒些，看著停在廣場的各色巴士。七彩繽紛的車體像是用零碎鐵皮湊合焊在一起的，窗框鐵皮上花朵與幾何紋路讓我想起國小美術課時用鐵鎚、鐵釘在薄鐵皮上敲打出的圖案。七點，遲了半小時後終於發車，濃重大霧能見度不到二十公尺，開上公路不久就差點撞上對向巴士。

尼泊爾版的公路休息站大多是茅坑與零食攤的組合，規模大些的聚集幾間店面，賣些奶茶熱飲或水果。在尼泊爾的最後一餐是在公路邊的小餐廳吃的，混著碎骨的雞肉momo，老闆娘開價one for forty Rupee（一份四十盧比，約十三元台幣），結帳時變成one forty Rupee（一百四十盧比，約台幣四十六元），一旁已把盧比花盡的瑞典情侶尷尬地翻遍身上口袋，抽出兩塊美金。我給老闆娘一百五十盧比鈔票，她找回一包餅乾，說沒零鈔了。

下午三點半，車掌小弟把我那已被土黃泥塵覆蓋的大背包從巴士車頂解下。邊關兌幣所換給我的印度盧比上黏著根長長的菜葉，辦完尼泊爾離境手續，跟著擁擠的人車，我穿過尼泊爾邊界畫著佛眼的拱門，再穿過印度邊界沒什麼創意的單調拱門，窗戶貼著反光紙、「Stop! Indian Immigration」告示牌被密集三輪車完全遮住的印度海關，不小心就會被忽略。排在我前頭的旅行社代辦人員一口氣送了四十本護照，等了半小時，終於輪到我辦離境手續，簽證官那漏墨水的入境章把我的印度簽證弄得濕糊糊的。

我走出印度海關辦公室，望著兩國交界，尼泊爾那側揚起的是塵土，印度這端揚起的是垃圾，而我滿身泥塵地站在垃圾堆裡。牛隻在街上緩緩走著，載著披紗麗婦女的三輪車急切響著鈴。我背起已變成黃土色的背包，跨過地上的牛糞，往巴士站走去。

1 尼、印邊界小鎮蘇那利。**2** 從尼、印邊界搭三小時巴士到戈勒克布爾，就可轉臥鋪火車到瓦拉納西。**3** 過了這道門，就是印度。

9 印度

尼泊爾—印度

三百四十公里的跨界（下）

「只要一百一十五盧比？真的假的？」我和M捏著剛到手的火車票看了又看，十小時臥鋪夜車從戈勒克布爾（Gorakhpur）到瓦拉納西（Varanasi），一百一十五盧比，合台幣五十七元，是真的。

在印度旅行，火車是經濟便宜的移動方式，短程的座椅（Chair）包括總是擠到滿出來的 2S 無空調座椅、有空調的 AC2、AC1；長程的臥鋪分為 sleeper 無空調普通臥鋪、AC3 空調三等臥鋪、AC2 空調二等臥鋪、AC1 空調一等臥鋪，等級與價格依次遞增。雖然車班很多，但為保險起見，最好提前一週買票。在印度海關遇見聖母峰基地營健行時有過一面之緣的M，他是風趣的阿根廷人，辭掉工作打算在亞洲旅行兩年，不久前剛在台灣旅行一個月。海關的效率讓我們錯過往瓦拉納西的巴士，但不要緊，搭三小時巴士到戈勒克布爾，就可轉臥鋪火車到瓦拉納西。

印度巴士的避震效果和尼泊爾不分軒輊，窗外風景是延伸的水田，孩子和水牛並排走著。道路再怎麼震

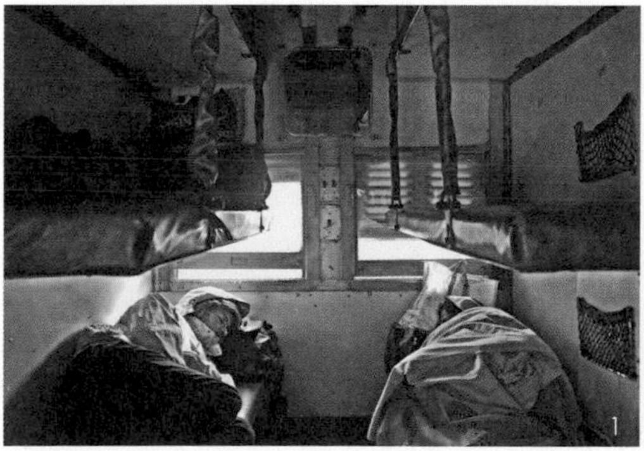

1 印度的冬日很冷，搭 sleeper 臥鋪火車，要是沒有夠暖的毯子，只能把所有衣服穿上。**2** 戈勒克布爾車站大廳，等車的民眾席地而臥。

邋，一整天的舟車勞頓依舊讓我無夢地睡了整路，醒來時天色已黑，走下車，又立刻陷入人群、泥塵與高分貝喇叭音浪的包圍。

下車處離火車站只有不到兩百公尺，跟著扛行李的印度人前進，地上一攤攤積水，車站周圍牆壁與地面呈直角處飄著尿騷味。走進車站，放眼全是滿滿的人，票口站著的，地面躺著的，還有一波波旅客從入口大量湧入。

跳格子般通過滿地橫躺的人群，在當地人指點下找到外國人售票口，買了便宜到不可思議的車票，晚上十一點搭車，我們去車站對面的飯館吃晚餐，一杯杯喝著香料奶茶 masala tea，和老闆瞎扯，度過這三小時。

二度背著行李跳格子穿過滿地的人，電子看板顯示我們的火車在第七月台，月台卻停著另一車次的車，從頭找到尾都不見我們的車廂。詢問候車旅客，每個人都給不同答案，「車還沒到」、「是這輛沒錯，車次改了」、「往瓦拉納西的車都在第四月台」、「剛剛好像聽到廣播了[註15]，改在第九月台搭車」。

距開車只剩十分鐘，我們氣喘吁吁趕到第九月台，車次依舊不對。M放下行李，不知在哪找到位站務人員，說確實在第七月台搭車，只是我們的臥鋪車廂還沒到。

剩五分鐘發車，我們上氣不接下氣跑回第七月台，不知從哪冒出一陣帶著刺鼻臭味的煙霧，讓整個月台陷入一片朦朧慘白。我們和三位同樣滿臉疑惑的德國人從第一節車廂跑到最後一節車廂再跑回來，終於問到一位和我們同臥鋪的旅客，他說，沒錯，火車到了，但我們的車廂還沒到。

另一頭坐著四位從澳門與大陸來的女孩，她們說，她們跑到第四月台搭車，查票員卻說她們的票是普通車，那輛是 express（特急），硬是把她們連人帶行李推下剛發動的火車。

我們挨在月台邊等，終於，午夜十二點，三節車次正確的臥鋪車廂穿過濃霧，接上火車主體。擠上車，一節車廂有六、七十個鋪位，　側兩層，一側三層，中間的鋪位用可拆卸的鐵鍊懸掛著，放下後就能和下方鋪位組成座椅。大家緩慢地各就各位，蜷進毛毯裡。十二點半，火車開動。

天亮後，火車開始熱鬧起來，人們在狹小鋪位上進行日常生活，刷牙、吃早餐、聊天，從火車窗口接過小販的一杯熱奶茶、和穿梭走道賣紗麗的婦人討價還價、在表演軟骨功的女孩藝人碗裡投下一枚錢幣。表定早上六點抵達的車十點才到，搭 **tuk tuk** 到達薩斯瓦梅朵河壇（**Dasaswamedh Ghat**）找住宿，恆河蜿蜒進一片薄霧中，擺渡的船隻來往，一對新婚夫婦在河畔舉行祈福儀式，人們在河中洗衣洗澡，搓臉搓身後再捧起一把河水喝下。左方可以遠遠望見下游的火葬場，遺體先抬進河裡浸溼，作為最後的沐浴，火化後再回歸恆河。

來到印度第一站，喧譁擁擠的馬路，淌著牛尿牛糞的狹窄小巷，在河畔洗衣、洗牛、放風箏的孩子，恆河畔從日出到日落，周而復始的千百種生活樣貌，演繹著生命的，聖城瓦拉納西。

註15：印度大城鎮的火車站多半設有電子看板，顯示車次、抵達時間與月台。因誤點頻仍，車班又相當多，出錯是很正常的事。最可靠、即時的車班資訊來自車站廣播，但由於不熟悉印度英文口音，加上車站非常嘈雜，很難聽懂。這時詢問車站人員或旅客，對方都會非常熱心地幫忙指引，至於指的方向到底對不對，又是一回事了。另外，雖然火車班次多，但臥鋪很常客滿，最好提前一週訂票。

恆河上的一葉小舟，朝向朝陽。

恆河畔

印度．瓦拉納西

初到印度，最不習慣的事情之一是找不到垃圾桶。在巴士休息站攀談的男孩聽到我這麼說很詫異，把手上的炸糖圈紙袋往地上一甩，「就這樣」。

我捧著一個依舊留著湯湯水水的葉子碗走在恆河畔，印度的路邊攤常用這種葉碗，北印大都用娑羅樹壓製。依舊溫熱的湯汁浸透葉子，流到我的手上，沾濕外套衣袖。我猶豫幾秒，把碗拋下，一陣風將它滴溜溜吹進恆河裡，加入漂在水上的垃圾。我偷眼看一旁有沒有人注意我，沒有，大家三三兩兩坐在河邊的階梯上聊天，幾個河壇（Ghat）外止舉辦婚禮，小男孩在河裡刷洗著牛。

這是一條流著生命的河。

＊＊＊

Ganga的中譯是恆河，很禪意也很貼切的翻譯，印度人相信，死後回歸恆河，能得到更好的來世。

十二月的恆河被薄霧籠罩，我和旅伴們包一艘船看河上日出。清晨六點，岸邊仍點著暈黃的燈，沿岸綿延三公里的河壇顯得飄渺。從孟什河壇（Munshi Ghat）出發，坐在小船上順水流而下，圍著布或紗麗的男男女女浸在透著寒氣的河水中晨浴，一位男子向我們的船游來，大聲道早Namaste。河壇上坐滿剛洗好澡抹乾身體的人群，攤著剛洗好的床單與衣服，一旁船上的男子撒出一把飼料，近百飛鳥在空中盤旋一圈，一隻隻降落在船上。

我們從上游航行至下游，依次行經最壯觀的達薩斯瓦梅朵河壇（Dasaswamedh Ghat）、馬尼卡尼卡河壇（Manikarnika Ghat）。馬尼卡尼卡河壇是瓦拉納西最大的火葬場，也是許多印度教徒企盼的生命最後回歸之處。窮苦無依，明白自己來日無多的人，甚至會拖著病體一步步前往瓦拉納西的恆河畔，在馬尼卡尼卡河壇旁的高塔等待死亡，遺體由善心人士捐贈的木料火化，骨灰撒入河中。不少種性最低階的首陀羅因火化儀式致富，其中的工頭（Dom Raja）就有不少是百萬富翁。現在常有假借解說員的人將遊客騙進高塔，強行「勸募」火化木料。

小船駛過馬尼卡尼卡河壇，一位白髮糾結的老婦從高塔窗口探頭，望著熊熊的火葬柴堆。

當地人說，火葬柴堆不靠火柴或打火機引燃，而是取用這裡從白天到黑夜，千百年不曾熄滅的火源。肉身同樣消滅於火，回歸於水，這裡的死亡依舊有著明確階級。包裹在金黃、橘紅布料中的遺體一具具抵達恆河畔，先由親友抬著浸入恆河水裡，再上岸拆下屍身外包裹的裝飾，留下從頭包覆到腳，最貼身的一層屍布。家境好些的死者裹在上好布料中，外覆層層鮮花與閃亮飾帶，河畔的牛羊等在一旁，一口咬住剛從遺體卸下的鮮花；窮苦些的不到一分鐘就除下所有布料，薄薄白布下透著細瘦的肋骨與腿骨輪廓。

小孩拿著樹枝翻動燒盡的柴堆，尋找融化的陪葬品，大人蹲在河邊從骨灰中淘洗能換一家溫飽的細碎黃金。

死亡供養著生，在這裡，生死無可畏，皆是過程。

＊＊＊

從河畔往岸邊，火葬柴堆的階級由低而高，最近河處燃著的柴堆每公斤兩百二十盧比（約台幣一百零八元），最近岸邊那塊圍起的高階級區域燃著每公斤三千五百到五千盧比的檀香木。木頭愈好，燃燒速度愈快，也燒得愈全，燒不化的男人胸骨和女人臀骨最後會回歸到恆河中，只用得起雜木的窮人往往燒不完全，最後一併推到河裡。馬尼卡尼卡河壇後方聚集著火葬材商，用巨大的天平度量各色木材的重量，家屬往天平一端添柴，直到和砝碼等重為止，像是把一個人的一生換算成一個價值。

沿著恆河擁擠著數不清的店舖，走在石板小道上不時與牛、羊、猴子狹路相逢。雖還是得邊閃避滿街分不清人還是動物的排泄物，乾季的瓦拉納西依舊比想像中乾淨一些。小餐館、雜貨舖、咖啡店、烘焙坊、畫人體彩繪 Henna 的工作室、裁縫店與大麻小店林列。大麻在印度部分地區是合法的，還是苦行僧提升靈修層次的催化劑。

找間優格（lessi）店坐了半個下午，扛貨物的工人、乞丐、送葬隊伍等在眼前跑馬燈般走過，像是流動的河水。

傍晚的恆河再度被薄霧籠罩，大人與小孩在河畔打板球、打棒球、為牛隻洗澡。用薄紙糊的風箏劃過灰藍色的天空，紫色、紅色、黃色、橘色。路過河壇的火葬場，進行的是位年輕男子的火化儀式，或許是柴沒堆均勻，身體燒化了，一雙腳仍懸在火葬堆的末端，時燃時盡。

印度人認為哭泣會讓死者不好走，被認為愛哭的女眷不能參加火葬儀式。負責火葬的首陀羅，最終伸出長桿翻動火堆，那雙腳掉進灰燼中，在瞬間變得紅亮的火光中，男眷壓抑著淚水的表情，迄今難忘。

***

跑新聞第一年，第一次接觸死亡，是件車禍意外。大卡車轉彎時失去重心側翻，司機被壓在車下，遺體被拉出的畫面在我腦海裡重播兩週。接下來的幾年跑過慘不忍睹的事故、意外、兇殺現場，也曾在因採訪認識的友人過世時一面握著方向盤趕往現場一面痛哭。工作上的訓練，要我把情緒抽離，成為一個旁觀者、敘事者，後來，面對眼前的生離死別，我還是會傷心、會憤怒、但這些情緒像是從深海往上觀望，溫鈍模糊。是工作疲乏的身怠，或對環境失望的心怠，再後來，我能理解並對他人的情緒做出反應，對自己卻茫茫然然，一團混沌。

有一陣子，我很害怕會對生命失去感覺。

直到兩週前，在海拔五千公尺踩過一段生死鋼索，再來到恆河前方，看著如大河般流動的生命種種，想著旅程前後的日子，情感一下子湧上，有溫暖動容，有痛徹心扉。像是深潛之後倏然浮出水面那剎那，一切突然銳利清晰。

直到這裡，我才意識到自己又重新活了過來。生命得以延續，是還有些未盡之事待完成吧。

一盞盞祈福水燈從達薩斯瓦梅朵河壇漂來，載著所有可能與不可能的心願，流放罪孽，帶走災厄，祈求幸福。黑暗中，小小的燭光在看似無際的河面上閃滅，愈漂愈快，愈漂愈遠，末了幾個晃蕩，隱入漆黑之中。

1 祈福水燈。**2** 色調特異如夕陽般的恆河日出。**3** 瓦拉納西街頭的人潮。**4** 傾入水中的難近母女神廟。**5** 恆河上的婚娶儀式。**6** 恆河晨浴。。

印度・瓦拉納西

提款機吃了我的錢

印度街邊的ATM，門口常坐著保全看管。原來印度供電不穩，時常無預警斷電，保全不只在平日有電時維護治安，遇到停電，還得防範歹徒以為監視器停擺，趁機敲爛ATM搶錢[註16]——雖然我有點懷疑這些爺爺級的保全，遇到歹徒時跑不跑得動。

我和澳門女孩Mickey、Wong、Iris以及山東的Eva一起抵達印度聖城瓦拉納西，安頓好住宿，我們一起到大街上換錢、領錢。印度的消費很便宜，若不計景點票價與交通，三、四百元台幣就能過一天。我打算在印度待兩週，領一萬盧比（約台幣四千九百元）加上身上還有點美金，應該夠用。

旅途中使用過的提款機分為兩種，一種就像台灣常見的設計，提款時先吃進卡片，操作結束再吐出來；一種插卡讀取資料後隨即抽出，就可進行後續操作。由於身上只剩這張提款卡，若被吃卡就麻煩了，所以每次提款時，我都盡量選擇插卡式的提款機。

走進大街邊的ATM小隔間，輸入密碼、提款金額，一切都相當順利，我聽到鈔票在出鈔口滾動的聲音。吱喀啦啦啦啦～吱喀啦啦啦啦～吱喀啦啦……咚！

提款機畫面一片黑，我在螢幕前愣了三秒，敲敲機器，按按鍵盤，一點反應也沒有，也沒吐出我的一萬盧比。在如此神聖的瓦拉納西，竟然遇到如此世俗的鳥事，我的一萬盧比，我的印度旅費，被提款機吃掉了。

＊＊＊

我用力將ATM隔間的小門往外推，垮著臉向著門口保全：「提款機壞了，我的錢還在裡面。」

保全老伯走進小間，東瞧瞧西看看，再轉頭看我：「The power is off.」（停電了）

「電什麼時候來？」我急切地問。「我哪知道。」保全老伯又坐回他的小凳子上，以一種「這有什麼好緊張」的語氣說：「要是沒順利領到錢，妳的錢會回沖到妳的戶頭裡，no worry」。在一個提款時會遇到停電的國家，要我相信沒領出的錢會回沖到我的帳戶，實在有點困難。

「我聽到提款機數錢的聲音了，萬一錢卡在出鈔口，被下一個人撿走怎麼辦？」

保全一派悠然：「那妳就等電來吧！」

＊＊＊

Wong 很有義氣地拉張小凳子，陪我在 ATM 門口坐下。街上依舊車水馬龍，幾間商店接上發電機繼續做生意，停電似乎就像吃飯喝水一樣，是印度人生活中的一部分，就算沒電，日子也不會因此停擺。

上次遇到提款機故障，是在墨西哥的坎昆機場，戶頭如實扣款，鈔票卻沒出來。打電話給存款銀行，過了幾個月，錢終於回到戶頭。後來，每次領錢，總有種揉合不確定與刺激，賭博般的感覺。

坐了一小時，電終於來了。我立刻插卡檢視帳戶，戶頭裡確實少了一萬盧比，出鈔口卻沒有我的錢。我和 Wong 又等了十多分鐘，領錢的民眾來來去去，出鈔口仍沒多跑出一萬盧比。此時一位穿著正式的上班族大叔來領錢，我們向他說明來龍去脈，請他幫我們查詢銀行的電話。英文不太溜的大叔很熱心，弄懂我們訴求後，在牆上一堆告示中搜尋，還幫我撥給那個 ATM 的所屬銀行。行員一句老話：「錢會回沖到妳戶頭」。要等幾個月？行員要我別擔心，no worry！

最後，我打電話回報存款銀行，也移到另個 ATM 領錢。隔年，當我回到台灣，準備過農曆年，這筆迷路的印度旅費，終於回到我的戶頭。

註16：部分銀行已有不斷電監控系統，停電時，監視器仍持續運作。

POST 過場 LSC3

泰姬瑪哈陵

皇妃難產去世後，皇帝耗費二十二年、徵用二萬名巧匠，傾帝國國力為祭品，為她在亞穆拉河畔凝固一滴愛的淚珠。兒子長大後奪取王座，將皇帝囚禁在距皇妃三公里外的阿格拉堡。接著八年，皇帝每天從堡壘的八角亭遠望愛妻，直到視力惡化，只能瞇眼看著亭內鑲嵌寶石折射的陵墓光影。兒子發現後，把他的雙眼刺瞎了。

三百六十年後，我坐在阿格拉堡的城垛上，重疊皇帝當年的視角。三公里，是生與死的距離，越過冥河般的亞穆拉河，向妳而去。

往藍色之城的曲折之路

印度．阿格拉—久代浦爾

北印不少城鎮都有自身的代表色，粉紅之城齋浦爾（Jaipur），藍色之城久代浦爾（Jodhpur），金色之城齋沙默爾（Jaisalmer），白色之城烏岱普爾（Udaipur）。藍城久代浦爾顧名思義，舊城區與部分新城區的建築漆成靛藍色，一說是有防蚊蟲的功效，炎夏也有視覺上的清涼效果。

最喜歡藍色，當然不想錯過這座藍色之城。再說它能作為往齋沙默爾前的中繼站，還有座出名精緻的梅堡，時間再怎麼緊迫，也要為這裡留兩天。

一到阿格拉，還沒去泰姬陵，就先在火車站窗口預定三天後往久代浦爾的車票，沒想到售票人員搖頭道，車票都沒了。不只是這段車票沒了，智利旅伴 Pame 要去德里的車票也全沒了，阿格拉到德里每天有二十多班車，售票人員說，每列火車都滿座。

只好找旅行社想辦法，代訂車票的鬍子哥指著售票系統的螢幕，「的確是滿了，但有種辦法，叫做緊急票（emergency ticket），這是種特殊票，我得去火車站私下買。」他使了使眼色，壓低聲音說：「是要塞錢的。」

不管這錢是塞進火車站售票人員的口袋還是鬍子哥自己的口袋，所謂緊急票都比正常的臥鋪車票貴了兩倍半。想找別家比價，鬍子哥懶懶地說，票只剩下最後一張，妳出去再回來，我不知道還有沒有喔。

礙於在印度的時間只有兩週，完全沒有轉圜空間，我在心裡邊罵邊掏錢買票。此時鬍子哥又道，阿格拉直達久代浦爾沒有鋪位，巴戴普爾（Badphur）到久代浦爾才有鋪位。妳得先自己從阿格拉搭一個半小時火車到巴戴普爾，再從巴戴普爾轉晚上九點半的車去久代浦爾。

很好。

下午五點有班從阿格拉到巴戴普爾的火車，離開阿格拉當天，我下午四點半到車站買票，票口大排長龍，記得到巴戴普爾的一般票（general ticket）是十五盧比，售票員卻說要五十盧比。以為自己查票時眼花看錯，付了錢抓著車票跑到月台，五點整，一輛火車進站。

「往巴戴普爾的火車在這上車嗎？」在印度問一個問題會有千百種答案，連問幾個人以防萬一，大家都說，沒錯，上這輛車就對了。

看著一般票的硬座車廂外已掛滿了人，我不禁慶幸印度女性專用車廂的發明，讓我在廁所旁找到一個空間站。愈來愈多帶著孩子的婦女擠上車，一位帶四個孩子的媽媽把毛巾在我身旁的地上一鋪，三個小孩倒地就睡，她拉起衣襟餵懷裡抱著的嬰兒。

我把鼻子湊近車門縫隙，試著讓新鮮空氣沖淡廁所那頭飄來的氣味。原本還悠閒地寫日記，一小時後，我把手機 GPS 打開確認還有多久才到，發現火車正往南走，和巴戴普爾完全反方向。趕緊放大地圖，這車的確一路向南，鐵軌和巴戴普爾完全錯開，沒有任何先往南再向北的可能性。

「這車去巴戴普爾嗎？」我抱著最後一絲希望滿車廂問人，有些人說是，有些人說不是。掏出車票一看，我買到的車票是去馬戴普爾（Madhopur），一個位於南部，和巴戴普爾發音差不多，卻差了幾百公里的城市。這下我全明白了。

旁邊的媽媽請朋友接過手上的嬰兒，拉著我到車廂中央喊了幾句，大概是問有沒有人會說英文。一番比手畫腳加上一位會說幾個英文單字的女孩幫忙翻譯，現在全車廂都知道有一個外國人搭錯車。綜合眾人說詞，這班車的終點站是八百公里外的孟買，我可以搭到馬戴普爾再轉巴士到久代浦爾，或下一站下車再想辦法。我看著地圖憂心忡忡，一旁的婦女拍拍我的手，遞來一把花生。

下一站是法泰赫普爾西克里（Fatehpur Sikri），我前一天剛從阿格拉去這裡看古堡，等回程巴士時和雜貨店老闆閒聊，他說往東的巴士是去阿格拉，往西經巴戴普爾後往齋浦爾。

雖不知雜貨店老闆的話對不對，但這是我唯一有辦法在晚上九點前趕到巴戴普爾的線索。半小時後，火車停在法泰赫普爾西克里，過長的車身遠遠超出月台。女性專用車廂在第一個，車門一開，我得在伸手不見五指的黑暗中跳上鐵軌。

我打開手電筒，背著小背包先往下跳，眾人幫我把大背包往外推。這時一位拿著手電筒的男子出現，「別擔心，我幫妳！」幫我接過二十公斤的大背包。

他叫 Vijay，是當地導遊，去阿格拉辦事順便買東西，說可以帶我去搭往巴戴普爾的車。被糾纏強迫推銷幾次後，向來對當地導遊沒什麼好感，更怕他不懷好意，但看鐵軌上三三兩兩拿著手電筒的民眾和我們往同方向，也只能暫且相信他。回到大街上，他也確實帶我往車站方向去，又小小鬆一口氣。

法泰赫普爾西克里市區的車站傍晚就休息，另一個位於高速公路旁的「車站」只稱得上是招呼站，乘客看到往目的地方向的巴士就招手攔車，車滿就不停，尖峰時段要搭上得靠點運氣。Vijay 試著幫我攔車，一連兩輛都失敗，旁邊私家 tuk tuk 駕駛蒼蠅般不斷壓低價格要我上車。Vijay 說，這種私家 tuk tuk 千萬別搭，被載到哪去都不知道。不久前剛有對印度情侶搭私家 tuk tuk 去山裡玩，半途擠上一位自稱駕駛的朋友，可以幫忙分擔車錢。這種事在印度挺平常，兩人不疑有他，不料半路被 tuk tuk 駕駛與那位「朋友」載到偏僻小路洗劫一空，最後推下山崖滅口。

接近八點仍沒車，Vijay 一度建議乾脆陪我搭公營計程車到巴戴普爾。十分鐘後，終於攔到一輛還有空位的巴士，Vijay 揮手道別，提醒我到巴戴普爾車站後再搭 tuk tuk 到火車站，車錢別付超過四十盧比。這時心裡滿感動，印度負面消息不少，刻板印象總覺這裡人不可信、壞人多，但其實一路以來，非常多人在我需要幫忙時無私伸出援手，倒顯得我心眼小了。

好不容易到巴戴普爾巴士站，坐在我旁邊的印度家庭剛好也要去火車站，四人正好湊一車。把車錢拿給那家人的媽媽，她塞回我手裡，看我手上大包小包，又多給我一個大袋子裝雜物。

最後，往久代浦爾的火車誤點，我把所有行李綁在身上，在候車室半睡半醒，不時到大廳看電子時刻表確認火車來了沒。三個多小時後，將近凌晨一點，我終於拖著乏力的身體爬上臥鋪火車的上鋪，連睡袋都懶得攤開，裹著外套，一路睡到久代浦爾。

旅人啊 K

「一個人旅行，會寂寞嗎？」久代浦爾鐘塔旁的Samosa小店，K突然問我。

「當然會啊，再怎麼美麗的風景，當下沒人分享，真的很寂寞。」我回答。

「我也這麼覺得。」

K是日本人，興趣是攝影，曾在日本的科技大廠當業務，兼職婚攝。兼顧溫飽與興趣的生活一連過了幾年，他覺得太一成不變、太無趣、太令人窒息，所以他離開，到一個能讓他感覺活著的地方去。

在菲律賓上半年的語言學校，並在東南亞旅行幾個國家，K決定要邊旅行邊加強英文，未來去哪個國家工作都好，就是不回日本了。

但這都是後來才知道的事。我是在梅堡遇見K的，我們差不多時間買票進去，對著同一件展品、同一扇花窗、同一個角落拍照，在同一個露臺等日落，被同一位趕著關門的管理員趕走、被同一群校外參訪的學生圍著要合照，最後在停車場一起等夜景。這時我們才問起對方的國籍，走過漆黑石板小徑，下山吃晚餐。

「交通、簽證、迷路受騙那些都還好解決，一個人旅行最大的難處、就是如何面對和整理自己的情緒。」我想起里約熱內盧糖罐山的夜晚，四周都是情侶、家人、朋友，只有我獨自對著腳下燦爛的燈火寫日記，夜景美麗無比，也萬分寂寞。

我和K都一樣，長途旅行很難找一個固定的旅伴，遇上同路人也難得連續走上幾天，而且自由自在、不須和任何人妥協的獨旅生活似乎更符合我們的個性。於是我們獨自走進千百

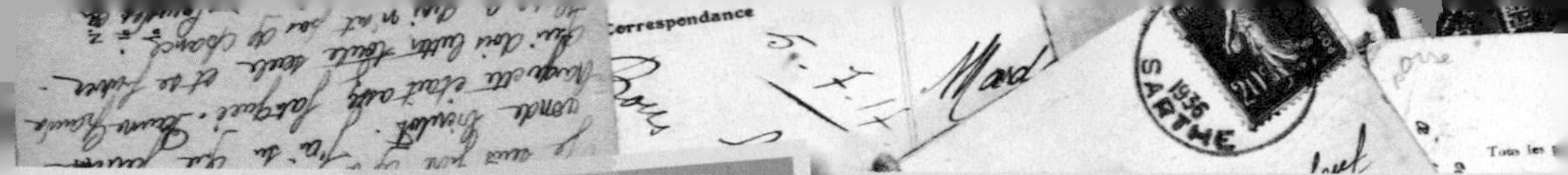

個令人屏息的風景，拍照，幾小時後PO上臉書，隔天醒來看多少人按讚，回覆留言。一面享受孤獨，一面索求人際的溫暖，非常矛盾。

在茶攤捧著Masala tea暖手，我們約好明天下午一起逛。

隔天早上我們各自去拍照，我在梅堡旁發現一條沿著城牆向東走的小徑，可以看到一覽無遺的藍城。午飯時我們交換看照片，K看著照片裡向天際線延伸的藍色房屋，說他也要去那條小徑。

沿城牆踩過斷枝與泥土路，靛藍色的房屋又在腳下展開。上午瀰漫的薄霧散去，遠處的巴旺皇宮（Umaid Bhawan Palace）清晰屹立在陽光下。小徑盡頭是一上一下的兩座階梯，上午我往下走回到舊城，這次我們往上，來到城牆盡頭的印度教小廟。

K與藍色之城。

小廟無人看管，我們繞到廟的後方，圍牆有個缺口，可以往外爬上城堡的基岩。看著赭紅基岩與地面大約五層樓的落差，我們對望一眼，先後翻過牆。

突然想起在在阿根廷胡胡伊省的旅行，我和旅伴Ryan有種為拍照一切在所不惜的默契。在Purmamarca，我們無視「禁止攀爬」的告示，偷偷爬上七彩山，只為取一個更好的全景。南美的一切是段美好又逐漸模糊的記憶，像是一百年前發生的事。

從這個高度望出去，尖銳的喇叭、街道的垃圾、乞討的人們，嘈雜卻生動的久代浦爾被留在腳下，眼前的久代浦爾靜謐而美麗，被剛偏西的日頭曬得暖暖的。三百六十度毫無遮擋的全景，紅棕色的梅堡、藍色的舊城、灰白與藍色相間的新城在陽光下格外鮮豔。

我們看著腳下進行中的日常生活，陽台上曬紗麗的婦女，巷弄中奔跑的孩子，小販使勁推著裝滿綠辣椒與番茄的蔬果車，一對夫妻在屋頂陽台逗小孩玩，一輛疾駛的摩托車差點撞上路人，停在廟宇屋頂的數百隻鴿子突然同時飛起。

「這時如果能來杯冰啤酒就更好啦！」K笑道。我們閒聊，偶爾與下方突然發現我們，大叫向我們打招呼的孩子揮手，然後一致同意，這是我們旅途中最棒的時刻之一。

兩小時後，被陽光曬得又暖又昏沉的我們慢慢走下城，往另一頭的巴旺皇宮去。迷路一陣後發現它已是一處結合博物館與五星級飯店的景點，往外望沒什麼好景，於是又在夕陽裡慢慢走下山，回到城中心的鐘塔。

正如每次和旅伴們的道別，我們擁抱、拍肩，在路口揮手，走向各自的hostel。幾小時後，我搭火車往西邊齋沙默爾去，他朝東前往德里。

那個下午我只拍了不到十張照片，卻清晰記得每個細節。能與人分享的風景加倍美麗，拍照與否，一點也不重要。

同一片風景，因身邊的旅伴有了不同況味。

APSIN
DL 11 S

印度．齋浦爾

又被偷了！

早上八點半，我走出齋浦爾火車站，到對面小店吃早餐。從齋浦爾到德里的車票已經賣光了，待會得去巴士站問問還有沒有票。

這家店賣的是**Pani Puri**，小小顆的空心油炸餅，壓碎餅中央填入沾醬吃。我抓起小包準備拿相機拍照，突然覺得手上一輕，這不是熟悉的重量。

像是被某種恐懼的電流狠狠貫穿而過，我把整個包裡的東西倒出來，又把手伸進每個夾層摸了又摸，沒有，都沒有，我新買的相機不見了。意識到相機掉了，我的感知突然變得麻木，又來了，又被偷了，怎麼又是我？

齋浦雨風之宮殿。

由於單眼相機沉重又顯眼，我在美國另買一台輕便的隨身小相機，記錄日常瑣事。我用力回想最後一次看到小相機的時刻，那大概是一小時前，我在車站排隊等待售票人員上班，擁擠、混亂、毫無規則可言是印度大眾交通的特色，說好八點開的售票口八點十五分還沒開。我遇到荷蘭的 Merijn，他已在亞洲旅行一年，期間在台灣待了一個月，我們聊永康街的芒果冰、西子灣的夕陽，他字正腔圓用國語自我介紹，打發漫長的等待時光。

八點三十分，票口終於開了，大家一擁而上，把票口擠得滿滿。我拿出小包裡的相機拍了一張照片，再收回包裡，看著眼前混亂的人龍。

照規矩排隊，大概等到天黑也買不到票。Merijn 和我各自挑一個票口攻入，好不容易擠到窗口，用軟骨功般的身段掏出隨身小包內的零錢包，「有齋浦爾到德里的票嗎？」

「這裡不賣給外國人的票，去別棟買！」別棟？哪棟？我話聲來不及出，票口又被密密紮紮的人擠住了。和同樣一頭霧水的 Merijn 問半天，才找到位於車站外的「別棟」。那裡有個不必排隊的外國人購票窗口，Merijn 一下子買到去久代浦爾的票，我還是與德里的火車票無緣。

十分鐘後，我和 Merijn 道別；再五分鐘，我發現相機不見了。

＊＊＊

我回車站找鐵路警察，明知相機已不在包裡，沿途還是不斷把手伸進包裡翻找。我暗罵自己為何學不到教訓、為何又在有旅伴時身心鬆懈，讓財露白，心裡也明白，在印度掉了東西，百分之九十九點九找不回來。

臭著一張臉的鐵路女警聽完描述後說，「妳在在車站外面的早餐店發現相機不見，不干鐵路警察的事。」「早餐店就在車站對面幾步路，我的相機一定掉在車站裡。」「跟妳說不干我們的事，妳去巴士站找派出所。」

火車站外的嘟嘟車猛烈拉客，「去哪？」「派出所。」「為什麼？」「東西被偷。」「這樣啊……」嘟嘟車司機滿臉同情，「算妳五百盧比（約台幣一百二十元）就好。」「我沒錢。」「兩百五十盧比？兩百盧比？一百盧比？」「我沒錢！我要搭巴士！」

司機們終於幫忙攔了一輛巴士，十盧比到了兩公里外的巴士站。派出所裡沒有半個人會說英文，好不容易拉了一位車站掮客當翻譯，他轉述，這裡不受理遊客報案，妳去找觀光警察。

觀光警局距巴士站超過三公里遠，以印度警察的推諉態度，八成只是浪費時間。我回到火車站，打算調買票時的監視器畫面。

值班台的警察換了個人，我抱著最後一絲希望，對著聽不太懂英文的男警察比手劃腳，問有沒有人撿到一台相機。他說有。

我的心裡一鬆，原來相機在擁擠人群中擠掉，被送到警察那裡了。那位警察要我等十五分鐘，他進辦公室找找。

半個多小時後，男警要我去另間辦公室，迎面又是早上的臭臉女警。「我們沒撿到相機」。「他說有。」我指指男警，他一臉不置可否，說他英文不好，沒聽懂我說什麼。

1 齋浦爾車站，相機第二度在這裡被偷。**2** 印度的手寫申訴單，最後除了地址、電話，姓名後面還要加註「我是某某某的女兒」。

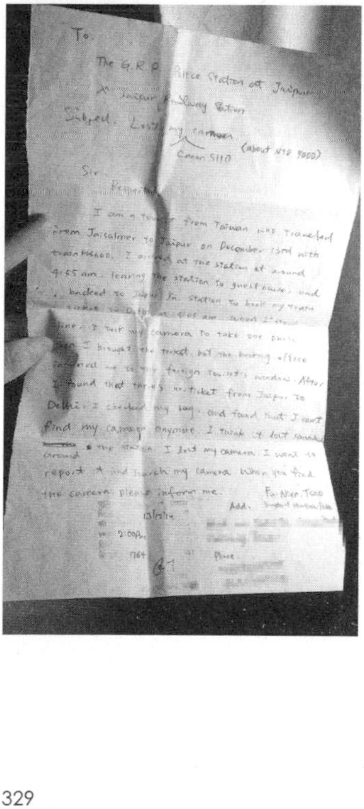

To.

The G.R.P. Police Station at Jaipur
Jaipur Railway Station

Subject. Lost my camera
Canon 5110 (about NTD 9000)

Sir.

Respected [illegible]

I am a tourist from Taiwan who travelled from Jaisalmer to Jaipur on December 13rd with train [illegible]. I arrived at the station at around 4:55 am. leaving the station to guest house, and backed to Jaipur Jn. station to book my train ticket to Delhi at [illegible] am. When I [illegible] line. I took my camera to take one photo. [illegible] I brought the ticket but the booking office [illegible] me to the foreign tourist's window. After I found that there's no ticket from Jaipur to Delhi. I checked my bag. and found that I can't find my camera anymore. I think it lost around the station. I lost my camera. I want to report it and search my camera. When you find the camera please inform me.

Fu-Nien. Tsao

Add. [illegible]

13/12/14

2:00 P.

1764

Phone

整個有種被耍的感覺。我堅持不走，警察只好帶我去調早上的監視器畫面。這裡的監視器品質倒不錯，解析度很清楚，不過每個檔案長度一小時，還不能快轉，我和值班警員默默看著無聲畫面，看到我拿出相機拍照，收回袋裡，擠進人群買票，再空手出來。我們又調了大廳和外國人售票口的照片，都沒看到相機的影子。

「我想是在人群中掏錢包買票時被偷了。」我下結論。

「是遺失，不是被偷。」女警終於拿出一張白紙，「妳可以寫一份申訴報告給我們上層，調查妳相機的去向。」

「To the G.R.P. Police Station in Jaipur…」我邊寫她邊碎念：「妳要寫相機不見，不能寫被偷。」寫滿一張薄紙，她蓋上印度文警局用章，完成。我很懷疑這張紙到底能不能用來申請旅遊保險。

「妳吃飯沒？」女警似乎突然心情大好，臉也不臭了。「還沒。」哪吃得下。

「哎呀……好可憐……」女警不知是真關心還是落井下石。我深吸一口氣，告訴自己這就是印度、這就是印度，這裡的警察雖然臉很臭、很會推卸責任，但至少不會像厄瓜多一樣騙我只有一台監視器——旅行到這，我變得非常正向思考。

印度・德里

Five fingers are different

抵達印度前，我對印度的既定印象有兩個，一個是耗盡我精神耐力的簽證，另一個是在英國遇到的印度學生 Rajesh 的一段話。他說，印度有三種性別：男人、女人，與在他們認知中很開放的外國女人。

印度兼容世界上最強烈的形容詞，混亂、無序、髒臭、繽紛、熱情、不可思議，聽到我要獨行，還會多一個形容詞——危險。的確，沿途聽說太多女性被騷擾的案例，日本的 Asuko 在街上被摸臀襲胸，智利的 Pama 在夜班火車上聽到對面臥鋪的窸窣聲，她睜眼對上一名男子的灼灼目光，他的手在下體抽動。

「矛盾」也是印度的貼切形容詞。對於宗教信仰，印度崇拜女神；對於傳統社會，印度父權至上。

早期規範印度倫理的《摩奴法論》為此矛盾做了解釋：男人應將女性當成女神朝拜，供給飾品、金錢與衣物，但這代表的意義，是女性會因此願意為男人生兒育女。印度的嫁妝傳統，則將嫁妝優渥與否與女性價值綁在一塊。我在印度最常被年長男性詢問的兩個問題，是「妳結婚了沒」、「丈夫做什麼工作」，對於我是誰、我做什麼工作，他們不感興趣。

＊＊＊

1 在胡馬雍陵（Humayun's tomb）校外教學的印度孩子。**2** 新德里車站旁的背包旅館區 Paharganj。**3** 我們戴著有色眼鏡界定一個國家的樣貌，著眼於惡，卻也忽略它美善的一面。

Rajesh 的說詞，在我抵達印度不久得到驗證。在齋浦爾，琥珀堡下的小聚落正舉辦地方慶典，鄰近村落的居民齊聚這個山丘上的小聚落，男性坐在前排，婦女與孩童坐在後排，居民手上拿著盛滿食物的大鍋，輪流在每個人的紙盤裡裝食物。熱情的村民邀我共餐，我在廣場坐下，練習用 chapati 麵餅當湯匙舀起和著米飯的湯湯水水。

「這是我們一年一度的大事。今天，每個人都要吃飽。」吃完飯丟垃圾，一位瘦小男子突然搭訕。他領著我看綴滿鮮花的印度教小廟，自稱在鄰村工作，很高興有外國人來參與他們的活動。

天色漸暗，我快步往山下的公車站牌走，男子跟上，「妳結婚了嗎？」我亮出手上的假婚戒，「我老公和兩個小孩在旅館等我。」

「妳難道不想試試印度男人？」男孩說，他有很多外國女友，法國、日本、台灣，很多外國女生到了印度都想試點特別的，例如性。我不搭腔，他說，他的女友都對他念念不忘，前幾天一位台灣女生還飛來找他。我拿起手機假裝講電話，「對，我快到了，待會要上車。現在有一個人一直跟在我旁邊，煩死了。」

天色已經全暗，我沿著石子路半跑半走，男子跟在旁邊，問我能不能給他幾百盧比，或我的手機，「you are rich.」（妳很有錢）

蜿蜒的道路像是跑了一小時才到盡頭，男子一路跟著我到明亮的大街，一輛往市區的公車剛好到站，我狂奔上車，車上的男人女人視線一下子集中到我身上。男子拍著車窗問：「妳討厭我嗎？」我說，你給我滾。

＊＊＊

我因高度緊張變得不信任且尖刻，從中東到印度的一切讓我磨去對人的信賴。縱使受到的協助比騷擾多，我仍在心裡豎起高牆，對每個接近我的人小心防備。

新德里是我印度行的最後一站，平均每十八小時發生一件性侵案的城市。在新德里的第一晚，我從地鐵站回到旅館的路上嚴重迷路，轉進一個老舊社區，燈光昏暗，曲折狹小的巷弄轉了幾轉，就不知身在何處。

我住在新德里車站西側非常便宜、也龍蛇雜處的背包旅館區 Paharganj，想起新德里剛發生夜歸女子透過 Uber 叫計程車，卻被司機帶到郊區強暴的慘案，背脊一陣涼。

我在手機上按了警局號碼，握在手裡，用外套蓋住，若有什麼突發狀況，或許有希望在第一時間按下撥號鍵，雖然獲救希望渺茫，因為我連自己身在何處都無從描述。

我往右邊的巷子一拐，差點撞上迎面而來的高大男子。他停下腳步，問我：「妳迷路了？」

我可以聽見自己心臟大力跳動的聲音，後退兩步，搖搖頭。

他笑出來，「妳迷路了。跟我來，我帶妳出去。」

我又退了兩步。他收起笑容，「這樣吧，我剛好要往大街方向走，我先走在前面，妳要不要跟著隨妳。」

他的表情語氣讓我感到一絲絲安心。於是他先走，我遠遠跟著。打開 GPS 定位，這個路徑錯縱複雜的社區沒有顯示地圖，但從方向來看，我確實正往大街的方向走。

不到三分鐘，眼前一亮，大街嘈雜的聲音與路邊攤的熱氣撲面而來。

「不好意思，我真的沒辦法相信一個陌生人。」我向等在巷子出口的男子解釋。他正色道：「我了解，我的國家發生這麼多不尊重女孩子的事，我覺得很丟臉。」他伸出右手，五指張開，「Five fingers are different（一樣米養百樣人），印度是有很多好人的，歡迎妳來。」他將手伸向我。

我想起二〇一二年德里公車強暴事件後，抗議性暴力的示威以前所未見的規模席捲全印。抗議人潮中有女人，也有無數拿著「尊重女性」標語的男人。我們掛著有色眼鏡界定一個國家的樣貌，著眼於惡，卻也忽略它美善的一面。

我伸手出與他相握，慎重而滿懷感激：「謝謝你。」

30°N → 30°S

PART 6

跨度

Crossing

香港

香港

地球一圈的遠距離戀愛

我們從決定在一起那刻就注定要長期遠距，分別在新竹與台中念書，課業社團很忙，每月碰不到兩次。他住屏東我住高雄，連寒暑假都要搭火車再轉公車才見得了面。我小時候很容易暈車，巴士一開動就想吐，用掉第二本客運月票後，我再也不暈了。

工作後，我們依舊維持一小時車程的距離，隨著居住縣市變動，交通工具涵蓋客運、火車與機車，每次見面的過程就像趟旅行。我們的休假都很不固定，要湊在一起更困難，我們總試著把手上工作做完，用有限且珍貴的時間好好約會，但我時常做不到。

我的工作二十四小時待命，沒有下班時間，無論休假與否，手機都不能漏接。新聞不會跟著我一起休假，我習慣帶筆電約會，以便隨時支援照片稿件給代班同事。有時約好吃晚餐，忙完已變成宵夜，假日寫專題早是常態。有次說好去日月潭，提前幾個月訂好民宿，結果那天有個地方選舉，記者全員停休，假期也沒了。

若角色對換，我可能會翻臉，但他忍了四年，因為他知道，我抱怨歸抱怨，還是喜歡這份工作。

旅行是我們少數能連續相處兩天以上的機會，我們每年會請一次長假，去遠一點的地方，我往往是做夢的人，他往往是嘆口氣後實現的人。那趟去北京，我說我想去爬在郊區小村的野長城箭扣，那真的是爬，我們手腳並用，在沿著稜線蜿蜒的傾頹壁壘上上下下，深怕一失手滑下幾層樓高的城牆。兩天後，我們踩著穿壞的鞋底，精疲力盡躺在終點的慕田峪長城上，我說真想再走一次，他瞪我道：「妳自己去。」

但往後的許許多多旅行，他總是最棒的旅伴。他很擅長規劃，就算是語言不通的國家，照樣能在出門前把所有交通住宿打點妥當。我的功用似乎只是做夢、拍照與吃吃喝喝。

在一起第七年，我說，我想去環球旅行。

起初，他以為我只是隨便講講。我們的相處充滿不著邊際的對話，這聽起來就像另一個天馬行空的大夢。他知道我想出國，但在他理解中，那是念書或打工度假的出國，不是跑一個地球的出國。

「妳要想清楚為什麼要出去。」「想看世界」在他看來太薄弱，但我除此之外說不出更具體的理由。追尋夢想、尋找自我之類對我而言都太高調，當時只急需一個過渡，把自己丟到一個夠遠的地方，讓太過飄盪的自己重新定位，找回對生命與工作的熱情。這是只能一個人完成的歷程，無法也不能與人共享。但那時這都只是一個模糊的概念，掩蓋在自私任性的罪惡感下，說不出口。

於是找機票與規畫行程的流程持續進行，我定時向他報告進度，但看著他難過的表情，最後連開口也變得艱難。

買下第一張機票那天，我打電話給他，那感覺像是所有空口白話都瞬間成為定局。

「是喔，那恭喜啦。」電話那頭的聲音很澀，我看著電腦螢幕上的訂位號碼，心裡五味雜陳。

他開始幫我盯準備進度，路線簽證交通住宿種種瑣事，陪我去買裝備，叫我別太省，最重要的是平安。有時他會說「不能等幾年，我們一起去嗎？」，但他剛找到工作，我沒辦法等。

我們從沒想過分手。我們都認為，就算住在一起，心不在一起也沒用。那些外遇劈腿等種種假想揣測，既然還沒發生，就不是問題。

飛機起飛，在一起第九年，我們開始環球遠距。

＊＊＊

香港的叮叮車。

14
CARAT*
LONDON
Western Market
上環(西港城)
#CARATLONDON
@CARATLONDON
新興人民幣找換匯款
2851 6671
泰安
銀信
找換店

說不想念是騙人的。在南極看到好呆的企鵝，在巴塔哥尼亞看到令人驚嘆的雪山，在法國看到整片美麗的薰衣草，在印度搭臥鋪火車冷到睡不著，腦中跳出只有我們倆才懂的梗，正要脫口而出時，突然想起現在只有我一個人。

想念卻無法說話時，我寫明信片，黑色原子筆字跡爬滿明信片的空白，喃喃說著那些嶙峋的山、美麗的極光，路上又受了某人的幫助，吃了什麼稀奇古怪的食物。他笑說，我最喜歡用「我們下次一起來吧」作為明信片的結尾，「什麼國家都要下次一起來，妳也不幫我篩選一下嗎？」

但寫明信片的當下，是我最想念兩人一起旅行的時候呀。

＊＊＊

沒帶 SIM 卡出國，他找不到我，只能靠我主動聯絡。我的第一站是時差近十二小時的南美，他要入睡時我還在外面，我回 hostel 時他還在上班。便宜旅館的虛弱 wifi，講 skype 總是斷斷續續，後來我只在爬山或去偏遠地帶時先電話報平安。

我通常避免在他上班時間打給他，當他在公司看到我來電，就是我大難臨頭的時刻。

在厄瓜多車站被偷去隨身背包，止付所有卡片，耗掉大半天面對第一句話就跟我說「不可能抓到賊」的觀光警察，翻遍車站周遭所有垃圾桶，我回到車站，打給他說「我的背包被偷了」，像是重新回憶起怎麼流淚，我蹲在車站二樓大廳，抿緊唇讓眼淚沿著手機螢幕不斷不斷滑落。

後續的補辦證件，在台灣買回遺失的電子產品，請託好心人幫忙帶到南美，我總急急去電：「哎，麻煩你幫我去 OOO，我還缺 XXX」，他一再細心核對我的物品清單，最後和飛機搶時間，把裝著我所有必需品的包裹送到好心人處，平安帶到我手中。

往聖母峰基地營半途因高山症被急送下山，在醫院清醒後，我第一通電話給保險公司，接著打給他，缺氧混沌的身體在聽到他聲音後終於鬆懈下來，像是明白真正回到地面。

後來，填資料時，我開始在緊急聯絡人的欄位填上他的名字。

＊＊＊

旅行第十一個月，我們約好在香港見面。

在香港機場看到他的感覺很不真實，直到牽起手時才定下心來，這些日子飄飄蕩蕩，終於從熟悉的掌心中找到一個安心的位置。

剛結束中東到南亞的三個月旅行，我對香港的三天旅程毫無概念，跟著他買車票、找飯店、讚嘆著有一轉即來的熱水與乾淨床單的房間。我們拿著手機研究地圖，在七彎八拐的擁擠街道與摩天大樓陰影裡鑽進鑽出，在每次鬼打牆般繞回原點時看著對方大笑，一如既往有鬥嘴有小吵，有時聊著聊著不知不覺繞了遠路，他嘆氣道「每次和妳出門就是一直走」，然後牽著我繼續一面迷路一面找路。

最後，在香港機場，我們站到不同登機門前，他回台灣，我飛澳洲，我們的距離又從零到七千兩百公里。

＊＊＊

這三天，我對香港的印象就是「人很多的地方」。面積一一〇五平方公里卻有七百二十萬人口，人口密度是台灣的十倍。

但就在這擁擠的、像是不分日夜都在高速轉動的香港，在叮叮車與的士交錯、華貴商店與街邊小吃比鄰卻毫不突兀、看似熟悉卻總因小細節處處驚喜的香港，在每一次在人潮中被擠開卻又重新牽在一起的手中，我一次又一次想到那老套卻中肯的句子：「在茫茫人海中遇到對的人，是多麼不容易。」

澳洲

過場

烏魯魯

我背著借來的四人帳，獨自飛到烏魯魯（Uluru）過耶誕節。日劇裡「世界的中心」，有令人乾枯的氣溫與揮之不去的蒼蠅。從接駁車站走到露營區的管理中心，沒幾步路就汗如雨下。

「三十五度的耶誕節，好熱！」我對負責 check in 的櫃檯人員說，她只是笑笑，幫我辦完手續，遞上一張註記入住日期的貼紙，提醒我貼在營帳上。

我突然發覺自己的愚蠢，夏天的耶誕節，我的大驚小怪，只不過是南半球八億人口的日常罷了。

澳洲・雪梨

三十八小時跨年煙火排隊馬拉松

能觀賞雪梨跨年煙火的地點很多，大家各取所好，但能將煙火、歌劇院與後方雪梨大橋這經典畫面同時收入眼簾的最佳地點，就是皇家植物園的麥加里夫人石椅（Mrs Macquarie's Chair）。這塊平日清幽的植物園一角，在跨年前夕成為各國媒體、遊客與當地人迎接新年的兵家必爭之地。

我對排隊美食、排隊商品、排隊活動向來興趣缺缺，但來到雪梨後，「一生一次」老毛病又犯，既然這輩子大概只會在雪梨跨這麼一次年，何不試試看能不能占到好位子？

蒐集資料後，依去年經驗，若要佔到植物園第一排的無敵視野，三十日下午就得開始排隊。二〇一四跨二〇一五年的煙火，皇家植物園入口會在前一天清場，只開放聖母主教座堂（St. Mary Cathedral）單一入口排隊進入，為了避免迷路，我三十日早上決定先去探探地形。

沿著皇家植物園的步道走，隔著大農場灣（Farm Cove）就是藍天下美麗的歌劇院。前方幾個人揹著大背包與帳篷，一看就是要去排隊。上前一問，是已在澳洲打工度假近兩年的台灣情侶檔Will、Shirley與他們的友人政萱。他們正在開車環澳，特別的是，兩人的母親也先後從台灣加入他們的旅行。這趟跨年煙火行程，還要與Will的哥哥、哥哥女友會合，儼然成為家族之旅。

和我「先來探路」的心情全然不同，他們早就全副武裝，帶著應有盡有的裝備準備卡位，連哪個地點視野最好、不會被樹枝擋到都事先調查好了。

一到排隊入口，大樹下的海灘巾上已躺了幾位台灣人，拔得頭籌的台灣兄妹，二十九號晚上就在這裡過夜排隊。排隊這檔事，台灣人真是世界的佼佼者。

在 Will 等人的幫忙下，我立刻返回借宿的朋友家拿睡袋與兩天份的糧食，回到大樹下時，不得了，那人潮已經可以組台灣同鄉會。排隊動線的鐵柵欄還沒開放，大家又會進出採買食物或去廁所，為避免爭議，Will 和 Shirley 請大家依照先來後到順序將背包放在地上作記號，並拍照存證。看著他們有條不紊地說明，並請旁邊幾位外國背包客一起加入排隊行列，不禁對他們倆刮目相看。

等待的時間比想像中快，到處聊天、交換食物、聽著大家在澳洲打工稀奇古怪的經歷。有人展開和黑心老闆索回薪資的長期抗戰、有人車禍大難不死、有人從農場到都市，嘗試各式各樣的工作，為了生活學會柔軟。那對二十九日就來排隊的兄妹，熱愛長跑的哥哥，自費到非洲的一個小村落自主訓練……同樣的二〇一四，每個人身上卻有這麼多不可思議的故事。

天黑之後，排隊人龍已綿延數百公尺，氣溫驟降，穿著短褲小可愛的外國女孩們拆開垃圾袋將自己緊緊包裹。大家在樹下的大塑膠布上或坐或躺，聊天打牌的聲音愈來愈低，排隊動線的鐵柵前出現幾位工作人員，和幾位金髮女背包客聊天。

突然，這一小群背包客走進排隊鐵柵，全場一陣騷動，大家紛紛從塑膠布上坐起來。接著，原本說好一起排隊的部分背包客，抓起背包，也跟著走了進去。「你們怎麼可以插隊！」「工作人員在幹嘛？」「這是種族歧視！」罵聲四起，鐵柵內與鐵柵外開始吵起來。Will 與 Shirley 和工作人員說明我們早有排隊規則，對方只是搖頭。

「大家排隊、大家排隊！」人群裡傳來另一種聲音，騷動安靜下來，雖然仍有零星叫罵，大家仍按照原來的排隊順序，逐一拿起背包，走進鐵柵。當壓陣的 Will 與 Shirley 走進場，大家同時鼓掌。

在擁擠潮濕的草坪上度過一夜，天亮之後，眾人穿過安檢，像是一場鐵人競賽最後的百米衝刺，分頭前往心目中的最佳瞭望點。空著手的 Will 往麥加里夫人石椅衝，留下我們幫他安檢背包，

1 經過一天排隊，大家或坐或躺，等著柵欄打開，讓我們到植物園裡佔個好位子。
2 三十八小時的跨年煙火馬拉松。

再慢慢走到目的地。雖然沒排在前頭，Will仍成功佔到相當完美的位置，大家繼續找方法打發這接下來的十多個小時。

終於，當群眾擁擠到最高點，情緒也升到最高點，一朵朵煙花終於在歌劇院與大橋綻放。泊在港灣的遊艇隨著煙火的節奏明暗，所有色彩在水上的倒影中調和，一陣大風，煙霧瀰漫整片天空，月亮像是把張滿的弓，在迷眩的煙霧間隱現。

以為一年的旅程很長，但其實就像煙火一樣短暫。以為會一輩子刻骨銘心的事，背負著它們走過地球一圈後，只留下絢麗的殘影。

早安，二〇一五。

隔著大農場灣，是美麗的雪梨歌劇院。頂著這樣的艷陽天，我們以排隊送走二〇一四年的最後三十八小時。

澳洲・雪梨

雪梨人質事件

耶誕節前十天，澳洲第一大城雪梨發生人質挾持事件，有多項暴力前科，十八年前赴澳尋求政治庇護的伊朗裔難民莫尼斯（Haron Monis）持槍闖入市中心馬丁廣場（Martin Place）的瑞士蓮（Lindt）咖啡廳，挾持連同店經理、店員在內的十多名人質，並脅迫店員高舉寫著「萬物非主，唯有真主。穆罕默德，是主使者」黑旗。

莫尼斯選擇這間咖啡廳作案是有原因的，咖啡廳正對面就是澳洲電視台第七頻道（Channel 7）的大樓，馬丁廣場是銀行雲集的金融商業中心，新南威爾斯州的州議會就在不遠處。他不僅要在雪梨的權力核心挑起恐懼，還要透過媒體，第一時間傳遍全澳。

挾持人質成功後，槍手與至少三家澳洲電視台聯繫，聲稱在雪梨城區安裝四枚炸彈，要求提供伊斯蘭國旗幟、與澳洲總理艾伯特直接對話，並透過媒體直播。但電視台尊重警方與槍手談判，當下未透露對話內容，沒有任何一家為歹徒傳聲，縱使已知道歹徒身分，也交由警方在適當時機統一公布。莫尼斯另脅迫四名人質錄下上述訴求，影像當天下午在 YouTube 流出，立刻被撤下，網友呼籲不要轉載，也無媒體引用。

其中五名人質當天下午逃出咖啡館，十六日凌晨兩點多，警匪駁火，莫尼斯當場被擊斃；瑞士蓮咖啡館經理 Tori Johnson 與店內顧客，律師 Katrina Dawson 中彈身亡；另有四人受傷送醫，包括一名警員。

經過馬丁廣場，幾天前這裡幾乎被花束覆滿，現在悼念場地已移往兩百公尺外的白色帳篷。咖啡店周圍已用米黃色木板圍起，一位帶著兩個孩子的父親經過，他在咖啡店門口閉上雙眼，手指在唇上輕觸，輕輕觸碰木板，再默默離開，兩個兒子也照做。沒有人大聲說話，沒有人看熱鬧；而去年發生雙屍命案的台灣媽媽嘴咖啡館，在案發後成為民眾打卡的熱門景點，甚至踩進警方封鎖線內到處拍照。

案件本身之外，澳洲媒體報導人質案的新聞素養也成為另一焦點。佔盡地利之便的第七頻道並未為了搶收視率進行全程直播；歹徒曾試圖透過媒體放話的動作與具體訴求，均是事件結束後才做事後報導；不播槍戰與血腥畫面；現場無人追訪逃出的人質。對於死者，媒體僅就他們的職業、家庭背景做簡單描述，著重他們事發時捨己救人表現；Johnson 的父母發出一份聲明，稱以兒子為傲，Dawson 的家屬沒有發言，但無人採訪死者家屬，zoom in 他們的眼淚。

朋友開玩笑道，在台灣跑過新聞，應該會覺得澳洲報紙很無聊，想知道更詳盡的細節，不如去翻華文報紙。

若雪梨人質案發生在台灣呢？

媒體得在第一時間釐清歹徒身分與訴求、拿什麼凶器、挾持幾人，先上即時新聞。接著弄清楚人質是誰、住哪，趕緊出動該地記者採訪著急的家屬。若第一時間沒攔到逃跑的人質，飛天鑽地也要把他們找出來——當時店裡發生了什麼事、歹徒說了什麼、你們怎麼逃出來的、害怕嗎？描述愈詳盡愈好。歹徒的父母住哪、兒子鑄下大錯，你們要不要對社會道歉？死者的家人呢？談談你兒女的過去吧，你會原諒兇手嗎？若歹徒沒死，可能追加一問，你們希望法官判他死刑嗎？這時與歹徒素昧平生的心理或犯罪專家跳出來說話了，犯下這麼駭人的挾持案，肯定與他幼年家庭破碎／被社會邊緣化／遭伊斯蘭恐怖份子搧動洗腦等因素有關。若轟動全國，甚至全世界的挾持案就在自家對門，哪家媒體能放棄直播，**hold** 住畫面直到最後？

一九九七年，林春生、陳進興、高天民犯下震驚全台的白曉燕綁架案，事發隔天，在確認人質安危前，就有媒體搶先披露消息。在漏不起的壓力下，紙媒與電媒紛紛失控。白曉燕的斷指照片出現在報紙頭版；五常街槍戰，記者穿梭在警匪彈雨中實況轉播，當時從電視機傳出的槍聲讓我迄今印象深刻；天天更新辦案進度，讓當時躲在民宅中的陳高兩人掌握警方動態；陳進興最後闖進南非駐中華民國大使館武官卓懋祺家中，脅持一家五人，各家媒體打電話進卓家現場採訪陳進興，佔線到清晨五點，讓警方無法談判。陳對著全國觀眾大罵司法迫害，瞬間從殺人犯變成英雄。卓後來在回憶錄中提到，讓他餘悸猶存的不只是陳進興的槍口，還有門口大陣仗圍堵的媒體。剛逃出官邸的他又被困在麥克風相機與攝影機的銅牆鐵壁，延誤就醫治傷。

白案快二十年了，當時還不普遍的網路成為影響力無遠弗屆的新媒體。訊息傳播更快，但媒體素質是有所長進還是更加嗜血，大家心中都有底。但從雪梨人質案可知，贏得閱聽人信賴的媒體，比為一時收視率傷人的媒體更能長久。

希望有一天，台灣的媒體環境能有所改變。

9
紐西蘭

奧克蘭機場

這是最後一張環球機票，從天空往下看，北島的夜像是一顆顆散落的藍寶石，用網狀的金橙色線連在一塊。高度降低，我打著呵欠舒緩耳鳴，一次輕輕的震動，safe landing，於是又回到了旅途的起點，但這次，這裡的意義是終點。

上回在機場等待轉機的一天一夜把所有能走的角落都走遍，這次熟門熟路走進 shower room 洗了澡，把背包搬上推車，回到上次發現全奧克蘭機場最好睡的觀景台。凌晨三點，安靜的機場，推車輪子聲響特別大，看著熟悉的擺設，像是昨天才離開。

那扇可以俯瞰停機坪的大落地窗被不知什麼新建工程圍住了，十一個月前睡過的椅子被移到觀景台的入口，由另一群人佔據著。這次挑了樓梯下的空間睡下，賴到早上八點，彷彿待得愈久，就能回到二〇一四年二月七號，在餐飲區看著電子告示板，看 LAN 的班機什麼時候出發。回到那個對未知一切期待不已的我，臉上沒有曬斑，身上沒有疤痕的我，那個沒有失去，也尚未獲得的那一天。

不過這次，緩慢地吃完早餐，搭上往市區的 airport express，今天的天氣好極了，是很適合繼續前進的一天。

所以，走吧。

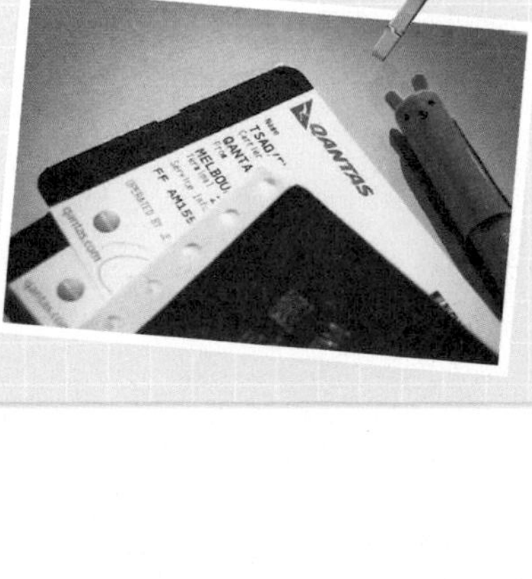

紐西蘭

Freefalling

哈比屯是電影《魔戒》與《哈比人》的拍攝場景，劇組在紐西蘭北島瑪塔瑪塔（Matamata）的一處私人農場打造出哈比人的家，拍攝結束後，這裡變成影迷的朝聖景點。

瑪塔瑪塔的沙發不是已滿就是沒有回應，訂房網站能找得到的背包旅館一晚最便宜要一千五百元，這是我在紐西蘭的一天食宿交通預算相加的費用。旅行接近尾聲，旅費已經見底，原本的預備金也在付清尼泊爾高山症住院的醫藥、直升機費用後變成負值，想去的地方還是想去，花費從吃住去砍。

下車後，我背著背包在小鎮轉一圈，問到的住宿依舊超出預算。晚上十點，我走進鎮中心的麥當勞。

這不是第一次在麥當勞過夜，紐澳的麥當勞都是二十四小時營業，有wifi打發漫漫長夜，這裡的治安也相對安全許多，我在澳洲坎培拉就曾在麥當勞睡一晚。

凌晨一點，所有顧客散場，值班的毛利人阿姨看我還坐在位子上，上前問「沒有人來接妳嗎？」

我搖頭，她理解似地笑笑，「沒關係，妳直接躺在沙發睡，I'll take care of you。」

我在麥當勞睡到早上五點多，在客人變多前趕緊背著行李離去，向櫃檯的毛利阿姨點點頭，她向我擠擠眼，為客人端上一杯咖啡。

流浪至此，最能觸動我的，依舊是人與人之間的善意與溫暖。

＊＊＊

出發一年之後，「在異地生存」這件事已如呼吸一樣自在，走進超商就能像雷達般立刻偵測到打折商品，抵達一個新城市後能在短時間內弄懂交通，有問題時知道該找哪類關鍵人物才有答案。同樣重量的行李，在新加坡時幾乎壓垮我的肩，現在已經可以背著連續走幾公里挨家挨戶找便宜旅館。在熱水海灘（Hot Water Beach）那天，我鑽進睡袋，露宿在咖啡店的屋簷下，望著時不時被雲掩蓋的銀河，聽著遠方轟隆隆的海濤聲睡著，一切似乎變得自然而然。

很快就能適應一個新國度，以往初來乍到的陌生感、緊張感不再，旅行的新鮮感也不再，拒絕追趕著行程與景點，有時還會去當地圖書館看本書。追尋的目標也從視覺、感官刺激的大山大水，變成尋求一個可以讓心靈安定的地方。在北島紐普利茅斯（New Plymouth），我一下車就決定多待兩天，在海邊散步的時候，在燈光節奇幻的光影間，我認真地想在這裡待下來，甚至還認真地查了房價。

搭夜車去威靈頓的那晚，我在公車站遇到智利背包客 Diego，他聽到我去過智利，眼睛都亮了。我們聊了許多南美旅行的事，他突然壓低聲音問我：「誒，妳講實話，妳覺得南美比較漂亮，還是紐西蘭比較漂亮？」

「嗯……雖然大家都說紐西蘭漂亮，但我真心覺得南美更美……」

Diego 跳起來，開心地手舞足蹈：「對嘛對嘛！我在紐西蘭旅行三個多月，終於找到知音了。」

但我想，給出這樣的答案，是因為我有些美感疲乏了。旅途到了最後幾站，我做的事情其實就是在當地過生活。在紐普利茅斯，我可以花一個早上在海邊散步，到圖書館看書寫日記，傍晚到超市採購，慢慢為自己煮頓晚餐。那些壯闊的大山大水依舊像《魔戒》電影裡一樣動人心魄，但一年來遊走在無數大山大水間，如今站在它們面前，我只有平靜，不再有悸動。

我想，是該回家了。

＊＊＊

在陶波湖（Lake Taupo）跳傘，是出發前就決定好的計劃，自認能為旅行做個轟轟烈烈的 ending，其實這段日子發生太多比跳傘刺激的事，只是當時預想不到。

「這片湖和新加坡一樣大喔！」小飛機在嘈雜的引擎聲中爬升，教練用幾乎扯破喉嚨的音量為我介紹，我盯著這片美麗的藍色，往地平線延伸的綠意，還有遠方的皚皚雪山，一時失語。

教練將艙門拉開，一陣狂風颳進艙內。他再次檢查繫住我倆的安全帶，慢慢移動到艙門，兩腳懸空。

「準備好了嗎？」他大喊。

「好了！」我話聲剛落，眼前的天空突然傾斜，藍天、白雲、陶波湖、火山、乾淨廣袤的大地全捲進一片失重的漩渦裡。冰冷的空氣刮過臉頰，短短的尖叫聲被狂風吹散，一萬五千呎下的現實世界，朝我高速襲來。

和新加坡一樣大的陶波湖。

1 往一萬五千呎下方俯衝。**2** 東加里諾健行（The Tongariro Alpine Crossing）路上，碧綠的火山湖。**3** 宛如調色盤般的羅托魯瓦（Rotorua）地熱七彩湖。**4** 瑪塔瑪塔的哈比屯。**5** 負責魔戒道具與特效的 Weta Cave 工作室。**6** 奧克蘭夜景。

9 馬來西亞

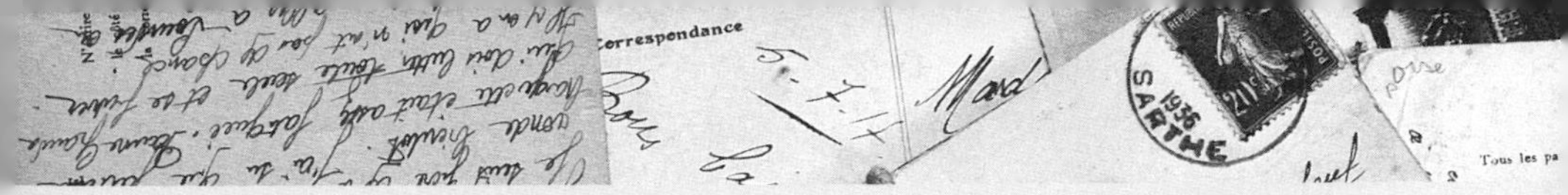

旅人啊 J

認識 Jaclyn，是因那首〈月亮代表我的心〉。

從西班牙巴塞隆納往蒙瑟拉特山（Montserrat）的火車上，坐我對面的是位紮著兩條辮子、背著烏克麗麗，黑髮黃膚的女子。歐洲的華人旅客很多，我已不像在南美時那樣，一見到亞洲面孔就上前搭訕 where are you from，西班牙的夏天熱到能把人烤乾，在涼涼的冷氣車廂一坐定，我就瞇起眼開始補眠。

單調的火車叩咚聲中，對面突然傳來很熟悉的旋律，是〈月亮代表我的心〉。那時旅行剛滿半年，或許是上半場的旅程太刺激，來到相對穩定許多的歐洲，突然對什麼都提不起勁。賴床、在 hostel 耗到中午才出門，寧可和有趣的人聊天而放棄景點。食物之外，音樂也總能輕易挑起旅人鄉愁。

睜開眼睛看著對面女子，她彈得很投入，一首接一首的中英文經典歌曲，整車廂的人也聽得很專心。向來覺得帶樂器旅行的人很不簡單，拖著大包小包行李外還要兼顧和孩子一樣脆弱的樂器，願意這樣做的人，一定很熱愛音樂。

排隊換搭上山纜車時，我忍不住問，where are you from。

她叫 Jaclyn 鄭美靜，是馬來西亞華人，音樂老師，教提琴、烏克麗麗等弦樂器，工作時間彈性的最大優點就是能自由安排生活，例如旅行。幾十年來走了幾十個國家，她這次跟阿姨一人一個背包，到西班牙走走。

蒙瑟拉特山最出名的是修道院的黑面聖母與唱詩班，我們十點多才到，外頭早已不意外地排起長隊。我和 Jaclyn 邊排邊聊天，她見了教堂外精緻的塑像，從背包翻出素描簿開始畫，畫得好極了。她說，那是她自學的。

除了烏克麗麗和畫筆，Jaclyn 其實還帶了一隻泰迪熊一起旅行。蒐集泰迪熊是她的興趣，每趟旅行，她都帶著一隻熊當旅伴。結果這隻熊在巴塞隆納丟了，讓她好傷心。

Jaclyn 的孩子和我年紀差不多大，但聊到音樂、旅行、繪畫與泰迪熊，她的神色宛如天真少女，真誠又可愛。離別前，我們交換名片與臉書，Jaclyn 說：「到馬來西亞找我，別擔心吃住，我招待妳。」

＊＊＊

好巧不巧，最後買到的紐西蘭——台灣機票剛好經過馬來西亞。從奧克蘭飛墨爾本、墨爾本飛新加坡，最後到馬來西亞，一步步回到亞洲，像是旅程的倒帶複習。

夜幕低垂時到了吉隆坡，Jaclyn 與女兒開車來接錯過最後一班 ERL 的我。三十度的一月夜晚，十九小時的旅途疲憊被噴香熱辣的肉骨茶化開。旅人往往一轉身就是一輩子，在西班牙道別前一句短短「來馬來西亞找我」，竟在環球之旅最後一站兌現，真是不可思議。

馬來西亞的日子被各式各樣的味覺體驗填滿，Jaclyn 給我一條吐司、牛奶餅乾與白咖哩泡麵當乾糧；Jaclyn 的兒子 Vincent 下班後帶我吃大排檔，點了一桌蚵仔煎、雞腿飯與奶茶；Vincent 的室友 Edward 大清早帶我去吃魚頭米粉早餐。吉隆坡和台灣一樣方便，從清早經營到半夜的小吃店幾步就有一家，去茨廠街逛一圈，胃裡塞進羅漢果龍眼冰糖燉冬瓜、鴨腳包、釀豆腐、老鼠粉；去麻六甲，在古城逛不停嘴也不停，雞飯粒、娘惹冰、叻沙、沙嗲通通下

Jaclyn 把她寶貝的泰迪熊送給我。

肚，失去的體重在這裡加倍奉還。

Vincent 和 Edward 帶我逛馬來西亞夜市，兩列長長攤位賣著「台灣口味雞排」、「台灣口味章魚小丸子」、「台灣口味豆花」，剎那以為在逛逢甲夜市，三人噗哧笑出來，仍抵不過香氣誘惑，將食物提袋拎了滿手。

＊＊＊

Jaclyn 帶我認識她的朋友 Captain Peter，四季如夏的溼熱一月，我們在十多層高的大樓陽台喝蘇打水眺望美麗的吉隆坡夜景，交換彼此的人生與旅行故事。Peter 想去南極，興致盎然地問我 last minute 票該怎麼買，在這位旅行經歷比我豐厚幾十個年頭的前輩前，好開心自己有些東西可以分享。

Peter 開車載我們去看蝴蝶園與鳥園，還有宛如城市之肺的湖濱公園。Jaclyn 懊惱著她在吉隆坡住了一輩子，竟然這時才知道湖濱公園這麼漂亮。我想這就和我沒去過九份、平溪天燈與許多外國背包客讚不絕口的台灣祕境一樣，這麼貼近的故鄉，反而忽略許多她的美。

某個中午，Jaclyn 下廚煮家常菜請我，展示她新畫的素描與潑墨山水，也介紹她一整個房間的泰迪熊大軍。她挑出一對熊，一隻要給我，一隻給我男友。

「我很少把熊送人的，但我相信妳會好好照顧牠們。」她露出孩子氣的笑，把熊塞進我懷裡，抱抱我，拍拍我的背：「要帶著牠們，繼續旅行下去。」

後記

Landing

寄給自己的最後一張明信片比原定時間晚一個月又十天才到達，我一度以為它寄丟了。

那是我在紐西蘭瑪塔瑪塔哈比屯買的明信片，是電影《哈比人》系列的劇照。照片從比爾博住的袋底洞裡頭往外拍，一片綠草如茵的中土世界，往遠方延伸的天際線，像是有無限可能。

明信片外又套了個塑膠封套，上頭貼張新加坡郵政的貼紙。看來這明信片是被誤寄到新加坡去了，在我環球旅行第一站繞個圈，又在某個郵局的好心員工幫忙下，重新投遞到正確的地址。假如明信片會說話，真想聽聽它的故事。

我一字一句讀著上頭的黑色字跡，像是拆開一枚時空膠囊，裡頭滾出一位既陌生又熟悉的旅人從遠方捎來的訊息。讀畢，我把明信片珍而重之地捧在掌上，羽毛般輕盈，卻把我釘回地球表面。

***

回台灣到上班之間的空白時日，拜訪朋友、找同事吃飯，也去平溪看了天燈。透過車窗大片玻璃看著移動中的風景，睡睡醒醒，就像這三百六十一天的每一次移動，只是這次的場景是切開天際的電線，與一畦畦的水田。

褪下無名指的假婚戒，摘下一年不離身，以應緊急狀況時求援的哨子項鍊，穿回牛仔褲與娃娃鞋，重新留起指甲。一大一小兩個背包仍安穩在牆角，母親叨念著背包怎麼那麼髒，但就是不想清理，深怕一洗去包上的泥塵，便一併洗去了路上風霜的記憶。

身上的深淺曬痕和腳背的跳蚤疤一樣終會褪去，只有手腕上塔基雷島（Isla Taquile）的編織腕繩不捨卸下，密實交纏的絲線，把大半個世界的故事也密密紮紮地收攏在裡頭。

腦海不斷閃現旅路中的記憶片段，在廚房燒開水時想起里昂的長階梯，刷牙時想起印度火車站的擁擠，在超市買東西時突然想起土耳其番紅花城某個爬滿樹藤的花架。我像是走在長長的時光圖書館中，某個卡片目錄櫃突然開啟，掉出一地畫面，意識流似地毫無邏輯。有時我會閉上眼，在這些片段中停留久一點。我會永遠懷念這段旅行的日子，一切卻又提醒著自己已經繼續向前走的事實。畢竟已揮霍過多運氣、過多包容，卸下背包，重新上肩的是責任，對自己，也對他人。

＊＊＊

「離開這裡，妳會比現在更好嗎？」

那時急欲偷看的未來，如今已寫好答案。我又將鋼戒套回指上，回到同一份工作，到新城市面對陌生事物與新的職場領域。來來去去的人、隨時變換的場景、各式各樣突發的危機與狀況，一如仍在旅路上，只是換了身分與心境。

這不是一個能用「好」與「不好」二分法回答的問題，離開的這段時間，大環境並沒有變得更好，反而更加複雜。在他鄉，我可以任性地轉身；回到故鄉，唯有留下來，才有機會做點改變。問題依舊存在，但至少能帶著這一年的力量，去面對種種順逆。

回家是比旅行更困難的功課，畢竟旅行時只要想著怎麼活著，回家後要想著怎麼生活。生活比生存更難，但有時想想，那麼艱難的時刻都過了，事情總有辦法化解的。

＊＊＊

旅行之初，和外國旅伴道別時，對方在再見之外常會加一句「enjoy」。我起初不以為意，到了旅行中期，簡單的語彙聽在耳中有了不同意義，我開始在道別後也加上一句「enjoy」，風景不是用趕的，是用品味的，品味酸甜熱辣嗆，各式各樣的人生風景。

最後的最後，我再把這詞送給自己，試著 enjoy 所有發生的一切，無論好壞，縱然沒有那麼簡單。

這是這一年，學會最重要的一件事。

感謝

謝謝一路支持、幫忙我的人們，給我豐富資訊的背包前輩、協助我辦簽證的11與Alicia，路上收留我的劉爸劉媽、Jin、Grace、Cindy、舒揚、Peiwen、Claus、伊斯坦堡黃臉婆、Ira、Curtis大哥、芳姊姊與Jaclyn。

謝謝總在我最無助時伸出援手的好友與陌生人，感謝中華民國駐厄瓜多商務處、駐祕魯台北經濟文化辦事處，在我於厄瓜多遺失物品時給予協助；在尼泊爾住院期間，謝謝登山嚮導Sonim La Shalaka以及台灣世界耕義會創辦人Nana到醫院探望、臺灣志工盟協會筱芳學姊的關心，在異地生病，遇見同鄉人格外安心。事後的醫療文件認證，也感謝中華民國駐印度代表處的協助[註17]。

謝謝我的旅伴們，我們一起走過的路，無論長短，都是珍貴且難以忘懷的人生。

謝謝這本書的主編與編輯，以無比耐心與細心對待我的旅行回憶。

還有B，謝謝你陪我走過這段。

註17：由於無邦交，台灣未在尼泊爾設代表處，尼泊爾屬於台灣駐印度代表處兼轄國。

▍探索紀行 26

出發！到世界討生活

人生逗號，一個女生的環球 361 天

作　　者：曹馥年
主　　編：俞聖柔
校　　對：曹馥年、俞聖柔、張召儀
版型設計：陳語萱
內頁排版：陳麗珠
地圖繪製：張偉蓉 Rosy Chang
封面設計：江孟達工作室

發 行 人：洪祺祥
總 編 輯：林慧美
副總編輯：謝美玲
法律顧問：建大法律事務所
財務顧問：高威會計師事務所

出　　版：日月文化出版股份有限公司
製　　作：山岳文化
地　　址：台北市信義路三段 151 號 8 樓
電　　話：(02)2708-5509　傳真：(02)2708-6157
客服信箱：service@heliopolis.com.tw
網　　址：www.heliopolis.com.tw
郵撥帳號：19716071 日月文化出版股份有限公司

總 經 銷：聯合發行股份有限公司
電　　話：(02)2917-8022　傳真：(02)2915-7212
印　　刷：禾耕彩色印刷事業有限公司
初　　版：2016 年 2 月
初版六刷：2016 年 3 月
定　　價：399 元
I S B N ：978-986-248-530-9

國家圖書館出版品預行編目資料

出發！到世界討生活：人生逗號，一個女生的環球
361 天 / 曹馥年著 . -- 初版 . -- 臺北市：日月文化，
2016.02
368 面；14.7*21 公分 . --（探索紀行）
ISBN 978-986-248-530-9（平裝）
1. 遊記　2. 世界地理
719　　104028146